A ARMADILHA DA PERFEIÇÃO

Thomas Curran

A ARMADILHA DA PERFEIÇÃO

O poder de ser bom o suficiente
em um mundo que sempre quer mais

Tradução
GUILHERME MIRANDA

1ª *reimpressão*

Copyright © 2023 by Thomas Curran

O selo Fontanar foi licenciado para a Editora Schwarcz S.A.

Grafia atualizada segundo o Acordo Ortográfico da Língua Portuguesa de 1990, que entrou em vigor no Brasil em 2009.

TÍTULO ORIGINAL The Perfection Trap: The Power of Good Enough in a World that Always Wants More

CAPA Eduardo Foresti | Foresti Design

PREPARAÇÃO Silvia Massimini Felix

ÍNDICE REMISSIVO Maria Cláudia Carvalho Mattos

REVISÃO Marise Leal e Juliana Cury

Dados Internacionais de Catalogação na Publicação (CIP)
(Câmara Brasileira do Livro, SP, Brasil)

Curran, Thomas
 A armadilha da perfeição : O poder de ser bom o suficiente em um mundo que sempre quer mais / Thomas Curran ; tradução Guilherme Miranda. — 1ª ed. — São Paulo : Fontanar, 2023.

 Título original: The Perfection Trap: The Power of Good Enough in a World that Always Wants More
 ISBN 978-65-84954-18-2

 1. Perfeccionismo (Traço de personalidade) 2. Perfeição – Aspectos psicológicos I. Título.

23-155068   CDD-155.232

Índice para catálogo sistemático:
1. Perfeccionismo : Traço da personalidade : Psicologia 155.232

Tábata Alves da Silva – Bibliotecária – CRB-8/9253

Todos os direitos desta edição reservados à
EDITORA SCHWARCZ S.A.
Rua Bandeira Paulista, 702, cj. 32
04532-002 — São Paulo — SP
Telefone: (11) 3707-3500
facebook.com/Fontanar.br
instagram.com/editorafontanar

Para June

É inútil buscar o que pode ser a causa nessa sociedade monolítica. Só observar que a sociedade em si continua sendo a causa.

Theodor Adorno, *Dialética negativa*

Sumário

Prólogo 11

PARTE 1: O QUE É PERFECCIONISMO?

1. Nosso defeito favorito 17
   Ou a obsessão da sociedade moderna pela perfeição

2. Diga que sou o suficiente 33
   Ou por que o perfeccionismo é muito mais do que padrões excessivamente altos

PARTE 2: O QUE O PERFECCIONISMO FAZ CONOSCO?

3. O que não mata 63
   Ou por que o perfeccionismo causa tanto estrago em nossa saúde mental

4. Comecei algo que não consegui terminar 81
   Ou a curiosa relação entre perfeccionismo e desempenho

5. A epidemia oculta 102
   Ou o crescimento espantoso do perfeccionismo na sociedade moderna

PARTE 3: DE ONDE VEM O PERFECCIONISMO?

6. Nem todos os perfeccionistas são iguais 117
   Ou a natureza e a criação complexa do desenvolvimento do perfeccionismo

7. O que não tenho 136
   Ou como o perfeccionismo cresce no solo de nosso descontentamento (manufaturado)

8. O que ela postou............................... 158
   Ou por que as empresas de redes sociais lucram com as pressões para sermos perfeitos

9. Você ainda não merece.......................... 178
   Ou como a meritocracia definiu um novo padrão de perfeição nas escolas e universidades

10. O perfeccionismo começa em casa 205
    Ou como as pressões para criar filhos excepcionais afetam a maneira como educamos

11. O trabalho dignifica o perfeccionismo 220
    Ou como a insegurança no ambiente de trabalho moderno cria uma dependência de perfeccionismo

PARTE 4: COMO PODEMOS ACEITAR A IMPERFEIÇÃO NA REPÚBLICA DO BOM O SUFICIENTE?

12. Aceite-se 243
    Ou o poder do bom o suficiente em nossa vida imperfeita

13. Posfácio para uma sociedade pós-perfeccionismo..... 261
    Ou a vida na terra do bom o suficiente

Agradecimentos 291
Notas... 295
Índice remissivo 311

Prólogo

Nós no Ocidente vivemos em uma cultura tecida por fantasias perfeccionistas. Como uma simulação holográfica de realidade exagerada, é um lugar em que retratos e imagens em movimento de existências e estilos de vida perfeitos aparecem em anúncios, telas de cinema, televisores, comerciais e feeds de redes sociais. Dentro do holograma, partículas de irrealidade são disparadas de maneira indiscriminada. Cada uma delas nos ensina que levaríamos uma vida feliz e bem-sucedida se fôssemos perfeitos e que tudo virá abaixo se nos afastarmos demais desse ideal. Essa compreensão é real, e viva, e devoradora, e está tão introjetada em nosso íntimo que o perfeccionismo habita em nós por meio de uma insegurança constante e inabalável sobre o que não temos, como não somos e o que não conquistamos.

No entanto, apesar desses pensamentos imobilizadores de deficiência, parecemos ter sede de punição. Entrevistados chamam o perfeccionismo de seu maior defeito. Líderes no mundo dos negócios, na política, nos esportes e nas artes creditam seu sucesso a isso. Celebridades e *life coaches* nos educam nas muitas formas como podemos maximizá-lo para ganho pessoal. Inclusive, muito do que entendemos como virtuosidade em trabalho, dinheiro, status e "vida boa" na sociedade moderna constitui a força motriz mais poderosa do perfeccionismo: uma obsessão pelo crescimento ilimitado e uma busca por *mais* a todo custo.

Esse custo cresceu de forma exponencial. Estamos nos afogando em nosso descontentamento, submersos nas profundezas de não sermos o suficiente, buscando a perfeição porque todos os outros parecem perfeitos sem esforço. No fundo, sabemos que não é uma forma normal ou natural de existir. Entendemos, por sermos humanos, que ninguém é nem nunca pode ser perfeito. E reconhecemos em nosso coração, senão em nossa cabeça, que a grande armadura do perfeccionismo está nos pesando.

Mas a usamos mesmo assim, pois tirar a armadura, e aceitar a pessoa bela e imperfeita que somos, é tão absurdamente difícil que também significa confrontar nossas suposições mais básicas sobre o que é "ótimo" e "bom" na sociedade moderna, e passar por uma apostasia completa de compreensão sobre como *deveríamos* existir no mundo. Quando foi a última vez que você viu uma pessoa, que dirá um país inteiro, fazendo esse nível de introspecção?

Mas esse nível de introspecção é exatamente o que devemos fazer juntos para fugir da armadilha da perfeição. Este livro, intitulado A *armadilha da perfeição*, traça minha jornada rumo a essa conclusão. Começou como um tipo de meditação, a tentativa de saciar um desejo persistente, mas logo se desenvolveu em um arco narrativo impressionante com um único fio que o percorre: o perfeccionismo é a psicologia definidora de um sistema econômico que está decidido a superar os limites humanos. A potência desse argumento perpassa treze capítulos que explicam o que o perfeccionismo realmente é, o que faz conosco, a velocidade com que está crescendo nos dias atuais, por que está crescendo e as coisas que podemos fazer para escapar dele.

Para defender meu argumento, usei um misto de fontes de dados formais e informais — por exemplo, resultados de estudos psicológicos, casos clínicos, dados econômicos, e teorias psicanalíticas e sociológicas. Também me apoiei em evidências anedóticas da vida que acontecia ao meu redor em um grau bem mais intenso do que seria o esperado de um psicólogo social. Não me arrependo disso. Sou definitivamente uma pessoa dos números. Amo estatísticas. Passo grande parte de minha existência detalhando-as para meus alunos. Mas uma ideia não pode simplesmente se amparar em dados estatísticos para encontrar validade no mundo real. Ela também deve ter o peso da experiência vivida, do contrário se torna uma mera abstração — um número, uma tendência, uma estimativa em torno de um conjunto de muitas outras estimativas possíveis.

Então, desde o começo, permita-me salientar algumas coisas sobre este livro. Primeiro, o leitor vai encontrar várias ideias psicológicas, econômicas e sociológicas não muito explicitadas, mas entremeadas, aplicadas e testadas em experiências concretas de minha própria vida e da vida de outras pessoas. Segundo, e talvez mais importante, o leitor deve saber que disfarcei ativamente identidades e circunstâncias para contar as histórias dessas experiências. Isso significou mudar nomes e, às vezes, gêneros, alterar lugares e épocas, inventar locais e, em certos momentos, combinar diferentes vozes em uma ou uma em muitas. Sei que essas identidades escondidas e esses vários disfarces exigem uma grande confiança, porém não mais, creio eu, do que um roteirista buscaria obter com uma trama bem elaborada. Minha intenção é retratar a sensação e o sentido do que vi, ouvi e vivenciei, mesmo que não precisamente as circunstâncias nas quais essas experiências aconteceram.

Porque sim, sou perfeccionista. E, se há uma coisa que quero que este livro seja, é um presente de consolo de um perfeccionista a outro. Quanto mais tempo passei aprendendo sobre meu próprio perfeccionismo, o perfeccionismo daqueles ao meu redor e os resultados de estudos de pesquisa que investigavam seus efeitos na saúde e na felicidade, mais aprendi que nossas histórias vêm basicamente da mesma origem. Claro, cada um sofre a seu modo. Mas nossas jornadas começam com a mesma convicção fundamental de que não somos suficientes a ponto de ser importantes para outras pessoas ou ser amados por elas, o que dá no mesmo. Você pode aprender essa convicção em muitos lugares, mas, na grande maioria das vezes e em quase todo o mundo, ela é aprendida aqui, no holograma impecável que nos consome e nos cerca.

Espero que ler este livro proporcione consolo a você. Espero que o ajude a ter uma visão do que o perfeccionismo faz com você e de onde ele vem de fato. Espero que lhe dê a tranquilidade de saber que nada disso é culpa sua — que você é suficiente, por mais que sua cultura tente convencê-lo do contrário. Espero que proporcione as ferramentas para avançar rumo à autoaceitação. Espero que dê a você a força de vontade para buscar as causas sociais e políticas que criem um estilo de vida mais harmônico do ponto de vista psicológico, um que aceite as limitações humanas.

Em outras palavras, espero que este livro ajude você a aprender um pouco mais sobre si mesmo e sobre o mundo em que vive. E, com esse conhecimento, espero que você sinta cada vez mais a alegria incomparável que vem de se aceitar e acolher todas as suas imperfeições como as pequenas explosões impressionantes de humanidade que elas são.

Setembro de 2022
Londres, Inglaterra

PARTE I
O QUE É PERFECCIONISMO?

1. Nosso defeito favorito
Ou a obsessão da sociedade moderna pela perfeição

> *Sou perfeccionista, e isso às vezes me enlouquece — e também enlouquece as pessoas ao meu redor. Ao mesmo tempo, acho que é um dos motivos por que sou bem-sucedida, pois realmente me importo com o que faço.*
>
> Michelle Pfeiffer

No conto "A marca de nascença" (1843), de Nathaniel Hawthorne, um cientista ilustre chamado Aylmer se casa com Georgiana, uma moça impecável cuja perfeição é comprometida apenas por uma pequena marca de nascença na bochecha esquerda. O contraste do rosto perfeito de Georgiana com essa marca de nascença descolorida incomoda o perfeccionista Aylmer, que não consegue ver nada além da única imperfeição de sua esposa. "Uma mancha vermelha sobre a neve."

Para Aylmer, a marca de nascença de Georgiana é o "defeito fatal" dela. Em pouco tempo, a repulsa dele a contagia, fazendo Georgiana odiar a autoimagem distorcida que ele criou. Ela implora para que ele use seu talento científico para consertar a imperfeição dela "a todo custo".

Eles traçam um plano. Aylmer, um químico talentoso, vai fazer experimentos com um coquetel de compostos até que a cura para a imperfeição seja descoberta. Ele trabalha dia e noite, mas não encontra a mistura perfeita. Um dia, enquanto ele está distraído com seus tubos de ensaio, Georgiana olha o diário de Aylmer e descobre um catálogo de fracassos. "Por mais que ele tivesse realizado coisas", ela escreve, "seus sucessos mais esplêndidos eram quase invariavelmente fracassos se comparados com o ideal que almejava."

Até que, de repente, "Eureca!". Aylmer prepara um milagre alquimista. "Água de uma fonte celestial", que Georgiana bebe às pressas antes de cair estatelada de exaustão, acordando no dia seguinte sem vestígio nenhum da marca de nascença. Aylmer se encanta com o sucesso: "Você está perfeita!", ele diz à esposa, agora impecável.

Mas há um revés na história de Hawthorne, pois, embora a poção de Aylmer tenha corrigido a mancha de Georgiana, foi às custas da vida dela. A marca de nascença desaparece — e, logo em seguida, Georgiana também.

Não muito depois que Hawthorne escreveu "A marca de nascença", outro escritor gótico, Edgar Allan Poe, descreveu um estudo igualmente arrepiante da psicologia trágica do perfeccionismo. Em seu conto "O retrato oval", um homem ferido busca abrigo em uma mansão abandonada na península italiana. Seu criado tenta estancar o ferimento, mas acaba tendo que desistir. O homem ferido avalia a situação como grave demais, então se entoca em um dos muitos quartos da mansão para morrer.

Deitado ali na cama, tremendo e delirante, ele se encanta pelas muitas pinturas penduradas nas paredes do quarto. Ao lado dele, está pousado em cima do travesseiro um livreto que alega explicar os quadros. Enquanto ele ajusta o candelabro para iluminar as páginas, seus olhos encontram o retrato de uma jovem em uma moldura oval escondido em um canto atrás da cabeceira da cama. O homem fica hipnotizado. Ele folheia o livro e encontra o verbete que descreve a história da pintura.

A mulher no retrato oval era a jovem esposa de um pintor talentoso, mas perturbado. Ela era "uma donzela de raríssima beleza", mas o marido era tão obcecado pela própria arte que mal prestava atenção nela. Um dia, o pintor perguntou à esposa se poderia pintar seu retrato. Ela aceitou, pensando que essa era, por fim, a chance de passar um tempo precioso com o marido. Ela entrou no estúdio e lá se sentou pacientemente em uma câmara escura com torres altas, enquanto o pintor imortalizava sua beleza terrena.

Mas, assim como Aylmer, o pintor era perfeccionista. "Ele se glorificava com sua obra, que continuava de hora a hora, dia a dia." Muitas semanas se passaram. O pintor ficou tão perdido na própria arte que não notou que a esposa estava adoecendo. "Ele não via que a luz espectral que caía naquela torre isolada debilitava a saúde e a vivacidade da esposa, que definhava aos olhos de todos, exceto aos dele."

Mesmo assim, ela se submeteu ao perfeccionismo do marido sem reclamar. E o pintor ficou tão obcecado em capturar a semelhança da esposa que, depois de um tempo, contemplava apenas o retrato. "Não via que as tintas que espalhava na tela eram tiradas das faces de quem se postava ao lado dele." Mais semanas se passaram. A esposa do pintor enfraqueceu. Então, de repente, ele aplicou a pincelada final em sua obra-prima e gritou: "Isso sim é a própria vida!".

Ele se voltou para a esposa e descobriu que ela estava morta.

Não é fácil ler Hawthorne e Poe da perspectiva de 2023. Os contos deles ressoam para nós de modo sinistro. A Georgiana de Hawthorne poderia muito facilmente ser um dos muitos homens e mulheres que morreram ou foram mutilados por cirurgias plásticas na busca pela perfeição corporal. O pintor de Poe, do mesmo modo, traz marcas assombrosas de banqueiros ou advogados estressados, trabalhando todas as horas do dia e da noite para fechar um acordo ou redigir um contrato às custas do tempo com a família e os amigos.

No entanto, apesar dos muitos paralelos, o que talvez seja mais elucidativo nessas histórias são os contrastes. Nos Estados Unidos do período jacksoniano, o perfeccionismo era tema do horror gótico, algo a ser ridicularizado e certamente evitado. Hoje em dia, o foco da psicologia do perfeccionismo é bem diferente. É uma qualidade muito mais celebrada agora, algo que buscamos ou admiramos, uma característica que diz que nos esforçamos muito, que estamos dando tudo de nós.

Claro, ao contrário do Aylmer de Hawthorne ou do pintor de Poe, não somos totalmente ingênuos. Temos consciência do dano colateral, contado em horas de esforço incansável, sacrifícios pessoais incalculáveis e muita pressão autoimposta. Mas esse é meio que o objetivo, não é? O perfeccionismo é a insígnia do sucesso através do autossacrifício na cultura moderna, a medalha de honra que esconde uma realidade completamente diferente.

É por isso que as entrevistas de emprego tendem a ser especialmente reveladoras de nossa disposição a assumir o perfeccionismo. Dentro de toda a ameaça desses suplícios, aprendemos muito sobre como queremos ser julgados e as máscaras que usamos para convencer nossos entrevistadores de que realmente valemos o investimento.

A parte mais reveladora desse interrogatório é sempre a resposta à pergunta fatal: "Qual é seu maior defeito?".

A forma como respondemos sempre revela o que pensamos serem defeitos socialmente aceitáveis — defeitos que provem que somos a pessoa certa para o cargo, defeitos que somos muito melhores por ter. "Meu maior defeito?", respondemos, tentando dar a impressão de que estamos procurando nas profundezas de nosso ser para encontrá-lo.

"Eu diria que é meu perfeccionismo."

Essa resposta é batida. Inclusive, segundo pesquisas, recrutadores costumam citar a frase "Tendo a ser um pouco perfeccionista", como o clichê mais usado em entrevistas de emprego.[1] Mas, além do clichê, pergunte-se por que fazemos isso, e faz todo sentido apontar nossa adequação dessa forma. Afinal, em uma economia hipercompetitiva em que o vencedor leva tudo, mediano é praticamente uma palavra obscena. Admitir que você se contenta em fazer apenas o suficiente é admitir que não tem a ambição e a determinação pessoal de se aprimorar. E pensamos que os empregadores não estão buscando nada menos que a perfeição.

Também pensamos que a sociedade não busca nada menos que a perfeição. Ao contrário da época de Hawthorne e Poe, o perfeccionismo no mundo moderno é um mal necessário, uma fraqueza ilustre, nosso defeito favorito. Vivendo dentro dessa cultura, ficamos tão envolvidos em seus absurdos que mal reconhecemos que são absurdos. Mas olhe mais de perto. Aylmer de Hawthorne e o pintor de Poe são alertas arrepiantes do verdadeiro preço de vidas passadas escalando as alturas estonteantes da perfeição. Neste livro, vamos descobrir o que o perfeccionismo é de fato, se ele nos ajuda de verdade, por que está mais evidente do que nunca e o que fazer em relação a todas essas coisas.

Então vamos começar pensando de maneira racional, pois, ao fazer isso, vemos que celebrar o perfeccionismo é algo completamente irracional. Por definição, a perfeição é uma meta impossível. Ela não pode ser medida, é quase sempre subjetiva e é destinada a estar sempre fora do alcance de meros mortais como nós. "A verdadeira perfeição", brincou o psicólogo correcional Asher Pacht, "só existe em obituários e elogios fúnebres."[2] É uma cortina de fumaça; uma tarefa sem sentido. E, como a perfeição está sempre além do possível, e atingi-la é uma missão absolutamente impossível, o custo para aqueles que a atingem deve ser altíssimo.

Então por que parece que buscar a perfeição é a única forma de ter sucesso? E estamos certos em sentir isso?

Para começar a responder a essas perguntas, quero voltar ao dia 17 de janeiro de 2013. Em estupor, Lance Armstrong está sentado em uma poltrona de couro, voltado para uma sala de leitura antiga e grandiosa. Suas pernas estão cruzadas, sua respiração acelerada, suas mãos vão e vêm com nervosismo do colo ao rosto. É quase como se ele soubesse, em seu íntimo, que essa se tornará uma das entrevistas mais assistidas na história da televisão.

A entrevistadora, Oprah Winfrey, é mestre em sua arte. Ela não o encara de frente como a maioria dos entrevistadores. Em vez disso, senta-se em um ângulo cuidadoso para que Armstrong tenha que virar propositalmente a cabeça para olhar para ela. Depois de algumas perguntas simples, Winfrey parte para cima da confissão que vai virar manchete. E, antes de fazer isso, faz uma pausa dramática, ergue a cabeça de suas anotações, fixa o olhar em Armstrong e, tranquilamente, o convida a admitir em público que seus sete títulos do Tour de France foram vencidos com a ajuda de substâncias que aumentam o desempenho.

"Sim", Armstrong confirma. Ele era um grande usuário de doping.

Winfrey então convida Armstrong a se explicar. É aí que algo impressionante acontece: o comportamento dele muda por completo. Ele endireita o tronco e ergue o queixo. Lance estava esperando por esse momento. Olhando nos olhos de Winfrey, ele diz com firmeza que não fez isso "para ganhar vantagem". O doping, na cabeça dele, era apenas uma forma de igualar o jogo. "A cultura era o que era", ele diz com ar de desafio, "era uma época competitiva; éramos todos adultos, fizemos nossas escolhas."

Armstrong escolhe se dopar porque todos os outros estavam se dopando.

Nosso comportamento é influenciado pelo comportamento dos outros. Gostamos de pensar que somos livres como pássaros, que somos indivíduos únicos e muito diferentes da maioria das pessoas ao nosso redor. Mas, na realidade, não somos nem um pouco únicos. Assim como Armstrong descreveu para Winfrey, nosso instinto mais básico é agir como ovelhas. A última coisa que desejamos é ser rejeitados, ostracizados ou excomungados pelo rebanho. Portanto, todo dia, com ou sem consciência, medimos com cuidado nosso comportamento para nos manter dentro da faixa do que é socialmente aceitável, ou "normal", o que dá no mesmo.

Em vez de algum tipo de individualidade divina, o vento social é o que realmente move o catavento de como tendemos a pensar, sentir e nos comportar. Quando estamos trabalhando, criando nossos filhos, estudando ou postando em redes sociais, em especial se estivermos cheios de medo ou dúvida — e vivemos cheios desses sentimentos hoje em dia —, tendemos a seguir o rebanho. E fazemos isso mesmo quando o comportamento de rebanho é definitivamente prejudicial, como no caso de Armstrong. Então, quando todos os outros parecem ser perfeitos, nossa ideia de que a perfeição é a única forma de ter sucesso começa a se revelar bastante racional.

É difícil escapar desse tipo de cultura.[3] Pesquisas recentes mostram que todos nós temos alguma intolerância à imperfeição, seja em nosso trabalho, nas notas escolares, na aparência, na criação dos filhos, nos esportes ou no estilo de vida. A diferença, para citar a psicanalista Karen Horney, "é meramente quantitativa". Alguns de nós têm uma intolerância um pouco maior, outros um pouco menor; a maioria fica no meio. E essa parte média do espectro do perfeccionismo — a média — está crescendo rápido, com o tempo. Vamos olhar para essa velocidade mais adiante. Mas, antes, vamos discutir o que está por trás dessa busca coletiva pela perfeição e se temos motivos para nos preocupar.

Sou professor universitário e uma das poucas pessoas do mundo que estudam perfeccionismo. Ao longo dos anos, trabalhei em todo tipo de problema: como identificar traços característicos do perfeccionismo, olhar para o que se correlaciona com o perfeccionismo e entender por que ele parece ser a característica definidora de nossa época. Ao longo do processo, ouvi muito médicos, professores, gerentes, pais e jovens que estão crescendo no mundo moderno. A visão da linha de frente é que o perfeccionismo é definitivamente o novo Zeitgeist.

Confirmei esse fato em 2018, quando chegou um convite em minha caixa de entrada de uma mulher chamada Sheryl. Ela entrou em contato comigo em nome da TED e queria saber se eu gostaria de discursar em uma das próximas conferências do grupo em Palm Springs, na Califórnia. Sheryl me disse que o perfeccionismo era um tópico de enorme interesse para os membros da TED. "Nosso público", ela disse, "vê o perfeccionismo em sua vida, na vida de seus filhos e na vida de seus colegas de trabalho." Ela queria que eu contasse à conferência o que era perfeccionismo, o que ele faz conosco e por que parece tão difundido. "Adoraria", respondi. Então, naquele mês, sentei-me com os roteiristas da TED para escrever um discurso de doze minutos chamado "Nossa obsessão perigosa pela perfeição".

Eu me orgulho de mim mesmo por ter dado aquela palestra, mas passei a detestar o título. É pessoal demais. Deposita o ônus em nós, em *nossa* obsessão pela perfeição. Escrever este livro — envolto na arte delicada de reunir os pensamentos em pequenas frases ordenadas, depois mudá-las e transformá-las em algo simples para os outros lerem — foi elucidativo. Nesse processo, encontrei lacunas em meu pensamento que não sabia que existiam. E comecei a ver coisas nos dados e ao meu redor, coisas que eu havia deixado escapar ou simplesmente não conseguia ver.

O perfeccionismo não é uma obsessão pessoal — é definitivamente cultural. Assim que temos idade suficiente para interpretar o mundo que nos cerca, começamos a notar sua onipresença na televisão e nas telas de cinema, outdoors, computadores e smartphones. Está presente na linguagem que nossos pais usam, na forma como as notícias são enquadradas, nas coisas que os políticos dizem, em como nossa economia funciona e na composição de nossas instituições sociais e civis. Irradiamos perfeição porque o mundo irradia perfeição.

Meu voo para a conferência TED em Palm Springs partiu do novíssimo Terminal 2 do Aeroporto de Heathrow. O Terminal 2 é o Terminal da Rainha, batizado em homenagem à rainha Elizabeth II. Ela inaugurou o Edifício da Rainha original em 1955, que foi demolido em 2009 para abrir caminho ao novo terminal internacional de 3 bilhões de libras.

O Terminal da Rainha é uma obra deslumbrante de arquitetura comercial. Segundo o jornalista Rowan Moore, do *Guardian*, a área de espera central é do "tamanho do mercado coberto de Covent Garden". E o objetivo de experiência de passageiros é praticamente o mesmo. É um "excelente espaço de reunião social", diz o arquiteto Louis Vidal, "como uma praça ou uma catedral". Atravessar o Terminal da Rainha definitivamente dá uma sensação de romantismo. Do alto da galeria que cerca os contornos do edifício, estende-se um espaço grandioso pontuado por curvas vastas, contornos limpos, outdoors coloridos e vidro do chão ao teto.

Nessa superestrutura, as linhas entre o que é real e o que não é são turvas. O principal culpado é a publicidade. Mesmo para os padrões modernos, os anúncios do Terminal da Rainha são uma forma especialmente curiosa de maestria corporativa. "Supere o contágio" é o chamado da IBM para um passageiro esclarecido, que provavelmente vai lê-lo a caminho de embarcar em um avião em meio a uma pandemia. A Microsoft nos diz como sua nuvem consegue transformar o "caos em mecanismo", enquanto o HSBC nos garante, benevolente, que a "mudança climática não conhece fronteiras".

Mas talvez o aspecto mais impressionante do marketing no Terminal da Rainha seja o *branding* de estilo de vida. Um outdoor mostra um homem de terno, um traje impecável, vagando com ousadia de um destino a outro com o auxílio especialmente bondoso de um aplicativo de transporte. Outro mostra uma executiva sorridente, com uma maleta cara na mão, sendo cumprimentada com simpatia pela concierge de uma linha aérea muito prestativa. Esses não são exemplos isolados. Dos outdoors às lojas de roupa ao quase deliciosamente pertinente Perfectionists' Café, o terminal é um microcosmo do que celebramos: ideias exageradas e impossíveis de vidas e estilos de vida perfeitos.

Mas, sentado ali no Perfectionists' Café, eu não pude deixar de refletir sobre o caráter fantasioso do idealismo que estava sendo anunciado, pois, quando visto sob a luz do que está acontecendo no mundo real, esse edifício evoca uma terra hiperfuncional e ambrosíaca que é simplesmente irreconhecível. O homem de terno imaculado que me sorri do outdoor eletrônico não parece ter corrido para fazer check-in porque o estacionamento fica a trinta minutos do terminal. O sorriso no rosto da executiva parece quase sarcástico quando você teve que ziguezaguear pela segurança para então descobrir que seu voo está atrasado.

O café do Perfectionists' Café é perfeito? Nem quente está. Seu portão é finalmente chamado e, claro, é aquele do outro lado do terminal, depois de descer a escada rolante e andar por dois quilômetros sob a pista de rolamento. Você chega lá, mas não encontra lugar para se sentar no portão e vê uma fila de passageiros mal-humorados entrando na passarela. Cansado e precisando muito de uma bebida forte, você encontra um espaço para se sentar e se pergunta se essa reunião não poderia ter sido um e-mail.

Pare aí e pense um pouco. É impressionante a diferença entre o idealismo desse edifício e a realidade, não é? As frases de efeito, as imagens perfeitas, o brilho da viagem transatlântica — tudo isso aponta para um abismo que não existe apenas aqui, mas na cultura como um todo. Casas, viagens, carros, planos de exercício, produtos de beleza, dietas, dicas de criação de filhos, *life coaches*, truques de produtividade — estamos vivendo dentro de um holograma de perfeição inatingível, com o imperativo de atualizar nossa vida e nosso estilo de vida constantemente em busca de um nirvana impecável que não existe.

Somos apenas humanos. E, no fundo, sabemos, mais do que gostaríamos de admitir, que todos os humanos são criaturas passíveis de erros, falhas e esgotáveis. Quanto mais essa cultura holográfica embaralha toda a noção de realidade e mais insiste que lutemos contra a Mãe Natureza, mais nosso perfeccionismo vai nos aprisionar na busca de uma quimera — deixando-nos desamparados enquanto nossa saúde e nossa felicidade desabam. Vamos tratar sobre o impacto do perfeccionismo nesses aspectos mais adiante neste livro. Por enquanto, porém, vamos voltar ao Terminal da Rainha para que eu possa contar um pouco sobre minha própria batalha com nosso defeito favorito.

De volta ao Perfectionists' Café, esperando pacientemente meu voo ser chamado, tentei acalmar o nervosismo assistindo a algumas das conferências TED mais famosas em meu laptop. Devo ter assistido a centenas enquanto me preparava para a minha. Estudei cada uma, buscando a fórmula secreta. Os melhores palestrantes pareciam emanar uma confiança infalível, como se a narração fosse tão natural quanto comer ou beber. Sou muito menos autoconfiante. E se não criasse a coragem para subir ao palco? E se esquecesse minhas falas? E se entrasse em pânico na frente de todas aquelas pessoas?

Perfeccionistas como eu tendem a lidar com a ansiedade pensando demais. Imaginamos que pensar em todos os ângulos possíveis é o método mais infalível de manter as coisas no lugar, esquecendo que pensar demais é em si uma forma prejudicial de ansiedade. Claro, nunca fracassei completamente em uma apresentação por pensar demais — mas também nunca mandei bem de verdade em nenhuma delas. Com apenas 29 anos, e contra todas as forças em contrário, lá estava eu, voando para a Califórnia como um dos mais alardeados "líderes do pensamento". Naquele grande círculo vermelho de palestrante, eu precisava parecer digno do ingresso de 5 mil dólares.

Uma de minhas maiores dificuldades é aceitar o sucesso. Tendo a fazê-lo passar por sorte ou acaso para não aceitar uma aclamação que, no fundo, acho que não mereço. Esse pensamento negativo — ou insegurança — talvez seja o aspecto mais pernicioso do perfeccionismo, pois, quando você está o tempo todo buscando sucesso — e com pavor do fracasso —, mesmo um grande nível de conquista pode parecer completamente vazio. Pior do que vazio, na verdade, porque o perfeccionismo expõe nossos sonhos como nada além de becos sem saída. Para o perfeccionista, o sucesso é um buraco sem fundo que nos esgota em sua busca, enquanto a resposta à pergunta mais profunda — "sou o suficiente?" — está sempre no horizonte.

E, assim como o horizonte, a perfeição recua quando nos aproximamos dela.

Sentir-se insuficiente o tempo todo é uma forma autopunitiva de levar a vida. Apesar de minhas conquistas exteriores e apesar do que é em certo nível um desejo sincero de levar uma vida esclarecida e compreensiva, nunca me sentir suficiente significa que nunca estou contente; eu me afasto de pessoas, evito situações delicadas e acabo me apresentando como desajeitado, indigno de confiança e com um pavor generalizado de compromisso. Fico inquieto, em pânico, oscilando entre a estabilidade relativa e a recaída medicada, propenso à insegurança e à autocrítica, em dúvida sobre quem realmente sou, preso em um ciclo de conquistas excessivas em busca de um sucesso credenciado em que, no fundo, no fundo, não acredito de verdade.

Penso que nos aproximar da perfeição em nossa vida e nossas conquistas é nos distanciar de nós mesmos ou, pior, nunca nos encontrar.

Tomando aquele café morno no Perfectionists' Café, observando o vaivém frenético de passageiros no Terminal da Rainha, refleti por um momento se não estaria melhor trabalhando com meu pai, que era pedreiro, em canteiros de obras. Perfurando buracos, serrando madeira, empilhando tijolos para ganhar a vida, casando-me com uma garota da região, sendo dono de uma casa modesta, talvez até dirigindo um carro decente e criando dois ou três filhos. Eu teria *sim* sentido falta da coleção de diplomas chiques, da cátedra em uma universidade do Grupo Russell, da conferência TED e deste livro deslumbrante. Mas não estaria trabalhando o tempo todo, tampouco estaria inquieto, com medo. E talvez, apenas talvez, teria vislumbrado aquele horizonte fugidio.

Mas, enfim, talvez não. Como o psicanalista britânico Josh Cohen questionou sabiamente, alguém no mundo moderno está mesmo a salvo das fantasias perfeccionistas que atormentam nossa vida consumista?[4]

Em um ou outro grau, desconfio que eu esteja preso em uma armadilha vivida por todos que habitam na era moderna — presos em um emaranhado de nunca ser suficiente, incapazes de entender para que serve todo o aperfeiçoamento incansável. Volumes infinitos de trabalho, consumo e autoaprimoramento evocados na busca de nenhum objetivo em particular. Sim, há certa herdabilidade no perfeccionismo. E, sim, experiências rigorosas, duras e traumáticas na infância também importam, e muito. Mas, embora os genes e essas experiências deem as cartas, é nossa cultura que nos pede que continuemos jogando ases perfeitos mão após mão.

Lance Armstrong enfrentou um dilema: permanecer limpo atrás do bando ou se dopar e competir com os líderes. "A cultura era o que era... todos fizemos nossas escolhas." Na época, a escolha de Armstrong funcionou maravilhosamente bem para ele, mas, para outros ciclistas, dopar-se era uma decisão arriscada. Alguns até perderam a vida. E a troco de quê? Se, como Armstrong insiste, todos os ciclistas estavam se dopando, então essa corrida armamentista punha em risco a saúde de todos os ciclistas sem tornar nenhum deles mais propenso a vencer.

A mesma corrida armamentista destrutiva está se desenrolando na cultura como um todo agora, pois, se tudo que vemos ao nosso redor é uma realidade embaralhada de perfeição ilimitada, então o mais difícil de aceitar é que somos apenas humanos. A vida se torna um tribunal infinito para nossos defeitos. Nós nos sentimos exaustos, vazios e ansiosos quase o tempo todo. E, apesar de tudo que fazemos na vida — o esforço contínuo, os rituais de bem-estar, os truques de vida, a compraterapia, os filtros, as correções e os ajustes —, a lei de rebanho significa que nada disso nunca vai nos tornar mais propensos a ter sucesso ou, para ser mais enfático, sentir que somos o suficiente.

Essa é a leitura contemporânea de Hawthorne e Poe, que basicamente diz que agora estamos todos condenados a ser Aylmer e o pintor. Mas não tenho tanta certeza de que seja bem isso. Na verdade, acho que somos mais como as mulheres esquecidas dessas histórias. Assim como elas, poderíamos facilmente nos contentar com nossa vida imperfeita se nossos defeitos, fissuras e rebarbas tivessem permissão de simplesmente existir — exatamente como são — em vez de serem ampliados e superdimensionados por uma influência autoritária decidida a apagar até os defeitos mais imperceptíveis.

Quanto mais caímos na armadilha da perfeição de nossa cultura, mais energia vital o perfeccionismo vai drenar de nossa vida. Está na hora de termos uma conversa séria sobre nosso defeito favorito, a começar olhando para o que ele é de fato e como nos afeta.

2. Diga que sou o suficiente
Ou por que o perfeccionismo é muito mais do que padrões excessivamente altos

> *O que sou, em qualquer dado momento do processo de me tornar uma pessoa, será determinado por minhas relações com aqueles que me amam ou se recusam a me amar.*
>
> Harry Stack Sullivan[1]

O bar e churrascaria Rafferty's fica a poucos passos da Union Station, no centro de Toronto. É um restaurante moderno frequentado, durante o dia, por executivos de camisas brancas e gravatas escuras tomando canecas de café e, à noite, por compradores elegantes e bem-vestidos que tomam coquetéis ornamentados da moda. O pátio frontal oferece uma vista de um cruzamento movimentado: pessoas andando apressadamente na calçada, faróis verdes ficando vermelhos, bondes passando e se cruzando de leste a oeste.

Era uma tardezinha de verão ensolarada de 2018, e eu estava no pátio do Rafferty's com os queridos professores Gordon Flett e Paul Hewitt. Estávamos tomando cerveja, e eles me contavam suas histórias de trabalho. Gord estava usando um traje acadêmico típico: camisa xadrez por dentro da calça de sarja, e sapatos de caminhada que eram ao mesmo tempo confortáveis e funcionais. Isso, combinado a seu rosto brincalhão e bondoso, dava a ele o ar de um guia de turismo local, e seu comportamento animado era energético.

A presença de Paul no geral era mais meditativa. Ele era a complexidade reflexiva em pessoa, com seus olhos arregalados por trás de óculos circulares estilosos, vestindo uma camisa branca passada que cintilava sob o sol de fim de tarde. Ele só falava quando necessário e, sempre que abria a boca, refletia uma intensidade gentil, como se encantado por um momento por algum fato solene. Essa intensidade dava a ele a aura de um psicólogo reflexivo, que é exatamente o que ele é.

Esses homens tão diferentes têm um objetivo em comum. Por mais de três décadas, fizeram de sua missão examinar os mecanismos internos do perfeccionismo e descobrir por que ele tende a aparecer com tanta frequência em seus consultórios de terapia e salas de aula. Ouvindo os dois, tenho a impressão de que seu trabalho é muito mais do que uma profissão. É intensamente pessoal, como se o estudo do perfeccionismo tivesse se tornado mais um filho para criar. Eu estava em Toronto para ver esses gigantes falarem sobre perfeccionismo. A dedicação deles a sua causa havia me intrigado, por isso me sentei com eles para entender mais.

Paul refletiu sobre sua jornada em termos práticos. Ele parecia saber que sua missão obstinada e sagrada é um tanto diferente para os padrões acadêmicos modernos. Ele explicou: "Tenho um fogo dentro de mim por esse assunto e não consigo deixá-lo de lado". Nos anos 1980, como um psicólogo clínico em início de carreira, Paul estava trabalhando com pacientes em que estresse e tensão — na escola, no trabalho e na criação dos filhos — pareciam estar associados à sua necessidade de fazer as coisas com perfeição. As anotações de seus primeiros casos descreviam o perfeccionismo como uma força maligna. Se não for controlado, ele me disse, "o perfeccionismo causa uma espiral descendente que é extremamente difícil de reverter".

Ele continuou: "Mas poucas pessoas veem o perfeccionismo como uma característica prejudicial, ao menos não o perfeccionismo em si".

"Elas ainda não o veem dessa forma!", Gord respondeu, abrindo um sorriso astucioso. "Mas deveriam."

De forma indireta, aqueles homens estavam resmungando de bom humor sobre a velha relutância da ciência psicológica a levar o perfeccionismo a sério, ou ao menos com seriedade suficiente. O pensamento dominante é que o perfeccionismo é mais um tópico para a psicologia pop, o tipo de coisa que é cheio de psicanálise barata. Claro, o perfeccionismo *pode* ser problemático — da mesma forma que o capricho excessivo pode ser problemático —, mas estaria longe de merecer uma investigação séria e sistemática.

Sabemos que isso é verdade porque a bíblia da psiquiatria — o *Manual diagnóstico e estatístico de transtornos mentais* — não considera o perfeccionismo como um traço de caráter muito preocupante.[2] Nas raras ocasiões em que é mencionado nos critérios diagnósticos, tende a ser um dos muitos sintomas associados ao transtorno obsessivo-compulsivo (TOC).

Gord explicou o problema: "A visão predominante do perfeccionismo é muito limitada. Sabemos que ele tem muitas faces, algumas das quais são relevantes para o TOC, mas outras não, e sabemos que o perfeccionismo está em todo tipo de transtornos psíquicos, não apenas os compulsivos".

Paul se virou e olhou em minha direção. "Tem isso, e também o fato de que o perfeccionismo é muito mais predominante do que as pessoas imaginam. Não é tanto uma dicotomia ou uma classificação, mas um espectro. Quando falamos sobre perfeccionismo, não estamos falando se uma pessoa é ou não perfeccionista; estamos falando sobre *todas* as pessoas, e o grau em que elas são mais ou menos perfeccionistas."

Ele continuou: "Nossa pesquisa mostra uma amplitude e uma profundidade enorme no perfeccionismo. Mesmo assim, é difícil avançar quando o consenso é o que é".

Paul aprendeu, pelas observações em seu consultório de terapia, que para entender completamente o perfeccionismo vamos precisar considerar a amplitude e a profundidade. Esse é o motivo pelo qual expandir e distinguir entre tipos diferentes de perfeccionismo, e medi-los e testá-los, tornou-se a base do trabalho inovador de Paul e Gord. E também é por isso que eu estava em Toronto; para aprender tudo sobre eles.

Que amplitude e profundidade são essas de que Paul estava falando? E por que isso importa? Para respondê-las, precisamos voltar a quando Paul começou a investigar esse traço curioso de personalidade. "A maioria das pessoas pensa que o perfeccionismo são só critérios elevados", ele explicou, "mas logo ficou claro em meu trabalho clínico que isso não era verdade." As anotações de Paul revelaram uma rede de sintomas que iam muito além de padrões pessoais e pressões autoimpostas.

"Eu estava vendo um caso após outro de pessoas que se sentiam obrigadas a ser perfeitas não apenas para alcançar seus próprios padrões impossíveis, embora elas fizessem isso em grande medida, mas também para imitar os padrões impossíveis que sentiam estar sendo impostos a elas pelos outros, e que elas próprias impunham àqueles ao seu redor."

Essas diferentes faces — dirigida a si, socialmente imposta e dirigida ao outro — fizeram Paul refletir. E se o perfeccionismo fosse mais do que apenas uma série de metas ou padrões elevados? "Logo ficou claro que o perfeccionismo não tem a ver com se esforçar, ao menos não da forma como se pensaria em gabaritar uma prova ou arremessar uma bola perfeita. É toda uma visão de mundo — uma forma de existir que define como nos vemos e interpretamos as coisas que as outras pessoas fazem e dizem."

Essa afirmação abriu meus olhos e me fez pensar em meu próprio perfeccionismo. Eu antes acreditava que era tudo uma questão de trabalho árduo, dedicação e meticulosidade. Partia do princípio de que simplesmente tinha padrões excessivos para mim mesmo, padrões que me definiam como um perfeccionista. Mas, na verdade, quando se olha com mais atenção, os padrões altos se revelam uma parte da história, pois o que também importa é por que pessoas como eu precisam definir esses padrões excessivos, para começo de conversa. Paul pensa que estamos nos pondo na berlinda para que os outros nos validem de que somos algo neste mundo. "Até reconhecermos o simples fato de que o perfeccionismo está associado à forma como nos relacionamos com o outro", ele me disse, "vamos continuar a interpretá-lo mal."

Essas palavras despertaram em mim lembranças de meu falecido avô. Ele era, em muitos sentidos, um exemplo perfeito da distinção que Paul estava tentando fazer — de padrões altos de um lado e perfeccionismo do outro. Quando era criança, eu costumava ficar sentado por horas, perplexo pela forma como meu vovô, um mestre na carpintaria, criava coisas cotidianas como corrimãos, cadeiras e molduras de janela, da primeira tábua à arruela final.

Eu me maravilhava com sua arte. Todo domingo, atravessava o terreno até sua oficina e observava com atenção enquanto ele me mostrava como cortar pedaços de madeira recuperada em ripas medidas com esmero. Então, ele esculpia e contornava cada ripa com delicadeza, marcava com cuidado e olhava as ripas com precisão militar, antes de encaixá-las bem. Ele as prendia firmemente com parafusos, e lixava e polia o item final com carinho. Os contornos de seus produtos sempre tinham formas perfeitas, a madeira de uma suavidade deliciosa, o resultado final de uma obra de arte imaculada e funcional.

Essas são sem dúvida as características de uma pessoa com padrões altíssimos. Mas não são as características de uma pessoa perfeccionista. Quando terminava o trabalho na oficina, meu avô juntava as mercadorias que havia criado com tanto amor e as entregava a seus novos lares, então simplesmente as deixava lá, sem esperar a validação de uma avaliação de cinco estrelas. Ele trazia ao mundo coisas cotidianas para outras pessoas usarem e apreciarem. Para ele, suas mercadorias precisavam existir muito mais do que seu criador precisava ser reconhecido ou validado.

Essa ausência de uma necessidade ardente de aprovação é o ponto a que Paul quer chegar quando diz que o perfeccionismo não tem a ver com nossos padrões, mas com os padrões que achamos que os outros esperam de nós. Claro, meu avô nem sempre acertava, mas sempre finalizava o produto. A temida avaliação de três estrelas não fazia sentido em seu mundo e, mesmo se fizesse, a opinião negativa de outra pessoa era simplesmente parte natural da vida. Merdas acontecem. Desde que desse o melhor de si, ele não sentia a necessidade de se redimir ou buscar a aprovação para se reinventar o tempo todo, ou errar melhor, como se diz no mundo corporativo. Ele se orgulhava do próprio trabalho e, se deixasse escapar um pouco de verniz em uma junção de canto ou deixasse a ponta de um parafuso escapar um pouco para fora, ele simplesmente deixava que esses erros passassem por ele — sem dúvida um sinal de sua falibilidade, tal qual suas rugas e seu ciático.

É este o segredo de padrões altos: eles não têm que vir com insegurança. É só o perfeccionismo que une as duas coisas. Segundo Paul, o perfeccionismo não tem a ver com aperfeiçoar coisas ou tarefas, tampouco com se esforçar para atingir padrões especialmente altos em suas tarefas, aparências, na criação de seus filhos ou em relacionamentos. É muito, mas muito mais profundo do que isso. Tem a ver com *nos* aperfeiçoarmos ou, para ser mais exato, aperfeiçoarmos nosso *eu imperfeito*; passar pela vida em modo defensivo, escondendo todos os defeitos, falhas e lacunas das pessoas ao nosso redor.

Essa forma de pensar no perfeccionismo foi revolucionária para mim, pois, quando você vê o perfeccionismo de um ângulo de pensamento tão extremo de déficit que você passa a vida toda se escondendo do mundo, esse está longe de ser o emblema banhado em ouro do sucesso através do autossacrifício como o interpretamos. Embora haja algo da exatidão de meu avô em meu sangue, seu capricho e meu perfeccionismo significam que somos pessoas muito, mas muito diferentes. E nossas vidas, portanto, são vividas com visões e diálogos internos completamente distintos.

Talvez o maior equívoco sobre pessoas perfeccionistas é que nossa grande preocupação seja realizar algum ato de genialidade. Ao contrário de narcisistas, com quem costumamos ser confundidos, simplesmente não acreditamos na narrativa que estamos tentando escrever para nós mesmos. Embora mantenhamos o olhar em padrões perfeitos, buscamos alcançá-los não tanto por causa do que eles trazem ao mundo, nem mesmo porque nos fazem parecer brilhantes, mas porque fazer algo certo alivia os medos causados pela vergonha de não ser bom o bastante para ser amado e valorizado ou, em outras palavras, para importar aos outros.

Esses medos baseados na vergonha devem ser destacados, pois uma distinção entre as coisas externas que fazemos e as coisas internas que sentimos é facilmente ignorada em conversas sobre perfeccionismo. A vergonha é a emoção autoconsciente que nos diz que somos indignos de amor e aprovação. É o que acontece quando pensamos que fomos rejeitados ou, pior, ignorados por não conseguirmos ser mais. A vergonha machuca. Preenche todas as esferas de nossa existência, contagiando a maneira como nos vemos em relação aos outros. E a vergonha é o motivo por que a grande preocupação dos perfeccionistas com a perfeição é muitíssimo maior do que o orgulho sentido por pessoas caprichosas como meu avô. É uma preocupação que chega à essência de *quem somos* e como achamos que devemos parecer inadequados aos outros.

Minha vida até agora foi uma longa busca por conquistas muito acima da média, bem como pelo reconhecimento das outras pessoas como sustentação para uma autoestima que é mais frágil do que porcelana chinesa. Meu avô não tinha esse problema. Claro, ele era movido a provar a si mesmo e aos outros que era um artesão habilidoso, mas fazia isso com uma determinação humilde e paciente que recusava a se deixar quebrar por opiniões volúveis. Tenha em mente como esses altos e baixos interagem de maneira diferente com outras pessoas, pois essas interações são críticas para entender por que, como diz Paul, o perfeccionismo envolve muito mais do que os padrões elevados que estabelecemos para nós mesmos.

Porque o perfeccionismo é — e só pode ser — um traço relacional, um problema de autoestima que surge não em um vácuo dentro dos indivíduos, mas em nosso mundo social e por meio das interações que temos com as pessoas ao nosso redor. Começa com um diálogo interno que diz: "Não sou atraente o bastante, descolado o bastante, rico o bastante, magro o bastante, saudável o bastante, inteligente o bastante, produtivo o bastante", e termina com uma constatação brutal: "então, sempre que meus defeitos são revelados, outras pessoas vão notar, e vou ser uma pessoa menos aceitável aos olhos delas". Toda partícula de energia a partir desse pensamento é usada para esconder do mundo nossas verdadeiras identidades e fazer todo o possível para fortalecer o que pensamos ser laços frágeis de perfeição que nos amarram aos outros.

No fim dos anos 1980, quando Paul conheceu Gord na Universidade York, fazia pouco tempo que os dois haviam conquistado o título de phD e sido contratados para dar aulas de psicologia. Como um jovem estudioso da medição da depressão, Gord ficou encantado pelos primeiros estudos de Paul sobre o perfeccionismo. Com o tempo, os dois começaram a criar uma colaboração e uma amizade próxima. "Sempre fui fascinado pelo perfeccionismo", Gord disse, "por isso aproveitei a chance de trabalhar com Paul [...]. Sabíamos que, se conseguíssemos identificar uma série de características e uma ferramenta para medir o perfeccionismo, poderíamos começar a criar uma base de evidências."

Eles iniciaram com uma série de afirmações autodescritivas que Paul havia escrito alguns anos antes. Essas afirmações incluíam descrições de pensamentos, sentimentos e comportamentos perfeccionistas com os quais as pessoas poderiam concordar ou discordar — por exemplo, "Eu me esforço para ser perfeito" ou "Preciso ser impecável" —, e foram baseadas no que seus pacientes haviam ensinado a ele sobre as coisas que os perfeccionistas costumam pensar, sentir e fazer. "Meus pacientes me mostraram o que é o perfeccionismo", Paul disse. "Simplesmente escutei com muita atenção e criei uma série de itens que refletia suas características principais."

E é aí que entrou Gord. Com seu conhecimento em psicologia de personalidade e seu entusiasmo e energia, eles combinaram forças e se deram extremamente bem. Ao longo dos anos seguintes, começaram a reunir itens de perfeccionismo, distribuindo-os em amostras diversas antes de resumi-los, reescrevendo-os, deletando-os e os redistribuindo. Por fim, depois de fazer todo esse levantamento pesado, eles chegaram a uma solução ideal que parecia ser a que mais bem descrevia a estrutura do perfeccionismo. "Quando fizemos o trabalho de validação", Gord me disse, "tínhamos a base de uma teoria que resumia as características básicas do perfeccionismo."

Para expressar bem a teoria deles, é útil criar um gráfico do que Paul e Gord descobriram. Como se pode ver na figura a seguir, a teoria deles é multifacetada. O perfeccionismo não é apenas um pensamento, sentimento ou comportamento, como metas ou padrões elevados. É muito mais do que isso. É uma relação problemática com nós mesmos, em que exigimos demais ou somos excessivamente críticos, e também é uma relação problemática com outras pessoas, na qual acreditamos que aqueles ao nosso redor exigem perfeição e em que exigimos perfeição dos outros também.

Reconhecendo que o perfeccionismo contém essas diversas faces — privada e pública, pessoal e relacional —, Paul e Gord batizaram essa teoria de Modelo Multidimensional do Perfeccionismo e a apresentaram para o mundo em um ar-

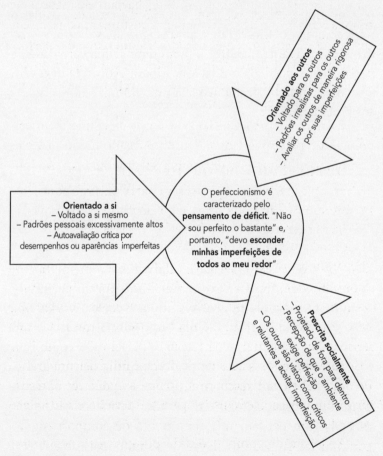

Modelo Multidimensional de Perfeccionismo de Paul Hewitt e Gordon Flett.

tigo de 1991 publicado pelo *Journal of Personality and Social Psychology*.[3] O que esse modelo mostra? Que o perfeccionismo é uma visão de mundo viva e pulsante que começa pela convicção básica de que não somos perfeitos o bastante e que nossas imperfeições devem ser escondidas das pessoas ao nosso redor. Dentro dessa convicção básica há várias faces que o perfeccionismo assume e, dentro delas, características que distinguem uma face da outra.

Essas várias faces, quando Paul e Gord as descreveram pela primeira vez, ofereceram uma nova forma de estudar o perfeccionismo. Em vez de um protagonista solitário — padrões excessivamente altos —, aqui temos uma variedade de personagens pessoais e relacionais para evocar. O que vem a seguir é uma biografia de cada um, com exemplos de casos elucidativos.

O PERFECCIONISMO ORIENTADO A SI
VEM DE DENTRO. ENVOLVE UMA FORMA DE EXISTIR NO MUNDO QUE DIZ QUE DEVO SER PERFEITO E NADA MAIS QUE PERFEITO

O *perfeccionismo orientado a si* talvez seja a primeira coisa em que pensamos se evocamos a imagem do perfeccionismo em nossa mente. Por exemplo, o colega workaholic ou o estudante dedicado. Uma "compulsão interna e um senso de pressão interna para sermos perfeitos" é como Paul e Gord definem os traços do perfeccionismo orientado a si. Pode ser muito motivador, mas, no fim, a motivação se transforma em obrigação exaustiva para ser perfeito e nada além de perfeito.

A ciclista de competições de pista Victoria Pendleton descreve um caso particularmente vívido de pressão autoimposta. Pendleton é o tipo de atleta que surge uma vez a cada geração, uma das atletas olímpicas britânicas mais condecoradas. Mas ela também é famosa por sua incapacidade de reconhecer suas conquistas. Em uma entrevista de 2008 dada ao jornalista Donald McRae, do *Guardian*, Pendleton se lembra de que o ciclismo era "uma luta constante".[4] Ela achava difícil sentir qualquer satisfação duradoura por suas realizações. "As pessoas dizem, nossa, você conquistou tudo esse ano, dois campeonatos mundiais e uma medalha de ouro olímpica", ela disse a McRae. "E eu penso: sim, mas por que me sinto tão insatisfeita e sob toda essa pressão de novo?"

Talvez a característica mais visível do perfeccionismo orientado a si seja essa veia hipercompetitiva combinada com uma sensação de nunca ser bom o suficiente. Mas a hipercompetitividade reflete um certo paradoxo porque, por mais estranho que pareça, as pessoas movidas pelo perfeccionismo orientado a si podem evitar a competição por medo de fracassar e de perder a aprovação dos outros. "Ficar preso entre uma necessidade de sucesso e um medo de fracasso é a tensão básica do perfeccionismo orientado a si", Paul me disse. "Por um lado, há a necessidade de se esforçar continuamente na esperança de ter o respeito e a aceitação dos outros ao nosso redor e, por outro, há uma necessidade de fazer todo o possível para evitar a vergonha de deixar a desejar."

Essa existência conflituosa faz os perfeccionistas orientados a si alternarem entre se aperfeiçoar e se repreender e tenderem a comportamentos de autossabotagem, como pensar demais e procrastinar.

No entanto, os perfeccionistas orientados a si costumam fazer coisas que os outros considerariam excepcionais. Simplesmente não dá para saber já que eles tendem a diminuir as evidências do sucesso e se menosprezar de maneira cruel ao primeiro sinal de dificuldade. Seus ajustes compulsivos, suas repetições e seu autoaprimoramento generalizado são prova de que eles levam as próprias insuficiências imaginadas a ferro e a fogo, e insistem que são completamente reais.

Pendleton é um bom exemplo disso. Ela parece atribuir uma importância irracional a padrões excessivos para seu valor pessoal. Não ser boa o bastante para atender a esses padrões é um tema corrente em sua autoanálise. Com o ciclismo, ela "só queria provar que era muito boa em alguma coisa". Ela explicou a McRae: "Ainda não consegui fazer isso, pelo menos não para mim mesma. Sei que consigo pedalar muito melhor, com mais leveza, mais delicadeza... Não sou nem de longe tão boa quanto deveria".

Pendleton admite mais adiante em sua entrevista a McRae que é "uma pessoa insegura", "emotiva" e "uma perfeccionista autocrítica". Seu relato ilustra a ausência de autocompaixão que se encontra em pessoas com um alto nível de perfeccionismo orientado a si. E isso me lembra de uma das observações clínicas mais frequentes de Paul: que a vergonha e a ruminação são onipresentes dentro do perfeccionista em sofrimento. Suas anotações de caso compiladas de centenas de interações terapêuticas revelam como perfeccionistas orientados a si desenvolvem uma imagem distorcida de si mesmos que "vai além de um desgosto consigo próprio e chega a uma forma de autoaversão".

Como mentor de muitos jovens perfeccionistas, infelizmente vejo muito essa autoaversão. Uma estudante, Anne, realmente se destaca. Assim como Pendleton, ela era ambiciosa, esforçada e excepcionalmente talentosa. No entanto, por mais que fizesse, sempre que conversávamos, ela tratava seus sucessos como fracassos abjetos. Nos encontros,

Anne sempre falava sobre como suas notas de primeira aluna da turma não eram suficientes, como ela não havia se esforçado o bastante, e como tinha se desapontado consigo mesma e desapontado os outros.

O perfeccionismo de Anne está longe de ser único entre estudantes hoje em dia, mas me pareceu particularmente extremo. Se eu pudesse ouvir seu diálogo interno, seria algo assim: "Não tenho como ser inteligente ou talentosa se estou me esforçando tão mais do que os outros sem ser muito melhor". Para perfeccionistas orientados a si como Anne, o próprio fato de dedicarem tanto esforço é evidência de que não são inteligentes nem talentosos. Sua necessidade de se aperfeiçoar serve apenas para ampliar as imperfeições que eles odeiam em si mesmos.

A verdade é que as pessoas com alto grau de perfeccionismo orientado a si se sentiam obrigadas a jogar um jogo impossível de vencer que envolve buscar a perfeição simplesmente para se exonerar da vergonha e do constrangimento de não serem perfeitos. "É uma forma exaustiva de levar a vida, precisando ser perfeito, corrigindo ou escondendo o que é imperfeito", Paul me disse. "E isso não deixa espaço nenhum para o descanso ou a autorreflexão compassiva."

O PERFECCIONISMO PRESCRITO SOCIALMENTE
VEM DO AMBIENTE. ENVOLVE A CONVICÇÃO DE QUE
OS OUTROS ESPERAM QUE EU SEJA PERFEITO

Perfeccionismo não é apenas ter padrões pessoais excessivos; ele também tem uma origem social particularmente perniciosa. Paul e Gord chamam isso de *perfeccionismo prescrito socialmente*, que envolve uma convicção generalizada de que todos, a todo momento, esperam que sejamos perfeitos. E, quando ficamos aquém desse critério impossível, a convicção é de que os outros são mordazes em seu julgamento.

De acordo com Paul e Gord, o perfeccionismo prescrito socialmente expressa ilusões de julgamento constante que nos fazem buscar os padrões dos outros o tempo todo. Pessoas propensas a essas ilusões escutam comentários ácidos sobre seus defeitos aonde quer que vão. Até mesmo afirmações benignas podem ser interpretadas como farpas sobre suas imperfeições. Existe um diálogo interno que diz que você deve agir, apresentar-se e ter o desempenho que os outros esperam de você. E os outros esperam que você seja perfeito.

O perfeccionismo prescrito socialmente pode se assemelhar ao perfeccionismo orientado a si. Mas, nesse caso, a necessidade de ser perfeito vem das pressões do mundo exterior. Os perfeccionistas prescritos socialmente acreditam que vão ser julgados com severidade se forem imperfeitos, por isso buscam a perfeição para garantir a validação e a aprovação dos outros, muitas vezes pessoas que eles nem conhecem. Em um mundo que irradia perfeição, a convicção de que estamos sendo julgados tem origem na experiência real vivida. Mas não precisa ter. O perfeccionismo prescrito socialmente é apenas uma lente através da qual interpretamos as demandas dos outros, reais ou imaginadas.

Um de meus amigos da universidade, Nathan, é um perfeccionista prescrito socialmente. Ele é um rapaz tranquilo, de uma meticulosidade discreta e extremamente bem-sucedido, mas propenso a alterações de humor e certos ataques de ansiedade. Essa constelação de características era bastante peculiar na licenciatura, e foi uma peculiaridade pela qual ele ouviu um enorme grau de "brincadeiras". Ele levava tudo com bom humor, mas eu conseguia ver que elas o afetavam.

Retomei o contato com Nathan há pouco tempo e descobri que ele não havia perdido sua chama discreta por fazer as coisas com perfeição. Ele trabalha em altas finanças hoje em dia, o que não me surpreende. Mas, mesmo assim, ainda se vê como um fracasso, de certa forma. Não em relação a sua origem — nesse aspecto, ele é muito bem-sucedido. Mas em relação às pessoas ao redor dele, que ele acredita serem muito mais capazes. "Eles são supertalentosos, deixam o padrão lá em cima", ele me disse. "É impossível acompanhar, eles sabem que não estou ganhando tanto quanto eles."

Disse a ele: "Você deve estar fazendo algo certo, do contrário não continuaria sendo promovido". Ele parecia não dar relevância a esse fato ou, se dava, logo a ignorou. "Nunca chega um momento em que não esperam que eu faça mais", ele disse. "Mesmo quando atinjo as metas, não é o suficiente — quanto mais você faz, mais esperam que você faça."

As inseguranças de Nathan claramente não o haviam abandonado. Ele ainda se sentia sob vigilância constante, perguntando-se se as pessoas achariam que ele estava se destacando o suficiente. Só que, agora, a intensidade da cultura corporativa o deixara com mais medo do que nunca de expor suas fraquezas internas.

Outro lugar em que se vê muito esse medo é no show business. Afinal, as celebridades estão a todo momento sob o microscópio, sujeitas às pressões inescapáveis que se originam dos ideais implacáveis de desempenho e aparência. É por isso que muitas das figuras públicas são perfeccionistas confessos. E, se você ler seus depoimentos, verá que as histórias deles quase sempre incluem pressões prescritas socialmente.

A história de Demi Lovato é particularmente ilustrativa. Lovato, uma artista excepcionalmente talentosa, tem uma carreira incrivelmente bem-sucedida — mas esse sucesso tem um preço pessoal altíssimo. As origens de suas dificuldades são descritas de maneira vívida em um documentário de 2017, *Simplesmente complicada*. Desde jovem, "eu era uma perfeccionista", Lovato diz, "e queria muito ser a melhor das melhores". Ser posta nos holofotes na adolescência em *Camp Rock* da Disney teve seu preço, diz Lovato. "A fama começou a se infiltrar em minha vida, comecei a me sentir pressionada a ter determinada aparência, a cantar músicas que achava que as pessoas gostariam, em vez de cantar músicas de que eu gostaria."

Lovato descreve as pressões de ser uma artista famosa. "Havia muita pressão para fazer sucesso, sabe, ser número 1 nas paradas." A pressão é um tema que se repete em sua entrevista de 2011 a James Dinh, da MTV. "Há muita pressão para atingir padrões impossíveis", Lovato disse a Dinh. "Para ter a aparência certa, ser inteligente, ser magra, talentosa e popular, e muitas de nós sentimos que temos de ser tudo para todo mundo."[5]

Assim como os perfeccionistas orientados a si, os perfeccionistas prescritos socialmente passam a vida tentando corrigir essas imperfeições. No entanto, no caso deles, a motivação principal é atender às expectativas de outras pessoas com o objetivo expresso de ganhar a aceitação, o amor e a aprovação delas. "Essas necessidades relacionais não satisfeitas são o que realmente atrapalham as pessoas perfeccionistas e o que tornam isso tão prejudicial", Paul me disse. "Perfeccionistas prescritos socialmente sofrem tanto nesse aspecto porque estão sempre escondendo suas imperfeições das pessoas ao redor."

Na autoanálise de Lovato, vemos a corroboração disso. O perfeccionismo prescrito socialmente põe pressões enormes sobre a vida, que é passada à mercê das opiniões de todos os outros, tentando desesperadamente ser outra pessoa, alguém perfeito. "É pressão", Gord acrescentou, "mas pressão combinada com uma sensação profunda de impotência."

O PERFECCIONISMO ORIENTADO AOS OUTROS
SE VOLTA PARA FORA. ENVOLVE A CONVICÇÃO DE QUE OS OUTROS DEVEM SER PERFEITOS

A última face do perfeccionismo que Paul e Gord identificaram é o *perfeccionismo orientado aos outros*. Esse é o perfeccionismo voltado para outras pessoas, como amigos, familiares ou colegas de trabalho. Embora eu deva destacar que, enquanto "outros" normalmente se refira às pessoas próximas, não necessariamente é assim. Alvos de sua ira podem muito bem ser as pessoas em geral. "Quanto mais o perfeccionista orientado aos outros se sente a medida de todas as coisas", Gord explicou, "mais ele insiste que seus padrões devem ser atendidos."

Os perfeccionistas orientados aos outros são fáceis de identificar porque são aqueles que costumam perder as estribeiras quando você não atinge os padrões deles. Existem problemas óbvios nesse tipo de comportamento, sobretudo para os relacionamentos. Se você exige que os outros sejam perfeitos e é crítico em relação a eles, invariavelmente vai haver um confronto. Pense, por exemplo, nas desavenças que você teve com seu chefe exigente, treinador crítico ou amigo intolerante. Não é nada bonito.

Os perfeccionistas orientados aos outros definem padrões impossíveis para os outros porque estão compensando as próprias imperfeições imaginadas — o que Freud chamava de "projeção". "Essas pessoas são inseguras por natureza", Paul disse, "seu perfeccionismo orientado aos outros é uma forma inconsciente de desviar a atenção de si."

Isso tudo me lembra de minha primeira chefe. De meia-idade e bem-apessoada, não exatamente chique, mas definitivamente tentando ser, Tammy dirigia uma academia de ginástica nos arredores da cidade. Eu tinha dezoito anos quando ela me admitiu como aprendiz de instrutor — meu trabalho dos sonhos. Logo virou um pesadelo. Tammy tinha dificuldades com o próprio perfeccionismo, uma dificuldade que voltava regularmente contra os subordinados dela. Ela era irritadiça, ansiosa e autoritária. Se enfiasse na cabeça que você não estava fazendo um bom trabalho, o que acontecia com frequência, ela ficava hostil e desconfiava de tudo que você fazia. Ela andava de um lado para o outro da academia, notando todo pingo de poeira ou suor que você não tivesse limpado, rudemente te avisando que você não era bom o suficiente. Meus erros eram um lembrete dos erros dela — ela não conseguia tolerar que eu deixasse algo escapar, assim como não conseguia tolerar deixar nada lhe escapar.

E, quando algo realmente ruim acontecia, ela perdia a cabeça. Um dia, a piscina da academia apresentou um defeito, derrubando cloro demais na água. Como eu era responsável por verificar a piscina, Tammy veio direto até mim em busca de uma explicação. Ela estava visivelmente estressada, gritou palavrões e, bem ali, na frente de frequentadores musculosos, ameaçou me processar pelos danos. Quando o responsável pela manutenção da piscina chegou e a informou que o problema não tinha nada a ver comigo, ela hesitou por um momento como se considerasse um pedido de desculpa, antes de me mandar voltar ao trabalho de maneira ríspida. Em vez disso, saí pela porta.

Todos já conhecemos um perfeccionista orientado aos outros como Tammy. Mas talvez o mais infame seja Steve Jobs. Ele é reconhecido por muitos por transformar o destino da Apple de uma empresa em processo de falência em 1996 à multinacional trilionária que é hoje. Sobre a morte de Jobs em 2011, o novo CEO da Apple, Tim Cook, escreveu que a "Apple perdeu [...] um gênio criativo". "O mundo perdeu um visionário", acrescentou o presidente Obama.

Gênio visionário Jobs definitivamente era, mas, segundo os detalhes da biografia de Walter Isaacson, o homem era complicado. "Há partes de sua vida e personalidade que eram extremamente difíceis, essa é a verdade", a esposa de Jobs, Laurene Powell, disse a Isaac.[6] A tentativa da jornalista Rebecca Greenfield de desvendar a complexidade de Jobs envolve o perfeccionismo dele.[7] "O perfeccionismo é a doença que atormentava Jobs", escreve Greenfield, citando a anedota de Malcolm Gladwell na *New Yorker* sobre os padrões exigentes de Jobs para a decoração de um hotel em Nova York.

> Ele chega à suíte do hotel em Nova York para entrevistas à imprensa e decide, às 22h, que o piano precisa ser reposicionado, os morangos estão insatisfatórios e a flores estão completamente erradas: ele queria copos-de-leite.[8]

Típico dos perfeccionistas orientados aos outros, Jobs usava seu perfeccionismo como um instrumento de poder. "[Ele] tinha a capacidade estranha de saber exatamente qual era seu ponto fraco, saber o que vai fazer você se sentir pequeno, fazer você tremer na base", um amigo diz a Isaacson. Quando Ryan Tate, do blog Gawker, entrevistou alguns dos ex-colegas de trabalho de Jobs, eles lhe falaram basicamente o mesmo. Ele era "grosseiro, desdenhoso, hostil, rancoroso", eles lembram, o tipo de chefe que manipularia os funcionários como uma forma de inspirá-los.[9]

Esses relatos mostram como Jobs era muito mais do que o gerente grosseiro que perde o controle de vez em quando. "Ele grita com os subordinados", escreve Gladwell no mesmo artigo para a *New Yorker*, e a biografia de Isaacson documentou que ele disse à sua assistente de relações-públicas que o terno dela era "nojento". Por fim, "ele não conseguia lidar com nada aquém da perfeição", Greenfield escreve e, quando não atingia essa marca impossível, "descontava nos outros".

Há muita coisa nessa descrição de Jobs. Apesar de suas conquistas externas, seu perfeccionismo dava a ele uma autoestima frágil, que era facilmente ameaçada, e essa ameaça fazia com que ele atacasse com frequência. Outros perfeccionistas orientados aos outros como ele têm uma atitude de querer vencer a todo custo, o que não é um problema. Mas, quando sua dominância é ameaçada, ela pode evocar muita raiva e, em alguns casos, um comportamento bem agressivo. "Não é algo que leva", Paul disse, "a relações calorosas e harmoniosas."

Anne, Pendleton, Nathan, Lovato, Tammy, Jobs — essas pessoas estão longe de serem únicas. Eu poderia ter escrito uma antologia cheia de perfis de perfeccionistas e relatos de sua angústia. Mas escolhi destacar esses personagens porque suas experiências diferentes são especialmente elucidativas para entendermos a amplitude e a profundidade do perfeccionismo, e as muitas faces que ele apresenta. Todas essas pessoas precisam ser perfeitas. Mas essa necessidade é despertada nelas de maneiras diferentes, dependendo do tipo de perfeccionismo mais em jogo.

As três dimensões do perfeccionismo costumam ser descritas como entidades independentes. Isso ajuda a esclarecer, mas é simplista. O perfeccionismo orientado a si, o prescrito socialmente e o orientado aos outros estão longe de serem independentes uns dos outros. Pelo contrário, assim como as aquarelas na paleta de um pintor, as dimensões de Paul e Gord se mesclam de modo que cada pessoa pode possuir altos níveis de uma, duas ou até de todas as três.

Vimos como Jobs adotava atitudes exigentes e, às vezes, hostis com seus colegas de trabalho de uma maneira que lembra o perfeccionismo orientado aos outros. No entanto, segundo Rebecca Greenfield, ele também "encarava até as tarefas mais mundanas [...] com ideais de perfeição". Ela ilustra essa tendência com um trecho da biografia de Isaacson em que Jobs está considerando a compra de uma máquina de lavar.

> Passamos um bom tempo em nossa família falando sobre qual era o equilíbrio que queríamos encontrar. Acabamos falando muito sobre design, mas também sobre os valores de nossa família. Nós nos importávamos mais em ter a roupa lavada em uma hora em vez de uma hora e meia? Ou nos importávamos mais em deixar as roupas muito macias e que durassem mais? Nós nos importávamos que ela usasse um quarto da água? Passamos duas semanas conversando sobre isso toda noite à mesa de jantar.

"Tudo por uma máquina de lavar", Greenfield observa com ironia. Jobs é um excelente exemplo de pessoa para quem as fronteiras entre os elementos pessoais e relacionais do perfeccionismo são turvas. Em sua mente, não existia separação. Se ele tinha que se recriminar por toda e qualquer imperfeição mínima, por que os outros deveriam escapar do mesmo tormento?

Nem todo perfeccionismo se expressa como o de Jobs. O meu é mais voltado para dentro, como uma síndrome de impostor, e me faz temer demonstrações públicas de imperfeição. O de Lovato parece mais vindo de fora e a mantém presa sob pressões implacáveis. "Normalmente, vemos uma das dimensões se destacar", Paul me disse, "mas isso não significa que as pessoas não possam ter pensamentos, sentimentos e comportamentos associados aos outros. Na realidade, é muito típico que perfeccionistas tenham altos níveis de todas as dimensões." A única constante, aquilo que une todos os perfeccionistas, é o lugar de onde tudo parte: a insegurança incômoda de que, não importa o que façamos, não somos perfeitos o suficiente.

A inter-relação intricada de perfeccionismo orientado a si, prescrito socialmente e orientado aos outros é o motivo por que Paul e Gord tratam o perfeccionismo como um espectro. "Nossas dimensões são como os fios de uma teia de aranha", Gord explicou. "Todos os fios são parte da mesma teia, mas cada teia tem sua própria estrutura distintiva."

O quanto cada fio se estende depende de onde cada pessoa está em cada espectro do perfeccionismo. Alguns, por exemplo, estão mais em cima no perfeccionismo orientado a si, enquanto outros estão mais no prescrito socialmente e no orientado aos outros. Se traçarmos essas teias, elas podem parecer o gráfico a seguir.

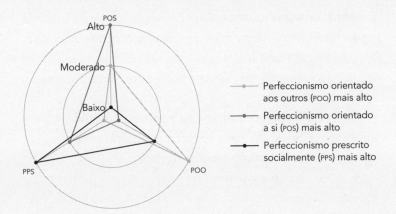

Perfis hipotéticos de perfeccionismo com base em como as pessoas pontuam nos espectros de perfeccionismo orientado a si, prescrito socialmente e orientado aos outros.

Claro, saber quanto nossos fios de perfeccionismo se estendem exige uma ferramenta para medi-los. E é por isso que, quando Paul e Gord embarcaram em sua jornada, a primeira coisa que fizeram foi desenvolver uma escala de perfeccionismo usando aquelas afirmações autodescritivas que Paul havia escrito. Sua Escala Multidimensional de Perfeccionismo é um questionário de papel e lápis com quarenta e cinco afirmações sobre perfeccionismo orientado a si, prescrito socialmente e orientado aos outros. As pessoas devem concordar ou discordar de cada uma, segundo uma escala de sete pontos.

Você pode avaliar onde se encaixa em cada espectro com essa versão adaptada da Escala Multidimensional de Perfeccionismo de Paul e Gord. Responda a cada pergunta com "discordo totalmente", "discordo", "discordo um pouco", "nem discordo nem concordo", "concordo um pouco", "concordo" ou "concordo totalmente".[10]

Perfeccionismo orientado a si

1._____ Devo ser perfeito nas coisas que importam para mim.
2._____ Se errar ou deixar a desejar, sou duro comigo mesmo.
3._____ Busco um padrão excepcionalmente alto.
4._____ Se eu não tiver a aparência ou o desempenho perfeito, sinto muita culpa e vergonha.
5._____ Busco ser perfeito.

Perfeccionismo prescrito socialmente

1._____ Quando erro ou deixo a desejar, as pessoas estão lá esperando para me criticar.
2._____ Todos os outros são perfeitos e estão me julgando se eu não for perfeito também.
3._____ As pessoas próximas a mim não vão aceitar nada além da perfeição.
4._____ As pessoas tendem a ficar chateadas comigo se eu não fizer as coisas perfeitamente.
5._____ Todos esperam que eu seja perfeito.

Perfeccionismo orientado aos outros

1._____ Acho difícil tolerar desempenhos de baixa qualidade das pessoas ao meu redor.
2._____ Se as pessoas não estiverem se esforçando ao máximo, vou dizer isso a elas.
3._____ Todos devem se superar em coisas que lhes são importantes.
4._____ Quando alguém próximo a mim erra ou deixa a desejar, é importante chamar a atenção dessa pessoa.
5._____ Odeio estar cercado por pessoas com padrões baixos.

Se você respondeu sobretudo "concordo" ou "concordo totalmente" para um, dois ou todos os três conjuntos de perguntas, é provável que esteja em um ponto bem alto de cada dimensão de perfeccionismo. Se oscilou entre "concordo um pouco" e "discordo um pouco", é provável que esteja no meio. E, se a maioria de suas respostas foi "discordo ou discordo totalmente", boa notícia: é improvável que você seja muito perfeccionista.

Essas diferenças individuais na composição do perfeccionismo significam que nem tudo que você vai ler neste livro vai se aplicar a você, mesmo se tiver pontuado alto em uma ou mais dimensões. Paul e Gord desenvolveram a Escala Multidimensional de Perfeccionismo para apreender toda a variedade de pensamentos, sentimentos e comportamentos perfeccionistas. Esse é o aspecto mais interessante sobre o perfeccionismo: ele não é igual para todos.

Paul e Gord também desenvolveram a Escala Multidimensional de Perfeccionismo como uma ferramenta de pesquisa que pode identificar precisamente onde as pessoas se encaixam nos vários espectros do perfeccionismo. Com essa ferramenta simples, seus laboratórios, assim como os laboratórios ao redor do mundo, puderam avaliar outras áreas da vida das pessoas também — a saúde mental, a qualidade de seus relacionamentos ou como é o desempenho delas na escola ou no trabalho, por exemplo. Usando essas medidas, um vasto volume de trabalhos científicos foi reunido ao longo dos anos — resumos, artigos e meta-análises — que, em conjunto, revelam algumas respostas impressionantes a questões prementes como: qual é o efeito do perfeccionismo sobre a saúde mental? Ele é essencial para o sucesso? E de onde ele vem?

Então vamos olhar para os frutos dessa pesquisa.

PARTE 2

O QUE O PERFECCIONISMO FAZ CONOSCO?

3. O que não mata
Ou por que o perfeccionismo causa tanto estrago em nossa saúde mental

> *Escrevi a manhã inteira, com infinito prazer, o que é estranho, pois o tempo todo sei que não existe motivo para me sentir satisfeita com aquilo que escrevo e que, daqui a seis semanas ou mesmo dias, vou odiar.*
>
> Virginia Woolf[1]

Na segunda cerveja de minha conversa com Paul e Gord, eu estava absorto em meus próprios pensamentos. As palavras deles me fizeram pensar no que exatamente o perfeccionismo faz conosco, em parte porque uma das muitas pessoas presas em sua armadilha era eu mesmo. Queria saber por que aqueles homens tinham uma visão tão mordaz do perfeccionismo, por que suas reflexões esclarecedoras pareciam um presságio de uma guinada sombria em nossa conversa.

Perguntei: "Qual é exatamente o problema do perfeccionismo?". Eles basearam seus receios no fato de que, na visão deles, o perfeccionismo espreita sob a superfície do sofrimento psíquico. "Para saber por que tantos jovens sofrem hoje em dia", Paul observou, "é preciso investigar o perfeccionismo."

Como eu passaria a entender, esse é um ponto inteiramente válido. Assim que Paul e Gord desenvolveram sua escala de perfeccionismo, os pesquisadores começaram a ver que ele contribui para todo tipo de sofrimento, desde depressão, ansiedade, bulimia, até autoflagelo e suicídio. "Nossa escala destravou o potencial de um programa sistemático de pesquisa", Gord me disse. "Infelizmente, o que encontramos foi um panorama deprimente."

Grande parte da pesquisa a que Gord estava se referindo é correlacional. Estudos correlacionais envolvem a aplicação da Escala de Perfeccionismo Multidimensional a pessoas com resultados reportados de ansiedade ou depressão em levantamentos simples. Suponha que o pensamento de Paul e Gord sobre o perfeccionismo esteja correto. Nesse caso, pessoas com muita ansiedade terão altos níveis de perfeccionismo, pessoas com um pouco de ansiedade terão níveis moderados, e pessoas praticamente sem ansiedade terão níveis baixos. Essa é uma correlação positiva; uma pessoa com uma alta pontuação de perfeccionismo também tem uma alta pontuação de ansiedade.

Correlação, obviamente, não é sinônimo de causa. Mas, quando correlações suficientes tendem na mesma direção, você sabe o que está por vir. "Vezes e mais vezes, nossos laboratórios e os laboratórios ao redor do mundo constataram que o perfeccionismo tem correlações consideráveis com marcadores de sofrimento mental e emocional, padrões de pensamento problemáticos e problemas de imagem corporal — às vezes muito consideráveis, inclusive", Paul me disse.

Dentre as dimensões de perfeccionismo de Paul e Gord, o perfeccionismo orientado a si é o mais complexo. Na superfície, a pesquisa pode parecer indicar que ele é benigno ou que de certo modo promove emoções positivas de autoestima. Mas esses resultados mascaram a vulnerabilidade a dificuldades psicológicas que decorrem de aliar o valor pessoal à conquista e ser incapaz de derivar do sucesso uma sensação duradoura de satisfação. Vimos um exemplo vívido dessa psicologia com as reflexões pessoais de Victoria Pendleton no último capítulo.[2]

Ao longo de centenas de estudos, o perfeccionismo orientado a si se correlaciona a prazeres como autoestima e felicidade, mas também a coisas muito ruins, como depressão, ansiedade, desesperança, problemas de imagem corporal e anorexia.[3] Existem até evidências preocupantes de que o perfeccionismo orientado a si contribui com pensamentos suicidas, embora com uma dimensão de efeito muito pequena, o que significa que o efeito é detectável, mas outros fatores são mais importantes.[4] Os efeitos negativos do perfeccionismo orientado a si são substanciados por revisões abrangentes recentes que constataram que ele se correlaciona de maneira positiva com ansiedade e prediz aumentos na depressão ao longo do tempo — um efeito que às vezes pode estar ocultado em estudos sem continuação.[5]

O perfeccionismo orientado aos outros é um caso curioso, visto que é estudado predominantemente no contexto de relacionamentos. Mas as constatações também são perturbadoras nesse caso. Muitos estudos descobriram relações entre o perfeccionismo orientado aos outros e níveis mais altos de índole vingativa, um desejo grandioso de ser admirado e hostilidade em relação aos outros, bem como níveis mais baixos de altruísmo, cumprimento de normas sociais e confiança.[6, 7, 8, 9] Em relações íntimas, o perfeccionismo orientado aos outros também é problemático. Está intimamente relacionado a problemas significativos na cama, maiores conflitos com o parceiro e menor satisfação sexual.[10, 11]

Essas revelações sobre o perfeccionismo orientado a si e o perfeccionismo orientado aos outros pintam um quadro bastante desolador. Mas não são a maior preocupação de Paul e Gord; a maior é o perfeccionismo prescrito socialmente. Pessoas com níveis altos de perfeccionismo prescrito socialmente costumam relatar alto grau de solidão, medo do futuro, necessidade de aprovação, relacionamentos de baixa qualidade, ruminação e melancolia, receios de revelar imperfeições aos outros, autoflagelo, pior saúde física, baixa satisfação com a vida e autoestima cronicamente baixa.[12] Também são muito vulneráveis a sofrimento psíquico grave. Por exemplo, em estudos correlacionais, vão relatar, ainda, desesperança, anorexia, depressão e transtornos de ansiedade, e, assim como o perfeccionismo orientado a si, o perfeccionismo prescrito socialmente também se correlaciona com pensamentos suicidas — mas em grau muito maior.[13]

Rory O'Connor, psicólogo britânico que estuda o suicídio, tem uma teoria sobre sua relação com o perfeccionismo prescrito socialmente. "Não é necessariamente que você defina padrões para si mesmo que possam ser arriscados; é o que você pensa que os outros esperam de você", ele disse à revista *The Psychologist*. "Se você acha que não conseguiu atender às expectativas dos outros, pode internalizar isso como uma ruminação autocrítica e, para alguns, [isso dá início a] um ciclo autocrítico de fracasso e desespero."[14] O'Connor acredita que, sem intervenção, esse ciclo pode acabar de maneira trágica.

E não é só isso. Existe um efeito cumulativo do perfeccionismo prescrito socialmente quando ele é combinado com o perfeccionismo orientado a si. Gord explicou. "Quer seja depressão, ansiedade, autoestima, ruminação ou problemas de imagem corporal, não importa o resultado, o alto grau de perfeccionismo prescrito socialmente aliado a um alto grau de perfeccionismo orientado a si é uma combinação perigosa que pode ampliar problemas em muitas ordens de magnitude." Esse efeito cumulativo é evidente em centenas de estudos que mostram que os efeitos do perfeccionismo prescrito socialmente sobre o sofrimento psíquico são ampliados pelo perfeccionismo orientado a si.[15]

Longe de ser uma compulsão interna ou algo que conduza apenas a tendências obsessivas, o perfeccionismo parece um fator de risco para sofrimento emocional e psíquico de modo mais geral. Em outras palavras, existe uma vulnerabilidade agressiva e grave integrada ao perfeccionismo. Essa vulnerabilidade é real e viva e se torna a lente através da qual os perfeccionistas veem o que está acontecendo com eles de maneiras que os tornam extremamente suscetíveis a uma infinidade de problemas de saúde mental. E esse é o motivo por que Paul e Gord estão tão preocupados; eles estão convencidos de que o perfeccionismo se esconde sob marcadores mais visíveis de sofrimento emocional e psíquico — transtornos de ansiedade, problemas de imagem corporal, humor deprimido — que parecem estar crescendo de forma ameaçadora.

Essa talvez não seja uma revelação chocante. Afinal, o perfeccionismo não seria nosso *defeito* favorito se não houvesse algum veneno por trás dele. Mas me pergunto: será que entendemos toda a extensão de dor que o perfeccionismo é capaz de causar? E por que exatamente o perfeccionismo causa essa dor? Vimos que ele se correlaciona com uma série de problemas de saúde mental, mas ainda não fizemos um mergulho profundo no motivo. Para fazer isso, vamos precisar derrubar alguns mitos — a começar por uma das máximas mais dúbias da cultura moderna.

O que não mata, fortalece. Nos últimos anos, as palavras de Friedrich Nietzsche se coagularam em um clichê. Você vai encontrá-las escritas nas paredes de corredores escolares, vestiários de academia, bibliotecas de universidade e gravadas em canecas, camisetas e adesivos de para-choque. A estrela pop Kelly Clarkson as usou como o refrão de seu sucesso nas paradas, "Stronger", que explora temas de empoderamento e recuperação de um coração partido. Como Freud nos lembrou, o sofrimento é parte inevitável da vida. Mas, hoje em dia, as palavras de Nietzsche teriam sido invocadas para conceder ao sofrimento um poder mágico e transformador.

A sociedade também quer desesperadamente acreditar nesse poder mágico. Somos bombardeados por fantasias meritocráticas proativas em que nos dizem que deveríamos suportar — até adorar — a luta e a batalha para termos sucesso. Visite qualquer livraria e passe na seção de autoajuda; você vai encontrar centenas de títulos que prometem dar o poder do "pensamento positivo" ou de tornar você mais "resiliente". *Life coaches* enchem as plataformas de redes sociais com as mesmas mensagens: "acorde, está na hora de trabalhar", "suporte a dor", "nada na vida é fácil".

Hoje em dia, a sabedoria popular diz que você sempre deve crescer, permanecer inflexivelmente positivo, aguentar as porradas toda vez que for derrubado. Quando coisas ruins acontecerem, sem problema: levante-se, soldado, sacuda a poeira e continue buscando um resultado melhor da próxima vez. Formas comuns de sofrimento, como infelicidade, confusão, cansaço ou simplesmente se entregar a um estado de luto, animosidade ou tristeza depois de um acontecimento estressante são características dos fracos, ociosos e sem ambição. As pessoas precisam ser fortes, inflexíveis e destemidas. Super-heróis em vez de frouxos.

Essa relação curiosa com o sofrimento é o motivo por que penso que não nos preocupamos o suficiente com essas correlações entre perfeccionismo e sofrimento psíquico. Partimos do princípio de que o perfeccionismo machuca porque pensamos que essa mágoa, longe de ser destrutiva, é o segredo de uma vida bem vivida. O que não mata, fortalece.

Paul e Gord não acham isso certo, e estou inclinado a concordar com eles. O perfeccionismo não é o vingador mascarado que pensamos ser. Não é um autossacrifício obstinado, mas sim uma automutilação turbulenta. É a conclusão inevitável da famosa máxima de Nietzsche, sobre a qual não costumamos falar, mas que aquele homem recluso, atormentado e insone encarou.

Portanto, vamos dar uma olhada na verdadeira extensão em que o perfeccionismo domina nossa vida. Vamos avaliar a pura enormidade do que realmente acontece quando as coisas dão errado. Vamos falar com franqueza sobre minha própria batalha perdida com o perfeccionismo.

Minha ex-namorada se chamava Emily, mas todos a chamavam de Em. Menos eu, que nunca a chamei pelo nome, exceto talvez quando começamos a namorar no ensino médio. Para mim, durante os vários anos em que estivemos juntos, ela era simplesmente "mor". Se de repente a chamasse de Em ou, pior, Emily, ela teria certeza de que havia algo muito errado.

"Emily", escrevi por mensagem, em pânico. "Preciso saber o que está acontecendo."

"Chego em casa às 18h30", ela respondeu. "Vou contar tudo."

Às 18h30, Emily ainda não havia chegado. Como ela estava atrasada, saí para o pátio de nosso prédio para tomar um pouco de ar. Lembro da tonalidade poeirenta do sol, que projetava sombras compridas no gramado. Lembro dos cheiros característicos de uma noite morna de verão. Os vizinhos estavam preparando o jantar e estava na hora de eu fazer o mesmo, mas não tinha forças para pensar, que dirá cozinhar.

De repente, o carro de Emily surgiu no campo de visão, virou à esquerda para atravessar os portões e desapareceu na rampa que dava para o estacionamento sob nosso bloco. Voltei para o prédio, subi a escada e entrei no apartamento, onde me sentei e esperei.

Emily ficou no carro por um tempo; mais do que o normal. Ela sabia que tinha alguma coisa rolando porque, certa noite, eu tinha visto as mensagens de um número desconhecido aparecerem em seu celular. Ela disse que as mensagens eram apenas brincadeiras com um colega que haviam saído do controle. E acreditei nela porque a amava. Mas então, não muito depois, outra mensagem menos sutil apareceu de repente. Ela soube de imediato que eu merecia uma explicação.

A chave de Emily girou na fechadura e a porta se abriu. Ela se virou no corredor de entrada por um momento, pendurando o casaco e as chaves. Dava para ouvir sua respiração ofegante quando ela atravessou o corredor para me encontrar na sala. "Vamos fazer isso no quarto", ela disse, olhando através de mim.

Emily se ajoelhou à minha frente enquanto eu me sentava na beira da cama. Com a cabeça baixa, ela respirou fundo e fiz o mesmo, na esperança de que aquilo não doesse tanto, que a confissão dela não me machucasse. Ela começou explicando as mensagens, que eram de um homem que ela havia conhecido em uma noitada.

"Fiquei bêbada, começamos a conversar no fumódromo", ela me disse.

Sem que ela falasse outra palavra, o tom sufocado na voz de Emily ao fim dessa frase me disse o que estava por vir. Desviei o olhar, sequei o suor da palma das mãos e notei que minha pele tinha assumido uma palidez avermelhada pela expectativa.

"Uma coisa levou à outra, e fui à casa dele", ela continuou, mal conseguindo botar as palavras para fora.

Houve uma pausa nítida enquanto Emily se recompunha. Esperei para ver se ela se recusaria a fazer sua confissão dolorosa ao final. Dava para ver que ela queria, mas insisti que dissesse o que tinha para dizer.

"Dormimos junto, Thom, desculpa."

A revelação a encorajou. E, para minha surpresa, ela não parou por aí. Ela descreveu várias pessoas com quem havia saído enquanto namorávamos à distância em universidades diferentes. E depois explicou algumas ocasiões em que tinha sido infiel. Fazia meses que a culpa a vinha corroendo, e ela estava listando às pressas tudo de que conseguia lembrar.

Emily sabia que o que estava fazendo não era certo nem justo. A essa altura, eu tinha me esquecido de todos os bons motivos e estava me arrependendo de ter perguntado. Ali, naquele momento extremamente vulnerável, estávamos vivendo o que talvez fosse o maior sofrimento emocional de nossa juventude — expondo-nos à verdade dolorosa, à vergonha, ao medo, à mágoa.

Emily fez algo inesperado em sua confissão final. Ela parou no meio, estendeu o braço e me ofereceu a mão trêmula.

Não peguei sua mão, mas me arrependo disso. Éramos jovens. Cometemos erros.

Apoiando a mão na coxa, Emily completou o que tinha a dizer, soltou um suspiro baixo de tensão acumulada e respirou fundo para tentar controlar os batimentos de seu coração. Não me lembro bem do que aconteceu em seguida. Lembro-me apenas da tristeza e de meu corpo imóvel, e de Emily ajoelhada ali, esbaforida, encarando-me com uma tristeza desesperançada.

A vulnerabilidade intensificada que espreita nas superfícies do perfeccionismo vem à tona sempre que as coisas dão errado. E, quanto mais expostos estamos nessas situações, mais estrago o perfeccionismo vai causar. Ele é tão abrangente e nos deixa tão fixados em nossas fragilidades, fraquezas e imperfeições que amplia de maneira tão violenta momentos de vulnerabilidade, sem deixar absolutamente nenhum espaço, por assim dizer, para a mobilização dos recursos emocionais necessários para lidar com o que vem a seguir. Experiências dolorosas como a mágoa que sofri nesse período delicado da juventude são formas muito comuns de sofrimento humano — parte natural das injustiças da vida. Mesmo assim, quando elas surgem sem se anunciar, como invariavelmente vão surgir de tempos em tempos, o perfeccionismo faz parecer que tudo ao redor está desabando.

Na manhã seguinte à confissão de Emily, entrei embaixo do chuveiro e tomei um banho frio. O toque da água gelada em meu rosto cansado me despertou por um momento de meu torpor. Eu não tinha pregado o olho. A noite toda havia me torturado com imagens horríveis, tristeza por perder Emily, raiva de mim mesmo. No entanto, apesar de me sentir mais fraco do que nunca, apesar de estar com a cara mais destruída do que nunca, saí do box, sequei o corpo, vesti uma roupa e fui trabalhar.

Eu me sentei à minha mesa como fazia todos os dias. Participei de reuniões, respondi e-mails, bati papo com colegas como se nada tivesse acontecido. Por dentro, estava uma confusão de emoções, ressentimento e tristeza. Tinha me aberto completamente para Emily e sentia que ela estava me rejeitando da maneira mais brutal possível. Suas confissões haviam me feito confrontar toda a extensão de meus defeitos — defeitos que agora tinha motivos de sobra para odiar. Eu me recriminei. Perguntei como poderia ter deixado isso acontecer. Questionei minha aparência, meu corpo, minha masculinidade. Eu me senti fraco e envergonhado, com a autoestima em ruínas.

O perfeccionismo amplia estresses como esse. Deixa-nos hipersensíveis a fendas em nossa armadura, tentando desesperadamente resgatar a persona aparente que nos esforçamos tanto para criar. Quando passamos por situações estressantes, nós nos preocupamos com o modo como os outros vão nos ver. Ruminamos sobre seu julgamento. Sentimos uma vergonha intensa por não ser a pessoa que deveríamos ter sido. Toda vez que pesquisadores instalam pessoas em laboratório e as expõem a uma situação estressante, como falar em público ou perder uma competição, são sempre as pessoas com maior grau de perfeccionismo que relatam a maior ansiedade, a maior culpa e a maior vergonha.[16]

Embora atormentados por essas emoções, os perfeccionistas conseguem se manter incrivelmente ágeis. Conseguem fingir a vida perfeita por um tempo muito, muito longo, mesmo quando se deparam com um estresse bem significativo, e até quando estão absortos em autocríticas muito mordazes. Pesquisas mostram que pessoas com alto grau de perfeccionismo continuam a perseverar quando são confrontadas por obstáculos e tendem a exibir comportamentos muito compulsivos, especialmente no ambiente de trabalho.[17] Seu medo é que sejam rejeitadas ou reprovadas se não continuarem se esforçando ou, pelo menos, parecendo se esforçar.

Sofri depois do que aconteceu com Emily, mas consegui me manter em pé. Fiz isso porque o julgamento social previsto de fazer o oposto — expor minha vulnerabilidade e me permitir espaço para me curar — era inimaginável. Não contei a ninguém o que havia acontecido. Reprimi a tristeza e escondi a vergonha. Não desabafei com ninguém, não busquei a ajuda de ninguém. Estudos mostram que pessoas com alto grau de perfeccionismo raramente revelam seu estresse ou angústia, raramente buscam ajuda para tratar problemas de saúde mental ou fazer terapia.[18] Elas sepultam seus problemas o mais fundo possível, tratam-nos como se eles nunca existissem e se apoiam ainda mais em seu perfeccionismo como forma de manter as coisas em ordem.

Essa é uma forma desastrosa de enfrentamento. Forçar-se a seguir em frente através da adversidade desencadeia um ciclo cruel que prolonga o estresse e se infiltra em todas as outras esferas da vida. Essa estratégia de enfrentamento busca salvar a imagem perfeita de nós mesmos que queremos que os outros vejam. Mas é uma salvação que carrega um preço alto. Afinal, a pessoa perfeita que estamos tentando imitar está ainda mais distante agora, carregando uma bagagem emocional além de todo o gerenciamento de impressões.

Nós nos tornamos ainda mais exaustos e esgotados. A vida se transforma em uma batalha quase heroica para manter as aparências perfeitas, que, nesse momento, são frágeis como porcelana, feitas de nada que seja mais forte ou permanente do que um sorriso frustrado, uma exuberância falsa e acessos de medo acumulado. Estresses, contratempos e fracassos nos visitam vezes e mais vezes, o julgamento não para de se acumular, e nos voltamos contra nós mesmos por não conseguir sair desse ciclo. Até que um dia a tensão se torna demais para suportar, e algo estoura. A barragem se rompe, a ansiedade escapa.

Nunca vou me esquecer do meu primeiro ataque de pânico. Foi cerca de três, talvez quatro meses depois que terminei com Emily. Eu não tinha contado a ninguém por que havíamos terminado; disse apenas que foi mútuo. Estava no escritório. Lembro que estava sentado diante de meu computador certa tarde, como fazia todos os dias, cansado, em meu terceiro café, trabalhando em algo que havia me mantido acordado a noite toda.

Do nada, um lampejo branco surgiu em minha visão. A luz brilhou na periferia como uma irritação a princípio, depois foi entrando e obscurecendo minha visão, tornando impossível focar. Eu não sabia por quê. Ainda não sei direito por quê. Mas, aparentemente, clarões como esse são um sintoma comum de estresse agudo — uma das muitas formas que o nosso corpo encontra para lidar com a ansiedade gerando ainda mais ansiedade.

Nunca havia sentido nada do tipo. Entrei em pânico. Não conseguia respirar. Minhas mãos começaram a tremer; meu coração começou a palpitar. Eu me levantei de um salto, corri para a cozinha e tomei um copo d'água. Mas não adiantou. Fui até a sala e me deitei no sofá. Fechei os olhos por alguns segundos, medi meu pulso e fiz algumas respirações profundas na companhia perplexa de meus colegas preocupados.

Sabia que precisava sair de lá, mas não queria atrair a atenção para mim mesmo.

Meu coração continuou acelerado. Fiz mais algumas respirações profundas e intensas, tentando desesperadamente acalmá-lo. Aconteceu o contrário: meu coração começou a bater enlouquecidamente. Todos os meus sentidos pareceram estremecer em conjunto. O ar abafado ficou mais denso, fechando minha garganta, fazendo minha pele formigar. Comecei a arfar, devagar a princípio, e depois incontrolavelmente enquanto meu corpo se transformava em um instrumento de algo terrível.

Isso é que é estranho sobre o pânico: as coisas que você faz para suprimi-lo só o pioram. Pânico alimenta pânico. Preocupação dá lugar a medo e você começa a se perguntar se está a caminho de um destino muito mais sombrio. Desorientado e assustado, você se pergunta: como meu coração pode bater tão forte? Por que ele não para? Será que estou morrendo? Pensei e pensei, mas não encontrei respostas.

Então me derreti.

Tinha certeza de que aquele era meu fim. Desci a escada às pressas e saí correndo para a rua, seguido de perto por colegas preocupados. Ao ar livre, me agachei no concreto escorregadio, enfiei a cabeça entre as pernas e inspirei fundo. O mundo exterior pareceu se dissolver por um momento. Só eu e meu pânico crescente.

No instante em que senti que desmaiaria finalmente, tirei o celular do bolso e liguei para o número de emergência. Meu polegar tremia enquanto pairava sobre o botão de ligar pelo que pareceu uma eternidade. E então, por alguma circunstância que não consigo explicar direito, meu corpo simplesmente pareceu voltar a mim. Meu coração parou de bater forte. Consegui falar.

"Não se preocupem", disse aos curiosos. "Estou bem."

Não estava. Estava abalado e vulnerável. Naquele momento aterrorizante, o perfeccionismo havia superdimensionado o que era um sofrimento doloroso, mas que não mudaria minha vida tão radicalmente assim. Meu desespero — assim como minha vergonha — sobre o que aconteceu com Emily foi ampliado a ponto de eu ter uma crise. E minha tentativa de enterrar minhas emoções havia prolongado o estresse, acumulando a ansiedade para todas as outras esferas de minha vida.

Depois desse ataque de pânico, passei por outros. Ainda passo, de vez em quando. Desenvolvi uma variedade de queixas estranhas e maravilhosas, como nó na garganta, tontura, palpitações e um zumbido no ouvido que permanece até os dias de hoje como um lembrete persistente. Entrei em uma depressão que oscilou entre breves interlúdios de estar bem e longos períodos de apatia, tensão e cansaço intenso. Nos piores momentos, a fadiga foi tão imobilizadora que me tornei incapaz de sair da cama ou me concentrar em tarefas simples, como revisar textos ou responder a e-mails.

Eu via todos esses sintomas como o inimigo interno. Acreditava que um homem de verdade deveria ser capaz de se recompor e superar as tensões interiores. Mas não era bem assim. Quando simplesmente não consegui vencer os sintomas, quando a ansiedade era demais para lidar e as coisas pareciam completamente desesperadoras — como se nunca mais voltasse a me sentir "normal" —, busquei a ajuda de uma psicóloga. Ela conseguiu me mostrar que eu estava sofrendo de graus profundos de autoaversão, vergonha e luto, os quais estavam sendo encobertados e agravados habilmente por meu perfeccionismo.

Essa descoberta não mudou apenas a forma como eu pensava sobre nosso defeito favorito. Ela é o motivo pelo qual ainda estou aqui, conduzindo pesquisas, escrevendo este livro, fazendo todo o possível para expor os perigos do perfeccionismo.

* * *

Creio que, se não fosse pela realidade, até que estaria bem. Mas esse é o problema, não é? A vida pega pesado conosco, às vezes até demais. O mundo não é uma utopia elísia projetada em telas de televisão, representada em outdoors de aeroporto ou espalhada pelos feeds de redes sociais. Ele é bagunçado, desorientador, caótico. O sistema financeiro é instável por natureza, o custo de vida não para de crescer, desastres naturais, guerras e pandemias surgem do nada, perdemos nossos empregos, partimos o coração de pessoas, pessoas partem o nosso, pessoas próximas a nós falecem e a flecha do tempo se acelera incessante e indiferentemente.

Contratempos, aborrecimentos, fracassos, erros, demissões, corações partidos, desavenças — são tudo parte da vida. Quase todas as coisas que nos propomos a fazer, em algum momento, vão encontrar resistências implacáveis. "Não foi dessa vez", dizemos a nós mesmos, "quem sabe na próxima!" Não temos como controlar esse fato, assim como não temos como alterar a direção do vento ou o ritmo das marés. Muitas vezes, sem motivos, ficamos presos no fogo cruzado de um mundo imprevisível — é só uma questão de destino, e o destino não é pessoal.

Mesmo assim, o perfeccionismo faz a vergonha aderir ao fogo cruzado do destino como alcatrão quente em concreto frio. Se ao menos nós, perfeccionistas, pudéssemos aceitar que boa parte do que acontece nesse mundo está muito além do nosso controle... Seríamos muito mais saudáveis se conseguíssemos ver a trajetória de nossa vida com uma equanimidade calma. Em vez disso, nós nos sentimos culpados por todas as coisas ruins que nos aconteceram, levando cada contratempo para o lado pessoal como mais uma evidência de que somos irremediavelmente falhos.

Quando coisas ruins acontecem, não temos o hábito de nos consolar. Não encontramos alívio no fato de que, por exemplo, vivemos em uma sociedade injusta que predispõe muitos de nós a desvantagens, ou que tentamos algo mas simplesmente não conseguimos, ou que nos distraímos, ou que tivemos uma má noite de sono, ou que simplesmente fizemos besteira, como todos fazem de tempos em tempos. Não existe autocompaixão a ser encontrada quando somos enganados, ignorados ou traídos. Escondemos nossas vulnerabilidades e fazemos todo o possível para manter o disfarce perfeito, alegre e invariavelmente positivo. O que não mata, pensamos nós, fortalece.

Visto dessa perspectiva, o perfeccionismo é como correr em uma esteira em velocidade máxima. Você está ofegante, mas, como todos estão olhando, busca forças dentro de si para continuar pondo um pé à frente do outro. Até que, de repente, do nada, alguém joga um pano na esteira que faz você tropeçar e perder o equilíbrio. Você cambaleia tentando se recompor, mas não existe nenhuma atitude que possa tomar — a força centrífuga já apanhou você e está prestes a botá-lo para fora. Todos que já foram lançados para fora de uma esteira sabem que é doloroso. E sabem também que tentar voltar sem antes parar a esteira é extremamente imprudente.

No entanto, dominados pelo medo de como aceitar essa derrota pode parecer àqueles ao seu redor, é exatamente isso que os perfeccionistas fazem, e é exatamente por isso que o perfeccionismo é um fator de risco para todo tipo de problemas de saúde mental — e não apenas os tipos compulsivos.

Ao contrário da famosa máxima de Nietzsche, os perfeccionistas não são fortalecidos por períodos de dificuldade. Eles são enfraquecidos. Se não forem tratados, nocautes repetidos ferem tanto a autoestima dos perfeccionistas que eles começam a se sentir desamparados e, em casos extremos como o meu, desesperados. Não surpreende que o perfeccionismo cause um mal tão gigantesco. "Existe essa ideia de que o perfeccionismo significa que somos mais resilientes", Paul me disse. "Mas, na verdade, o perfeccionismo é o oposto de resiliência — é antirresiliência, por assim dizer. Ele deixa as pessoas extremamente inseguras, envergonhadas e vulneráveis até ao menor dos aborrecimentos. Se você não buscar ajuda, é fácil ver como essa vulnerabilidade cria uma angústia substancial, profunda e persistente."

4. Comecei algo que não consegui terminar
Ou a curiosa relação entre perfeccionismo e desempenho

> *Perfeição é a maior ilusão do homem. Ela simplesmente não existe no universo [...]. Se você é perfeccionista, com certeza vai fracassar em tudo o que fizer.*
>
> David Burns[1]

Ao fim da noite, uma música tecno qualquer estava ressoando pelas caixas de som do pátio, as cervejas estavam começando a fazer efeito e estávamos animados. Antes de os fregueses da noite chegarem ao bar e churrascaria Rafferty's, eu precisava destrinchar um último assunto espinhoso com Paul e Gord. Queria a opinião deles sobre a parte favorita de nosso defeito favorito, a parte supostamente boa, a parte que diz que você está dando tudo de si e mais um pouco. Pessoas perfeccionistas podem se sentir infelizes, mas será que conseguem canalizar a necessidade de serem perfeitas na realização de coisas grandiosas?

O sucesso, normalmente medido em unidades de remuneração e poder, é de longe o assunto mais controverso nos círculos do perfeccionismo. É difícil ter sucesso hoje em dia; você precisa se sacrificar, continuar aguentando a dor e, mesmo assim, a maioria não vai chegar ao topo — essa é simplesmente a natureza da batalha perdida da economia moderna. "Para progredir neste mundo", perguntei a Paul, "não vamos precisar de um pouquinho de perfeccionismo?"

Como era compreensível, ele pareceu confuso pela minha pergunta, como se eu não tivesse entendido a gravidade do que ele vinha me dizendo. Insisti. "Deixe-me explicar de outra forma: as experiências cristalizadas de perfeccionistas, os dados que seu laboratório e outros laboratórios reuniram, são apenas alertas sobre algo sem o que simplesmente não conseguimos ter sucesso?"

Embora esse seja um assunto controverso, Paul não estava inclinado a dar uma resposta equívoca. Ele passou anos demais trabalhando com perfeccionistas em sofrimento para ficar em cima do muro. Trabalhando na linha de frente, ele não tinha como conceber por que alguém teria uma visão positiva, adaptativa ou saudável dessa característica. Ele me disse: "Costumo ouvir pessoas dizerem que o perfeccionismo é necessário para o sucesso nessa ou naquela área — dizem coisas como: 'Se você mirar na perfeição, vai acertar na excelência', ou alguma variação desse tema. Mas isso é bobagem, pois deixar a questão aqui seria deixar a pessoa que faz essa afirmação com o que talvez seja o mito mais pernicioso de todos — que o perfeccionismo é essencial para o sucesso".

Paul e Gord responsabilizam um homem acima de tudo por propagar esse mito: o psicólogo norte-americano Don Hamachek. Em 1978, escrevendo para a revista *Psychology*, Hamachek fez algo controverso que *ainda* irrita pesquisadores como Paul e Gord. Seu pecado? Ele foi o primeiro pensador de destaque a traçar uma distinção entre perfeccionismo saudável e não saudável.

O perfeccionismo não saudável, Hamachek argumentou, é o tipo de perfeccionismo que acabamos de discutir —

uma necessidade rígida e compulsiva de ser perfeito e nada além de perfeito. O perfeccionismo saudável, por outro lado, é muito diferente. É parte do perfeccionismo que supostamente envolve "trabalho árduo e dar o melhor de si", Hamachek escreve. Artistas talentosos, trabalhadores ou artesãos cuidadosos como meu avô são perfeccionistas saudáveis, segundo Hamachek, e conseguem estabelecer metas altas para si sem se afundar em um poço de autoaversão. Elas conseguem até encontrar a satisfação, ele acreditava, em se empenhar.[2]

Além de Paul e Gord, muitos estudiosos do perfeccionismo também questionaram a distinção de Hamachek. O psicólogo norte-americano Thomas Greenspon, por exemplo, ficou particularmente ofendido. Em um artigo intitulado "Perfeccionismo saudável é um oximoro!", Greenspon escreveu que os perfeccionistas saudáveis estão longe de ser perfeitos. "Corretos, apropriados, melhores do que a média e, claro, o melhor que se pode ser", ele diz, "mas não perfeitos."[3]

O psicólogo correcional Ascher Pacht foi além. Em um artigo de 1984 na *American Psychologist*, Pacht observou que preferia não usar o termo "saudável" para descrever o perfeccionismo. Ele acreditava que o perfeccionismo era uma característica maligna de um neurótico, assim como Paul e Gord acreditam. É um termo que Pacht usava com cautela, e "apenas para descrever um tipo de psicopatologia".[4]

"Variações dessa discordância ainda persistem na literatura sobre perfeccionismo", Gord me disse. "Certos laboratórios afirmam que algo na motivação e na ambição descarada de pessoas perfeccionistas pode ser considerado positivo, enquanto outros laboratórios, como o nosso, acreditam que não." Ele continuou: "Em minha opinião, Greenspon estava certo, o perfeccionismo saudável de Hamachek é de fato um oximoro.

Buscar algo que não pode ser alcançado é o oposto de saudável, e só traz sofrimento para quem tentar".

Em essência, o ponto mais crucial desse debate pode ser explicado por uma sequência aparentemente lógica de hipóteses que permanecem em aberto há muitas décadas em nosso campo. A primeira hipótese é que o perfeccionismo nos leva a trabalhar mais em busca de coisas grandiosas. E, se isso for verdade, a segunda hipótese é que o perfeccionismo deve, portanto, nos tornar mais propensos ao sucesso. Pesquisadores lutaram por décadas na tentativa de conciliar esses dois aspectos. O que descobriram é um relato complicado que pode surpreender muito você.

Se existe ou não algo de positivo no perfeccionismo é um debate antigo. Mas, antes de entrarmos nele, vamos deixar uma coisa clara. Quando falamos sobre perfeccionismo "positivo", "saudável" ou até mesmo "normal", o que realmente estamos discutindo é o perfeccionismo orientado a si — o tipo que parece conter essas qualidades ambiciosas de trabalho árduo, garra e tempo na tarefa. Isso não vale para o perfeccionismo prescrito socialmente ou o orientado aos outros. Ninguém está discutindo se essas características são ou não adaptativas.

Muitos artigos relatam relações entre o perfeccionismo orientado a si e resultados motivacionais. Em diversos domínios como escola, esporte e trabalho, o perfeccionismo orientado a si se revela uma força motivadora altamente potente, correlacionando-se com uma forte ética de trabalho e contribuindo para uma persistência obstinada até nas tarefas mais mundanas.[5,6] Existem até evidências convincentes de que pode contribuir com formas patológicas de empenho — sobretudo workaholismo.[7] Essas descobertas talvez não sejam surpreendentes, considerando o que sabemos sobre o perfeccionismo orientado a si e os padrões implacáveis que ele contém. A questão crítica é se toda essa dedicação ofegante se traduz em melhor desempenho.

Para responder a isso, vamos começar com estudos que analisam o desempenho escolar. Quando comecei a pesquisar o perfeccionismo, tinha um forte interesse por estudantes de ensino médio. Mas, na época, artigos que relatavam relações entre o perfeccionismo e o desempenho no ensino médio eram algo relativamente novo. Portanto, fiquei contente ao descobrir, pouco tempo atrás, que alguns laboratórios começaram a fazer pesquisas sérias sobre a relação entre perfeccionismo e desempenho acadêmico. E, ainda mais recentemente, alguns grupos publicaram meta-análises sobre o tema.

Uma dessas meta-análises agregou estudos em que estudantes foram divididos em dois grupos de desempenho: alto para os melhores da turma e baixo para os piores.[8] O argumento aqui é que, se estudantes nas turmas com alto desempenho relatam níveis mais altos de perfeccionismo orientado a si do que aqueles nas turmas com desempenho mais baixo, isso indicaria que o perfeccionismo orientado a si proporciona um reforço no desempenho. Reunidos, catorze estudantes que testaram essas diferenças não encontraram nenhum reforço de desempenho. A variação compartilhada entre o perfeccionismo orientado a si e o desempenho foi cerca de 1%. Em termos práticos, isso é irrelevante, e significa que saber a pontuação de um estudante sobre perfeccionismo orientado a si não prevê em quase nenhum grau se ele vai para as turmas de maior desempenho.

Então vamos adotar uma abordagem diferente. Em vez

de agregar estudos que dividem os estudantes arbitrariamente com base em desempenho acadêmico, outro pesquisador agregou estudos que relatavam correlações entre o perfeccionismo de estudantes e métricas de desempenho como pontuações de exame e médias ponderadas.[9] Onze estudos relataram essas correlações e, em todos eles, o perfeccionismo orientado a si compartilhava cerca de 4% da variação no desempenho acadêmico.

Agora, 4% parecem significativos. E imagino que, nas margens, seja algo que faça diferença. Tanto que, para formas de aprendizado mecânicas que exigem muito tempo na tarefa, como recitar tabuadas ou decorar trechos importantes, pode-se argumentar que há certa vantagem em ter altas pontuações de perfeccionismo orientado a si. Mas precisamos comparar esses ganhos marginais com suas perdas: uma propensão a problemas de saúde mental muito graves. Nesse contexto, devemos nos perguntar se um ganho de 4% de média ponderada realmente vale a dor que ele causa.

A evidência de desempenho escolar é contraditória, mas e em relação ao trabalho? Claramente o perfeccionismo tem vantagens de desempenho para o ambiente de trabalho de alta velocidade e alta pressão do mundo moderno. Uma meta-análise recente olhou para a correlação entre perfeccionismo e vários medidores de desempenho profissional, como produtividade e número de realizações.[10] É um pouco difícil de decifrar, visto que o perfeccionismo orientado a si e o prescrito socialmente foram agrupados com outras medidas de perfeccionismo. Mas os resultados são esclarecedores mesmo assim. Em dez estudos, a alteração que a medida de perfeccionismo que incluía o perfeccionismo orientado a si compartilhava com o desempenho profissional era nenhuma, zero, nada. Ao que tudo indica, o perfeccionismo orientado a si não tem absolutamente nenhuma relação com o sucesso profissional.

O que é intrigante, pois, considerando as horas que os perfeccionistas orientados a si dedicam, as noites que viram, o esforço enorme que gastam até nas tarefas mais triviais, era de imaginar que eles seriam mais bem-sucedidos. Mas não é bem assim. Em vez disso, os resultados dessas meta-análises apontam para um certo paradoxo do sucesso, em que as coisas que os perfeccionistas fazem para ter sucesso acabam por minar suas chances de sucesso. Em outras palavras, os perfeccionistas sofrem uma dor considerável sem ganho aparente. E, para entender melhor esse fato intrigante, precisamos fazer outra viagem ao Canadá e conhecer Patrick Gaudreau.

No começo de 2018, eu estava em Ottawa para discursar no laboratório de Patrick Gaudreau. Patrick é um psicólogo franco-canadense que estuda perfeccionismo na Universidade de Ottawa. Ele é jovem, muito mais do que a maioria dos professores. Eu o descreveria como bastante descolado. Seu corpo esguio e seu rosto bronzeado estão sempre combinando de maneira impecável com óculos estilosos, camisas modernas, tênis e blazers. Ele fala de maneira assertiva e com um sotaque franco-canadense evidente.

No corredor de seu escritório, Patrick me cumprimentou com um sorriso. Conversamos por um tempo antes de ele me guiar até o auditório onde eu palestraria. E, quando acabei, Patrick ergueu a mão. Ele me perguntou se eu tinha uma teoria sobre por que os perfeccionistas não conseguem usar seu empenho para atingir um sucesso prolongado. São muitos os motivos, falei, mas o principal deve ser a saúde mental: tristeza, depressão, ansiedade, e assim por diante, costumam atrapalhar o alto desempenho.

Patrick se recostou e refletiu sobre essa resposta. Ele não pareceu convencido, mas assentiu e passou a discutir outro assunto.

Depois da conversa, ele me levou para jantar no centro, no restaurante de treinamento da Le Cordon Bleu. Quando nos sentamos, ele retomou nossa conversa anterior. "Andei falando com economistas", ele me disse, e isso o levou a pensar: será que existe algo na teoria da diminuição da produtividade marginal? O que ele estava vislumbrando era uma relação em U invertido entre a dedicação e o desempenho, que é representada a seguir.

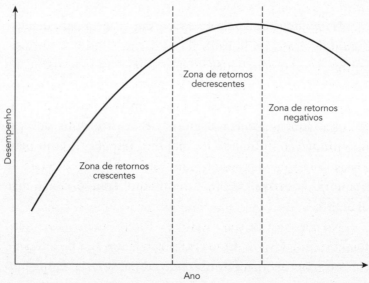

Representação visual da teoria de retornos decrescentes de Patrick. Adaptada de Gaudreau (2019).[11]

Na cabeça de Patrick, os perfeccionistas são como plantações com excesso de fertilizantes. Quando o fertilizante é aplicado pela primeira vez, as plantações vão absorver prontamente as substâncias químicas e usá-las para acelerar seu crescimento. No entanto, depois de crescer certo nível, as plantações vão se tornar cada vez menos responsivas a mais fertilizantes. Quantidades de fertilizante que fariam as plantações crescerem em centímetros quando eram mudas mal vão fazer com que cresçam milímetros quando estão prontas para a colheita. Se for aplicado mais fertilizante para prolongar o crescimento, as plantações vão se tornar envenenadas e murchar. Longe de acelerar o crescimento, o fertilizante agora passa a ter o efeito exatamente oposto.

O que Patrick está dizendo basicamente é que o empenho humano, como o crescimento de plantações, não é infinito. Não dá para avançar eternamente sem, em algum momento, chegar a um limite além do qual você acaba se destruindo. Mais cedo ou mais tarde, o reforço do desempenho do empenho adicional se dissipa a ponto de chegar a zero. E, se você não parar aí, se não reconhecer que mais empenho não vai equivaler a mais desempenho, vai entrar em uma zona de retornos decrescentes, na qual mais empenho produz efeitos negativos. É a zona em que os perfeccionistas se encontram com frequência.

É um beco sem saída. Os perfeccionistas são incorrigivelmente empenhados — eles não conseguem se conter. Alteram e repetem, Patrick me disse. Reformulam e retrabalham as coisas além do necessário. E, com essa explicação, Patrick olhou para a cozinha aberta onde chefs em treinamento estavam preparando pratos com uma harmonia acelerada. Lá estávamos nós em uma das melhores escolas culinárias do mundo. A perfeição supostamente era o padrão que os chefs deveriam atingir.

Ele olhou de volta para mim e sorriu. Claro, a perfeição é o padrão. "Mas até um cozinheiro em busca do chantilly perfeito pode bater demais a manteiga."

A psicóloga canadense Fuschia Sirois concorda com Patrick. Ela acredita que o perfeccionismo atrapalha o desempenho não apenas por causa do excesso de dedicação ofegante, mas também por causa do que ela chama de autorregulação. A autorregulação é um pouco como uma energia mental. E é esgotada quando comportamentos revigorantes, como exercício, tempo de qualidade com amigos ou dormir o bastante para se sentir suficientemente restaurados são sacrificados por esforços ainda maiores. O resultado invariável são burnout, a síndrome esgotante de exaustão, cinismo e níveis cronicamente baixos de realizações percebidas. Estudos mostram que o perfeccionismo — e o perfeccionismo prescrito socialmente em particular — tem uma forte relação com o burnout.[12]

O burnout é o motivo pelo qual os perfeccionistas, apesar de todo o seu empenho constante, não são mais bem-sucedidos do que pessoas que não são especialmente perfeccionistas. Eles não dormem o suficiente para compensar noites em claro, trabalham quando deveriam descansar, e ficam ajustando coisas quando deveriam encontrar os amigos. Empenham-se de maneira ineficiente, quase nunca tendo um sucesso proporcional, enredados nas zonas de Patrick de retornos decrescentes e negativos. O espetáculo é desanimador, e faz os perfeccionistas se questionarem ainda mais. Esgotados e ainda assim se esforçando além do conforto, eles devem assistir, perplexos, enquanto outras pessoas conquistam as mesmas coisas com muito menos trabalho e muito mais descanso.

Quando a noite acabou, minha conversa com Patrick se voltou para outras formas mais saudáveis de se empenhar. Em vez de mirar na perfeição, ele acredita que poderíamos estar mirando na excelência. Isso "envolve a busca da excelência apenas", Patrick disse. "Depois de atingir a excelência, os que a buscaram terão conseguido completar seus objetivos."[13] Ao contrário dos perfeccionistas, pessoas que focam a excelência sabem quando padrões altos foram atingidos e conseguem deixar as coisas de lado sem o medo de fazê-las de forma imperfeita.

Gosto da perspectiva de Patrick. Ela se assemelha muito mais ao empenho saudável e caprichoso que pessoas como meu avô pareciam ter em abundância. Inclusive, um foco em excelência se assemelha muito mais ao que Don Hamachek classificou erroneamente como "perfeccionismo saudável" tantos anos atrás.

No entanto, enquanto eu ouvia Patrick falar sobre excelência, algo não me caiu muito bem. Não sabia o que era. Ainda não sabia enquanto refletia sobre nossa conversa no dia seguinte. Só quando voltei a Londres e tomei um café com minha amiga Amy, uma psicóloga clínica, as coisas fizeram sentido.

"A pesquisa de Patrick Gaudreau parece estar mostrando alguns achados muito interessantes sobre os benefícios da busca por excelência em vez de perfeição", disse a ela. "O que você acha dela?"

"Acho que faz sentido", ela respondeu, escolhendo um sanduíche. "Mas me pergunto se não existe um perigo mais à frente de a linha de excelência voltar a se classificar como perfeccionismo?"

Sua entonação brusca me disse que ela tinha uma opinião forte sobre isso.

"Sou todo ouvidos", eu disse.

"Conseguir deixar as coisas de lado quando elas estão excelentes é ótimo, e muito mais saudável do que a rigidez implacável do perfeccionismo. Mas não acho que seja uma solução a longo prazo. A excelência ainda é um padrão muito alto. Todas aquelas diretrizes e pressões internas para se superar ainda estão lá, e vão atiçar a ansiedade no minuto em que fizermos algo que não é excelente, ou é apenas mediano."

"Em outras palavras", ela disse, "se eu disser para um perfeccionista buscar a excelência em vez da perfeição, não sei se estaria ganhando muito com isso. É uma boa distinção para considerar. Só não acho que seja um antídoto."

As reflexões de Amy deram outra perspectiva aos meus pensamentos confusos. A pesquisa de Patrick indica claramente que, quando você recalibra um pouco seus objetivos e busca a excelência em vez da perfeição, passa a ter todas as vantagens de desempenho sem os problemas de saúde mental.[14] E isso é ótimo. A teoria faz sentido. Os dados são robustos.

Mas o que acontece com o passar do tempo ainda é uma questão em aberto. E, nessa era de "nunca o suficiente", em que sempre existem mais coisas para comprar, poderes a atingir, novas metas a mirar, mais dinheiro a ganhar, buscar a excelência ainda vai obrigar você a continuar avançando. E evitar, a todo custo, a indignidade de ser visto regredindo, ou ficando parado, o que hoje em dia é quase a mesma coisa.

Claro, a capacidade dos que buscam a excelência de deixar as coisas de lado quando elas já estão excelentes é sem dúvida uma qualidade saudável. Mas a excelência continua sendo uma meta alta e nebulosa e, como todas as metas altas e nebulosas, vai ser mais e mais difícil de alcançar conforme cada sucesso vai estabelecendo um novo patamar.

Empenhar-se pela excelência não resolve, em outras palavras, o dilema do fracasso. E isso me traz a um motivo talvez mais importante por que os perfeccionistas acham tão difícil se manter bem-sucedidos: em algum ponto, o avanço será difícil e, quando for, os perfeccionistas farão todo o possível para evitar a dor da derrota.

Então, vamos olhar para o medo do fracasso, o qual, como veremos, é um obstáculo no caminho do alto desempenho para pessoas perfeccionistas.

O fracasso é essencial para a vida. Sem ele, nossa existência seria definida por uma longa volta olímpica, que nenhum de nós acharia especialmente estimulante. Fãs de esportes sabem muito bem disso. Se você erradicar a possibilidade de que seu time ou atleta pode errar, poucos vão aparecer para assistir ao espetáculo.

O ciclismo proporciona talvez o mais prazeroso teatro de fracassos. Pense no Tour de France. No fim de estágios de montanha, sempre vem um delicioso melodrama. Na televisão, o produtor volta o olhar do telespectador exclusivamente para os últimos dos obstinados restantes, que se separaram do pelotão e estão na parte mais alta do declive. Todos têm cansaço e tensão nas pernas. Em vez de uma revolução fluida e suave dos pedais, sua técnica parece exaurida, seus ombros balançam de um lado para o outro, suas pernas atravessam as revoluções como se estivessem passando do por melaço.

Mas, em meio à angústia coletiva, sempre há um ciclista, afastado do bando, que mediu seu esforço um pouco melhor do que todos os outros. Sua respiração parece controlada, seus ombros sólidos, suas pernas girando em sincronia fluida. Com talvez um quilômetro de subida, de repente, sem mais nem menos, ele vai mudar as marchas da bicicleta, erguer-se do selim e pisar nos pedais com toda força possível.

Ver isso acontecer é agonizante para os competidores exaustos. Eles fazem caretas de muita dor. Esforçam-se bravamente para se manter na esteira do agora líder, sabendo, em seu coração senão em suas pernas, que a corrida já acabou. Faltando cem metros, as mãos cheias de bolhas, as panturrilhas com cãibras pelo excesso de ácido lático, eles devem relaxar no selim e observar, resignados, enquanto o vitorioso atravessa a linha de chegada sob aplausos ruidosos. Os bravos perdedores se movem como um atrás do vencedor eufórico, de cabeça baixa, sua exaustão agravada pela decepção amargurada.

O sucesso é doce, mas o fracasso é deliciosamente revelador do sentido de ser humano. É por isso que, quando estudamos o perfeccionismo, gostamos de ver o que acontece quando os perfeccionistas fracassam. Definimos metas impossíveis para eles, criamos competições que eles não têm como vencer e, quando fracassam, olhamos com atenção de que forma eles reagem.[15]

O psicólogo britânico Andrew Hill lidera grande parte dessa pesquisa. E, para atingir o efeito máximo, ele usa a angústia do esporte. Em um estudo, Andy organizou uma prova de ciclismo de velocidade e convidou ciclistas voluntários a competir entre si em grupos de quatro.[16] Depois que eles haviam corrido, independentemente de onde terminassem, Hill dizia que eles haviam terminado por último; que, em outras palavras, haviam fracassado da pior forma possível.

Depois, Andy perguntou aos ciclistas como eles se sentiam. Todos relatavam altos graus de culpa e vergonha comparados a quando chegavam ao laboratório — afinal, eles haviam acabado de sentir o gosto amargo. Mas foram os ciclistas com mais altos níveis de perfeccionismo orientado a si e prescrito socialmente que relataram os níveis mais elevados de culpa e vergonha.

No capítulo anterior, vimos por que pessoas perfeccionistas são tão sensíveis a derrotas como essa. A autoestima delas depende do resultado de seus esforços, portanto é natural que se sintam intensamente envergonhadas quando fracassam. Mas há outra coisa que os perfeccionistas fazem quando fracassam, algo de importância não apenas para sua saúde mental, mas para seu desempenho também: eles negam esforços subsequentes.

Porque você não tem como fracassar em algo que não tentar.

Em outro estudo, Andy tentou destrinchar essa forma curiosa de autossabotagem.[17] De novo, ele organizou uma prova de ciclismo, só que dessa vez os ciclistas estavam correndo contra si mesmos. Seguindo um teste de condicionamento falso, ele definiu para os ciclistas uma meta de cobrir determinada distância em um tempo que deveria ter sido confortável. Os ciclistas trabalharam a todo vapor para atingir o objetivo e, quando terminaram, Andy deu a má notícia: você fracassou.

Na sequência, ele fez uma travessura. Disse aos ciclistas para fazer outra tentativa no teste fracassado, e foi então que a magia aconteceu. Ciclistas com baixas pontuações de perfeccionismo orientado a si disseram que o esforço que dedicaram na segunda tentativa não mudou. Na realidade, disseram ter se esforçado um pouco mais. Ciclistas com altas pontuações em perfeccionismo orientado a si, por outro lado, fizeram o oposto. Eles pararam de tentar. Na segunda tentativa, depois do fracasso inicial, seu esforço despencou.

Essas diferenças são chamadas de efeito de interação, e anotei as pontuações médias de esforço dos dois testes do estudo de Andy no gráfico a seguir.

Recusar o esforço dessa maneira é o que se chama de autopreservação perfeccionista. Pessoas com alto nível de perfeccionismo, como vimos, empenham-se muito em atingir seus padrões excessivos. Mas isso, em muitos sentidos, é apenas parte da história, pois, quando a situação fica difícil, o medo é tão grande que deixa os perfeccionistas relutantes em dedicar qualquer esforço que os possa expor a mais fracassos. Portanto, para tornar um pouco mais difícil que as

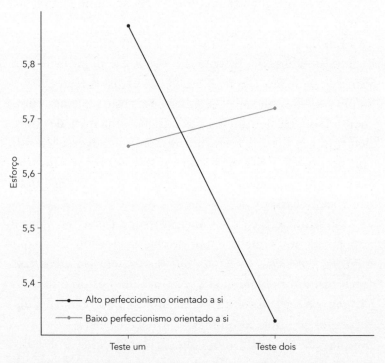

Pontuações de esforço como uma função do alto e do baixo perfeccionismo orientado a si em Hill et al (2010).

pessoas descubram suas falhas, eles simplesmente param de tentar quando dão de cara com um desafio que muito provavelmente vai acabar na derrota.

O problema é: a vida real não é nem um pouco como o experimento de Andy. Não se pode simplesmente recusar o esforço que se dedica à maioria das tarefas sem consequências. Existem prazos a cumprir e chefes a agradar. Pessoas perfeccionistas sabem exatamente o preço de fazer as coisas com perfeição; nossos cérebros doem só de pensar. E, como não podemos escapar dessa dor nos recusando a dedicar qualquer esforço como os participantes do experimento de Andy podiam, fazemos a segunda melhor opção: procrastinar.

A procrastinação é muitas vezes retratada como um problema de controle de tempo. Mas, na realidade, é um problema de controle de ansiedade. Fuschia Sirois também estuda a procrastinação e sua pesquisa revela que, em vez de enfrentar tarefas difíceis de frente, pessoas perfeccionistas hesitam, olham as redes sociais, fazem compras na internet, maratonam uma série na Netflix ou cozinham a mais nova receita do TikTok. Basicamente qualquer coisa para evitar fazer aquilo que precisa ser feito.[18] O alívio que vem de desligar o cérebro por um momento é relaxante, mas, como Sirois observa, quando terminamos de assistir a todas as cinco temporadas da série de televisão que está todo mundo vendo, a tarefa ainda está lá, exatamente onde a deixamos.

Longe de ajudar as coisas, a procrastinação só aumenta a ansiedade do perfeccionista. Em segundo plano, o trabalho continua se acumulando. A cada novo capítulo não terminado, e-mail não lido ou relatório não escrito, é preciso um esforço ainda maior para pôr o trabalho acumulado em dia. Nós nos distraímos, ajustamos, perdemos tempo, refazemos e repetimos, tudo em um esforço hercúleo de evitar responder a e-mails nervosos, começar grandes projetos ou enviar nosso trabalho medíocre. Em outras palavras, os perfeccionistas usam a procrastinação como uma forma de sobreviver ao esforço, ao desafio e ao fracasso sem o dano emocional inevitável. Porém, mais cedo ou mais tarde, eles são igualmente prejudicados pela passagem do tempo.

A autossabotagem, seja na forma da recusa absoluta a se esforçar ou da simples procrastinação, é outro motivo por que os perfeccionistas sofrem para ter bons desempenhos. Seu esforço excessivo é ineficiente e os leva ao ponto do burnout. Mas eles também são alocadores ineficientes de onde esse esforço excessivo é canalizado: longe de tarefas desafiadoras, com uma probabilidade baixa de sucesso, para tarefas mais diretas, com uma alta probabilidade de sucesso. Em uma economia de conhecimento que exige inovação imediata, essa alocação particular de recursos torna o perfeccionismo imensamente incompatível com as formas como os produtos e serviços modernos são criados.

E isso não é tudo. Os perfeccionistas não apenas preveem o fracasso e fazem todo o possível para neutralizar a vergonha iminente. Eles também preveem a rejeição dos outros com uma dedicação parecida e evitam se pôr em situações sociais delicadas nas quais possam ser julgados de maneira crítica. O resultado é a privação quase total de reuniões não obrigatórias, conversas, entrevistas de emprego e outras coisas em que eles calculam que vão ser avaliados, muito possivelmente de maneira desfavorável. Isso, também, é autossabotagem, visto que deixa os perfeccionistas muito menos propensos a se candidatar a vagas de mais alto nível ou pedir coisas como uma promoção ou um aumento.[19]

Mais um motivo por que o perfeccionismo não é o segredo para o sucesso como costumamos pensar que é.

* * *

Vamos voltar, então, ao nosso impasse original. O perfeccionismo nos motiva a trabalhar muito? E, se sim, qual é a evidência de que todo esse trabalho compensa? Acabamos de reunir informações que nos ajudam a responder a todas essas perguntas. Primeiro, os perfeccionistas trabalham muito sim, mas a ponto de ser *demais*, e são extremamente ineficientes em onde esse trabalho é alocado, o que os torna muito suscetíveis à exaustão e ao burnout. E, segundo, embora o trabalho árduo seja sim característico dos perfeccionistas, isso não quer dizer que eles estejam sempre trabalhando. Quando a batalha fica difícil, eles tendem a evitar as coisas que precisam fazer até a passagem do tempo os forçar a agir. Juntos, esses dois comportamentos — trabalho excessivo ineficiente e privação — conspiram para criar um paradoxo de sucesso que não aumenta a probabilidade de êxito dos perfeccionistas.

Então por que ainda acreditamos no mito do perfeccionista bem-sucedido? A resposta é o viés de sobrevivência.

O viés de sobrevivência é o erro mental de aprender apenas com os que venceram na vida. E, em certo sentido, também sou culpado disso. No começo deste livro, escolhi explorar as experiências de vários vencedores: Demi Lovato, Steve Jobs e Victoria Pendleton. Fiz isso porque são personalidades importantes que, em suas escaladas triunfantes ao topo, exibiram inteligência, ousadia, motivação e, claro, um alto grau de perfeccionismo. Mas muitos outros apresentam as mesmas características — só que as exibem fora dos holofotes, esforçando-se incansavelmente e com um desconforto significativo sem um Grammy, uma fortuna pessoal imensa ou uma medalha olímpica como recompensa.

Como a experiência desses perfeccionistas está escondida, a experiência dos perfeccionistas que de fato "chegam lá" nos ilude a concluir que o perfeccionismo deve ser o segredo do sucesso.

Devemos ser cautelosos com esse efeito seletivo, pois, quando tudo que vemos são os vencedores, vamos invariavelmente ver perfeccionismo no alto desempenho. O viés de sobrevivência enganou Don Hamachek. E também nos enganou — como sociedade — para instalarmos o perfeccionismo em um pedestal dourado e chamá-lo de nosso defeito favorito.

Isso significa que, para desmascarar o mito do perfeccionista bem-sucedido de uma vez por todas, vamos precisar ver essa característica do ângulo que Paul e Gord a veem. Em vez de olhar para os poucos perfeccionistas cujas circunstâncias, psicologia, inteligência ou pura sorte os levaram ao topo, devemos olhar para a grande maioria dos perfeccionistas que não estão nem perto dessas alturas vertiginosas, pois, quando fazemos isso, como Andy Hill descobriu, vemos algo muito diferente. Os perfeccionistas trabalham demais ao ponto do burnout, e também, ao mesmo tempo, fazem de tudo em seu poder — incluindo recusar completamente qualquer esforço — para evitar a vergonha insuportável da derrota quase certa.

Esse não é o segredo do sucesso. Pelo contrário, o perfeccionismo atrapalha o sucesso enquanto gera um grande grau de angústia e insegurança. A resposta ao paradoxo do sucesso do perfeccionista não está em diminuí-lo e buscar a excelência no lugar. Está em aprender a aceitar a inevitabilidade dos contratempos, fracassos e das coisas que não funcionam como planejamos. E conseguir nos sentir à vontade com essas experiências humanizantes, deixá-las em paz, sem precisar reabilitá-las no arco redentor da excelência, sem precisar se empenhar para eliminar sua existência — temas que vamos retomar mais perto do fim deste livro.

Agora, porém, vamos continuar avaliando nossa obsessão com a perfeição. Se ela não é saudável nem nos deixa mais bem-sucedidos, por que o perfeccionismo parece mais difundido do que nunca? E estamos certos em pensar isso?

5. A epidemia oculta
Ou o crescimento espantoso do perfeccionismo na sociedade moderna

> *O perfeccionismo é altamente prevalente, está relacionado a problemas de saúde mental e se tornou um problema global, sobretudo entre os jovens.*
>
> Gordon Flett e Paul Hewitt[1]

Conforme a noite caía no bar e churrascaria Rafferty's, eu queria saber o que Paul e Gord pensavam da cultura de hoje. As coisas mudaram bastante desde que eles começaram a pesquisar o perfeccionismo. A competição na escola e na faculdade é muito mais acirrada do que era, temos televisões enormes, tablets e smartphones projetando ideais fora da realidade para nós o tempo inteiro, e as plataformas de redes sociais, com suas imagens photoshopadas de perfeição, se tornaram onipresentes, ocupando quase um quarto de nossa vida.[2]

Discutimos os males do perfeccionismo e sua relação intrigante com o desempenho. Mas eu me perguntava: e a prevalência dele? Esses homens achavam que o perfeccionismo estava piorando? Perguntei a Paul: "Você está vendo mais casos em sua clínica?".

Ele olhou no fundo dos meus olhos. "Nunca estive tão ocupado, nem eu nem os terapeutas com quem trabalho; está por toda parte."

Gord foi além. "Há muita ansiedade, preocupação e estresse nos jovens. Acho que estamos no meio de uma epidemia de perfeccionismo." Com essa afirmação, ele olhou para Paul. "Não dá para ignorar as pressões impossíveis como grandes culpados."

Todos que trabalham com jovens certamente concordariam com Gord. Essa é uma pressão que a National Education Association chama de "epidemia",[3] a Association of Child Psychotherapists chama de "catástrofe silenciosa"[4] e o Royal College of Psychiatrists chama de "crise".[5] Um levantamento de 2017 perguntou a cerca de 25 mil estudantes de escolas de ensino médio de Toronto se eles sentiam a necessidade de serem perfeitos.[6] Mais da metade disse que sim, o que já é grave. Mas 34% dos estudantes de ensino primário e 48% dos de ensino médio foram além e disseram que se sentiam sob pressões específicas de parecer fisicamente perfeitos em todos os sentidos possíveis.

Um relatório de 2016 encomendado pela Girlguiding UK encontrou tendências semelhantes.[7] Em seus dados, 46% das meninas de onze a dezesseis anos e 71% das meninas de dezessete a vinte e um disseram que sentiam a necessidade de serem perfeitas. Cinco anos antes, em um relatório de 2011, essas porcentagens eram apenas 26% e 23%, o que reflete aumentos de 77% e 165%, respectivamente. Uma revisão narrativa conduzida recentemente por Paul e Gord estima que cerca de um terço das crianças e adolescentes está relatando atualmente níveis altos de perfeccionismo.[8] Claro, nem todos os jovens sentem a necessidade de serem perfeitos, mas com certeza existe o suficiente nos dados disponíveis para fazer você questionar o que está acontecendo.

"A avalanche já aconteceu", Paul me disse. "Vamos ficar tratando isso por algum tempo." E, nesse tom bastante melancólico, terminamos a noite. Eu já havia aprendido bastante e, além disso, jovens descolados de vinte e poucos anos estavam rodeando nossos lugares na esperança de que aqueles três professores de olhar cansado pudessem vagá-los em breve. Nós nos despedimos, e observei Paul e Gord desaparecerem na noite de Toronto para pegar seus trens de volta para casa.

Eu não veria Paul e Gord de novo depois daquela noite, mas nossa conversa ficou na minha cabeça. Todo dia, a epidemia sobre a qual eles alertaram era confirmada pelas evidências de meus próprios olhos e ouvidos. Estava bem ali nos corredores de campi universitários, no bate-papo diário entre colegas e nos perfis de redes sociais de amigos cujas vidas reais não poderiam ser mais distantes daquelas que eles escolhiam exibir cuidadosamente na internet. Por isso, no verão de 2017, me impus um desafio. Queria descobrir se Paul e Gord estavam certos; queria saber se o perfeccionismo realmente era a avalanche estrondosa que eles acreditavam ser.

Era uma tarefa difícil, e só consegui fazê-la usando a Escala Multidimensional de Perfeccionismo de forma um pouco diferente. Desde seu desenvolvimento no fim dos anos 1980, essa ferramenta tinha sido usada em milhares de projetos de pesquisa — a maioria dos quais utilizava amostras de estudantes universitários dos Estados Unidos, do Canadá e do Reino Unido. Em vez de usar essa coleção valiosa de dados para estudar relações como ela foi projetada para fazer, eu a usei como um acompanhamento histórico para acompanhar jovens ao longo de gerações e entender se eles estavam relatando níveis mais altos ou mais baixos de perfeccionismo ao longo do tempo.

A parte difícil era reunir essas muitas respostas. Portanto, persuadi meu colega Andy Hill a ajudar. Dividimos a carga de trabalho e começamos a vasculhar bases de dados, mecanismos de busca e repositórios atrás de todos os estudos que relatavam pontuações de perfeccionismo orientado a si, prescrito socialmente e orientado aos outros de estudantes universitários. Quando terminamos, tínhamos obtido informações de bem mais de 40 mil estudantes estadunidenses, canadenses e britânicos que haviam completado a escala de Paul e Gord em algum momento entre 1988 e 2016.[9] Em seguida, começamos a relacionar os dados em ordem cronológica, realizar nossas checagens preliminares e processar os números.

Foi aí que vimos algo surpreendente: o perfeccionismo estava crescendo, e crescendo muito, muito rápido.

Em 1988, o jovem médio tinha níveis de perfeccionismo orientado a si e aos outros de alto a muito alto (a maioria das pessoas concordava um pouco ou concordava com as afirmações), e moderado a baixo do perfeccionismo prescrito socialmente (a maioria nem concordava nem discordava das afirmações). Não é o perfil mais saudável em termos de expectativas pessoais, claro, mas uma boa notícia em relação ao perfeccionismo prescrito socialmente — os jovens pareciam relatar que expectativas e pressões sobre eles não eram excessivamente exigentes.

Em 2016, porém, esse perfil havia mudado drasticamente. Os níveis de perfeccionismo orientado a si e aos outros haviam subido ainda mais, o que já era ruim por si só. Mas foi a tendência do perfeccionismo prescrito socialmente que de fato nos preocupou. Ela avançou de baixa a moderada em 1989 a moderada a alta em 2017. Projetar esses aumentos no futuro nos mostra para onde podemos estar nos encaminhando. Em 2050, com base nos modelos que testamos, o perfeccionismo orientado a si vai subir além do patamar muito alto (a maioria das pessoas concorda com as afirmações) e o perfeccionismo prescrito socialmente além do patamar alto (a maioria concorda um pouco ou concorda com as afirmações).

Isso é sinal de problemas, não apenas agora, mas no futuro. Ao contrário de características semelhantes como neuroticismo ou narcisismo, o perfeccionismo não parece se resolver conforme ficamos mais velhos. Na verdade, há evidências de que piore. Em um metaestudo que resumiu dezenas de estudos menores que acompanharam pessoas ao longo de anos e décadas, pesquisadores constataram que aqueles que começam em níveis altos de perfeccionismo se tornam mais propensos a ansiedade e irritabilidade, e menos propensos ao capricho conforme envelhecem.[10]

Em outras palavras, o perfeccionismo é uma profecia que se autoconcretiza e só se agrava com o tempo. Funciona da seguinte forma: quando os perfeccionistas não atingem seus padrões excessivos, formam uma opinião de si mesmos que diz basicamente que não são bons o bastante. Eles definem padrões ainda mais altos para compensar isso, pensando que mirar acima de seus esforços anteriores vai neutralizar o fracasso de alguma forma. Mas, como seus padrões eram excessivos desde o princípio, eles estão se condenando ao fracasso, e assim começa um ciclo de expectativas nunca atingidas que sobe mais e mais, preparando o terreno para mais e mais perfeccionismo conforme envelhecem.

A pergunta agora é se essas tendências estão continuando. O perfeccionismo ainda está tendendo a subir? Ou está recuando de seu ponto mais alto? Para responder a isso, acrescentei os dados mais atualizados sobre perfeccionismo aos modelos que testamos em 2017. E, quando refiz as contas, os resultados foram ainda mais perturbadores.

OS PERFECCIONISMOS ORIENTADOS A SI E AOS OUTROS CONTINUAM A CRESCER, MAS O RITMO SE MANTÉM CONSTANTE — ENTÃO FIQUE DE OLHO

Inseri nos gráficos a seguir as pontuações de perfeccionismo dos jovens em relação ao ano em que os dados foram coletados. Os círculos pretos são pontos de dados dos Estados Unidos, cinza-claros do Canadá e cinza-escuros do Reino Unido. Os pontos de dados são proporcionais ao número de estudantes que deram seus dados em cada estudo (mais estudantes equivalem a círculos maiores), e a linha mais bem ajustada para a relação entre perfeccionismo e tempo está traçada entre eles.

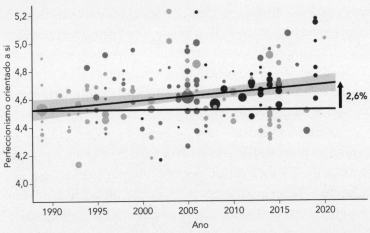

Pontuações de perfeccionismo orientado a si de estudantes universitários em relação ao ano da coleta de dados.

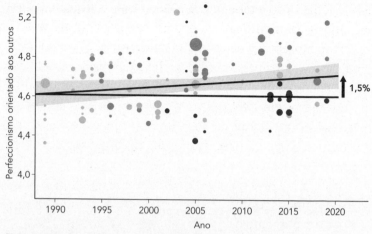

Pontuações de perfeccionismo orientado aos outros de estudantes universitários em relação ao ano da coleta de dados.

Ao olhar para a linha traçada, é possível ver que os aumentos no perfeccionismo orientado a si e aos outros são graduais, mas, mesmo assim, consideráveis. Por consideráveis quero dizer estatisticamente significativos ou, em outras palavras, notáveis o bastante para o resultado nulo — de que não há aumento nenhum — ser altamente improvável. Sabemos que a ausência de aumento é improvável porque as margens de erro de nossos modelos — as áreas sombreadas cinza de cada lado das linhas de tendência — não passam sobre as linhas horizontais que mostram o que teria acontecido se nada tivesse mudado.

Qual é a extensão desse aumento? Grosseiramente falando, os jovens hoje pontuam cerca de 2,6 pontos percentuais a mais na escala de perfeccionismo orientado a si e 1,5 ponto percentual a mais na escala de perfeccionismo orientado aos outros do que os jovens em 1989. Parece muito pouco, mas devemos nos lembrar de que estamos lidando aqui com um espectro concentrado em uma faixa estreita (isto é, 1, discordo totalmente, a 7, concordo totalmente). Mesmo diferenças significativas podem parecer bem triviais.

Portanto, em vez de usar porcentagens brutas, vamos perguntar como uma pessoa média de hoje pontuaria se estivesse preenchendo os levantamentos de perfeccionismo orientado a si e aos outros em 1989. Ao fazer essa pergunta, conseguimos ter uma ideia melhor de como os jovens de hoje são diferentes, em termos comparativos, dos jovens do fim dos anos 1980. Hoje, o jovem médio relata pontuações de perfeccionismo orientado a si e aos outros que estariam no quinquagésimo sexto e quinquagésimo sétimo percentil de pontuações de 1989 — um aumento de doze e catorze, respectivamente. Não é enorme, mas está longe de ser trivial.

O PERFECCIONISMO PRESCRITO SOCIALMENTE
CONTINUA A SUBIR, MAS AGORA CRESCE DE MANEIRA ACELERADA — PARECE QUE ESTÁ NA HORA DE ENTRAR EM PÂNICO

E o perfeccionismo prescrito socialmente? Bom, se eu disser que a tendência estava tão acentuada que precisei relaxar a hipótese da regressão linear em minha reanálise para demonstrá-la, isso pode dar uma pista. A hipótese da regressão linear diz basicamente que algo está mudando em ritmo constante, o que é o caso do perfeccionismo orientado a si e aos outros. Mas isso não vale para o perfeccionismo prescrito socialmente. Agora, a perfeição prescrita socialmente segue uma trajetória exponencial que se curva conforme a taxa de aumento se acelera com o tempo.

Como é possível ver na figura a seguir, níveis de perfeccionismo prescrito socialmente se mantiveram mais ou menos fixos até por volta de 2005. Então algo aconteceu e eles começaram a disparar. Da base da trajetória até o topo, o perfeccionismo prescrito socialmente é cerca de 7% mais alto hoje em termos brutos. Em termos comparativos, essa diferença é ainda mais acentuada. O jovem típico de hoje teria pontuado no septuagésimo percentil de pontuações de perfeccionismo prescrito socialmente em 1989 — um aumento impressionante de 40%.

O pior é que essa taxa de aumento continua a se curvar. E, se não for controlada, vai, por sua própria lógica, curvar-se para cima muito mais rápido do que esperamos. É assim que funciona o crescimento exponencial: devagar, então rápido. Todos que acompanharam os dados de casos de covid-19 sabem disso, e também sabem que, quando uma trajetória começa a se curvar, está na hora de entrar em pânico. Sobre essas projeções, o perfeccionismo prescrito socialmente vai ultrapassar o patamar muito alto em 2050, superando o perfeccionismo orientado a si como o principal indicador de perfeccionismo.

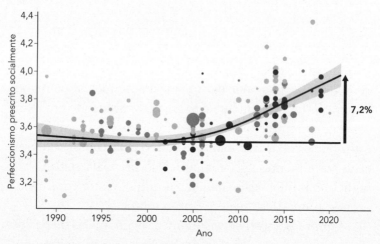

Pontuações de perfeccionismo prescrito socialmente de estudantes universitários em relação ao ano da coleta de dados.

Se há uma dimensão do perfeccionismo que não deveríamos desejar que crescesse dessa forma é o perfeccionismo prescrito socialmente. Vimos no Capítulo 3 como essa dimensão se destaca especialmente como a forma mais extrema de perfeccionismo — extrema porque contém uma série de convicções prejudiciais que nos obrigam a parecer perfeitos em aspectos reconhecíveis em público. Aqueles que relatam níveis altos de perfeccionismo prescrito socialmente são confrontados todos os dias por sua incapacidade de atender a expectativas impossíveis e, toda vez que suas imperfeições são reveladas, o que acontece com frequência, eles se sentem completamente expostos e derrotados — presos em uma vida que está sempre à vista do público, pensando nos julgamentos que as outras pessoas estão fazendo.

Também vimos no Capítulo 3 que o perfeccionismo prescrito socialmente é o caminho para diversos problemas psicológicos. E os principais sinais desses problemas — transtornos de ansiedade, depressão grave, solidão, automutilação e pensamentos suicidas — estão crescendo em uma sincronia quase perfeita.[11] Estamos de fato nas garras de uma armadilha da perfeição — e isso não é uma boa notícia.

Descrevi o tempo que passei com Paul e Gord porque o trabalho deles se destaca como pioneiro.[12] Assim como eles, estou convencido de que o perfeccionismo é mais bem entendido como traço relacional, com origens no déficit, e que sempre nos mantém preocupados com pensamentos sobre o quão inferiores certamente devemos parecer aos olhos dos outros. Ainda que a teoria de Paul e Gord não seja pioneira nesse aspecto, nenhuma estrutura chega perto da deles em termos de profundidade, e nenhuma se compara à extensão em que a deles suportou o teste de observação, experiência e tempo.

Ao longo dos anos, de uma forma ou de outra, muitas das ideias deles foram absorvidas pela autoajuda popular, às vezes sem crédito. Não que eles pareçam se importar — sua missão nunca foi pela notoriedade. Naquela noite quente, no pátio do Rafferty's, aprendi com a dedicação altruísta de dois homens a entender algo que está se tornando rapidamente um grande problema de saúde pública. Para entender realmente o que está acontecendo, precisamos dar ouvidos a eles.

Porque, quando fazemos isso, aprendemos vários fatos importantes. Primeiro, que o perfeccionismo é um traço relacional com muitas faces; segundo, que contribui para uma infinidade de problemas de saúde mental; terceiro, que não tem nenhuma relação com o sucesso; e, quarto, que está crescendo em um ritmo explosivo. Meu próprio papel em agregar esse último fato é agridoce. Doce porque é reconfortante confirmar em dados a epidemia sobre a qual Paul e Gord falavam, mas amargo porque a forma exponencial como o perfeccionismo prescrito socialmente cresce significa que as pressões para ser perfeito vão crescer mais e mais rápido do que em nossos piores medos.

Com certeza, uma grande frequência de perfeccionismo prescrito socialmente nos diz que algo está muito errado com as condições em que vivemos. Ela nos diz, em essência, que as expectativas da sociedade vão muito além da capacidade da maioria das pessoas de atender. E, como essas expectativas são devoradoras, os problemas que elas acabam criando são soterrados sob um peso de sabedoria popular que basicamente normalizou nosso defeito favorito. À luz do dia, disfarçado pela própria onipresença, o perfeccionismo é a epidemia oculta de hoje em dia — a vulnerabilidade visível que está causando todo tipo de destruição entre aqueles que estão chegando à maioridade na sociedade moderna.

Tudo combinado levanta a questão: por que isso está acontecendo? De onde vêm as pressões para ser perfeito? E como deixamos que elas se tornassem a música ambiente de nossa vida?

PARTE 3

DE ONDE VEM O PERFECCIONISMO?

6. Nem todos os perfeccionistas são iguais
Ou a natureza e a criação complexa do desenvolvimento do perfeccionismo

> A personalidade humana se desenvolve a partir de uma base biológica capaz de uma diversificação enorme em termos de padrões sociais.
>
> Margaret Mead[1]

Nunca vou me esquecer da manhã seguinte ao dia em que Andy Hill e eu publicamos o artigo que mostrava que o perfeccionismo estava crescendo. Lá estava eu, um professor de psicologia esportiva de uma universidade regional no sudoeste da Inglaterra, surpreso ao descobrir que nossa pesquisa estava sendo apresentada em centenas de veículos nacionais e internacionais, referenciadas por blogueiros de destaque e dissecada por jornalistas e *podcasters* influentes. Poucos dias depois, estava me preparando para aparecer em programas de televisão e rádio, discutindo as implicações de uma epidemia de perfeccionismo diante de milhões de telespectadores e ouvintes. Quando o furor finalmente diminuiu, nosso artigo tinha se tornado a pesquisa com maior cobertura nos 113 anos de história do *Psychological Bulletin*, o jornal acadêmico que o publicou.

"Nunca vi nada assim", o representante do gabinete de comunicação de minha universidade me disse. "Essa é a maior notícia que temos em muito tempo, talvez a maior da história." O grau de interesse me pegou desprevenido. Esse é um período da minha vida que ainda é confuso. Não me lembro do que eu disse ou se alguma das coisas que falei eram remotamente inteligíveis. Mas me lembro de que o perfeccionismo crescente pareceu tocar aqueles com quem eu falava. Muitos me diziam que esse foi seu momento "eureca", os dados que eles poderiam apontar e dizer: "Esse é o problema; é o perfeccionismo!".

Se nosso artigo revelou uma epidemia em formação, a resposta do público a confirmou. As pessoas veem a perfeição por toda parte hoje em dia, a sensação da pressão para serem perfeitas, e elas querem saber o motivo. Foi por isso que Sheryl da TED entrou em contato. De repente me tornei um "líder de pensamento", como a TED se refere a seus palestrantes convidados, e ela queria que eu respondesse a essa pergunta premente na conferência deles em Palm Springs.

A energia da cidade é tudo de que me lembro de Palm Springs. E que energia! É um lugar quase etéreo — um deserto desbotado contra o pano de fundo das montanhas San Jacinto. A aura de *nouveau riche* é forte lá. Estradas recém-construídas foram baseadas em trilhas de terra vermelha. Batalhões de resorts caros e campos de golfe verdejantes são traçados na areia árida.

O resort que abrigava a conferência TED se situava no sul da cidade, protegido em um recanto chamado La Quinta. Quando cheguei, jovens glamorosos de vinte e poucos anos e senhores grisalhos de áreas nobres se reuniam perto da recepção, carregando suas bagagens para o fim de semana. Eles eram trazidos por SUVs alugadas que chegavam de dez em dez minutos.

Quem vinha de um lugar menos glamoroso poderia facilmente ter visto o que estava acontecendo como algo de outro mundo. Da entrada grandiosa, observando a vida do resort, tudo que se pode ver é uma terra de sonhos perfeitamente bem cuidada e um exército de jardineiros zelando assiduamente por cada canto e recanto. As pessoas passam em alta velocidade. O som da riqueza é estridente. A linguagem do privilégio se ouve na brisa suave do deserto.

Um legado de minha origem é que nunca me sinto muito confortável em ambientes assim. Portanto, não tenho o hábito de andar em resorts para os ricos e famosos. Mesmo assim, nas raras ocasiões em que minha profissão me joga de cabeça neles, sinto o gostinho da "vida boa". E toda vez que sinto esse gostinho sinto-me desanimado e deslocado, como se a busca exaustiva para chegar lá não tivesse valido a pena, como se eu nunca nem devesse ter buscado esse ideal mítico.

Sheryl me recebeu na entrada do resort com um sorriso radiante e me mostrou o auditório onde eu falaria. A dimensão enorme da operação não ajudou a acalmar meu nervosismo. Contrarregras, operadores de câmera e engenheiros de som estavam trabalhando em harmonia apressada. Enquanto os observávamos da galeria, perguntei: "Quantas pessoas se inscreveram para a conferência?".

"Cerca de quatrocentas — além de milhares on-line", ela respondeu.

"É muita coisa!", exclamei em resposta, sentindo que ficava vermelho.

No dia seguinte, saí de casa e caminhei para a cerimônia de abertura. Um homem de cerca de quarenta anos, cabelo castanho curto, magro, usando um paletó azul-marinho perfeitamente ajustado e uma calça recém-passada, estava se dirigindo à plateia. Eu não fazia ideia de quem ele era — ainda não sei —, mas a TED pagou uma fortuna para ele abrir a conferência. Naquele palco imponente, ele se portou com um ar de invencibilidade, sem se deixar abalar nem um pouco pelas luzes, câmeras e centenas de espectadores concentrados em todas as suas palavras. Sua palestra foi inteligente, divertida e engraçada, mas séria na medida certa, e terminava com um crescendo que fez todos nós aplaudirmos de pé.

Eu o achei impressionante e fiquei pensando em como meus comentários seriam medíocres, comparados aos dele.

Minha fala estava marcada para a última sessão do último dia, então tive a oportunidade de ver os altos e baixos de todas. Nenhuma das palestras chegou à altura da magia daquela do mestre de cerimônias, o que foi um alívio. Alguns palestrantes eram seguros de si, mas claramente iniciantes, outros tinham um grau de experiência e meio que improvisavam, enquanto outros ainda eram perfeccionistas como eu: coelhinhos discretos que pensavam demais sob os holofotes de La Quinta.

Outra coisa chamou minha atenção sobre a plateia. Reparei que eles tinham uma forma sutil de dizer aos palestrantes o que realmente acharam. Falas impressionantes que os emocionavam eram saudadas com aplausos em pé. Mas aquelas mais banais recebiam aplausos por educação sentados. No camarim antes de ir ao palco, a recepção da plateia era um tema de debate fervoroso. "Acha que vai receber aplausos em pé?", os palestrantes se perguntavam. Eu estava compenetrado demais em meus próprios pensamentos para me envolver nesse bate-papo. Mas, no fundo, estava me fazendo a mesma pergunta.

O palestrante antes de mim saiu do palco, e a plateia no auditório lotado ficou em silêncio. Tinha chegado minha vez e, em um instante, Sheryl estava me guiando urgentemente ao palco naquele típico estilo estadunidense de entusiasmo natural, com palavras doces, e talvez um pouco exageradas, de estímulo.

"Você consegue!", ela disse, sorrindo de orelha a orelha.

Subi ao palco com cautela, os olhos cravados na luz branca ofuscante fixada no andaime da galeria superior acima de mim, antes de me posicionar bem no meio do famoso círculo vermelho da TED.

Eu tinha praticado aquela fala inúmeras vezes, repassando outras palestras e ajustando a enunciação. Mas agora, enquanto olhava para o mar de rostos que me encaravam, toda essa preparação pareceu desaparecer de minha mente. A equipe de produção cortou isso da gravação, mas, se você olhar de perto, vai ver minha perna direita tremendo como uma mangueira abandonada. E, se ouvir com atenção, vai escutar minha voz tremulando enquanto busco em minha memória a próxima frase, e a próxima, e a próxima. Por dentro, estava tremendo de pavor. Ainda não sei como, mas, de algum modo, segurei as pontas. Cheguei ao final.

Enquanto eu pronunciava a frase final, olhei diretamente para a plateia. Ansiava por sua validação em pé. Precisava disso. Alguns segundos se passaram. Ainda sentados, eles aplaudiram com educação. Mais alguns segundos se passaram e desejei que eles se levantassem. Mas eles não se levantaram. Então, com um sentimento estranho de derrota, dei as costas e saí do palco, para ser guiado de volta por Sheryl ao camarim.

"Foi incrível!", ela disse, o rosto radiante.

"Obrigado", respondi.

Superei meu perfeccionismo para chegar a Palm Springs. Eu tinha me recusado obstinadamente a me deixar dominar pelo nervosismo e recitado quinze minutos de palavras uma atrás da outra no que talvez seja o maior palco que vou ocupar na vida. Contudo, apesar dessas façanhas extraordinárias, adivinhe que parte de minha experiência da TED Talk eu ruminaria por horas, dias, semanas e meses seguintes?

Será que estou simplesmente *destinado* a me sentir assim? Ou meu perfeccionismo é alimentado pelo ambiente em que habito? Essas são questões antigas, não apenas para o perfeccionismo mas para traços de personalidade como um todo. Eles são o resultado da natureza — o equipamento herdado com o qual começamos a vida? Ou o resultado da criação — as circunstâncias que encontramos?

O argumento a favor da natureza é muito claro. Ao longo das últimas três décadas, geneticistas comportamentais estudaram diferenças entre gêmeos idênticos, gêmeos fraternos e irmãos adotados. Gêmeos idênticos compartilham o mesmo DNA, gêmeos fraternos compartilham cerca de metade, e crianças adotadas não compartilham nenhum. Se compararmos a semelhança dessas características nesses tipos de crianças, conseguirmos estimar o quanto elas se devem à genética. E os resultados geram conclusões extremamente consistentes. Gêmeos idênticos se assemelham mais a gêmeos fraternos, que se assemelham mais a crianças adotadas. Quando os números são processados, verifica-se que a hereditariedade é sim muito alta. Cerca de metade de nossas características é herdada, predeterminada, completamente fora de nosso controle.[2]

Há não muito tempo, pesquisadores na Espanha deram a Escala Multidimensional de Perfeccionismo a quase seiscentos pares de gêmeos adolescentes que moravam em Valencia.[3] Dessa mostra, eles estimaram que cerca de 30% do perfeccionismo orientado a si é hereditário. O dado do perfeccionismo prescrito socialmente é um pouco mais alto, cerca de 40%. Pela mão invisível da genética, os pais perfeccionistas parecem passar certo grau de perfeccionismo para os filhos.

A pesquisa espanhola também encontrou uma correlação genética extremamente alta entre perfeccionismo orientado a si e perfeccionismo prescrito socialmente. Portanto, se você começar a vida predisposto ao perfeccionismo orientado a si, é provável que também sofra com o perfeccionismo prescrito socialmente (e vice-versa). Por motivos absolutamente alheios a nossa vontade, somos destinados a ter certo perfeccionismo orientado a si e prescrito socialmente.

Deve-se observar, porém, que o DNA não é um roteiro predefinido. É um manual de instruções, e um processo molecular conhecido como epigenética destaca quais partes do manual devem ser lidas, dadas as condições que enfrentamos. Moléculas chamadas de metis são uma característica especialmente importante da epigenética. Elas desativam sequências de DNA em resposta a coisas como fome, estresse agudo ou trauma, o que pode levar a mudanças na estrutura e no funcionamento celular.

Isso importa para a hereditariedade do perfeccionismo. Modificações epigenéticas são passadas de geração em geração e, portanto, é provável que as condições favoráveis ao perfeccionismo que nossos ancestrais podem ter vivido tendem, ao menos em parte, a continuar vivendo em nossos genes hoje. Grande parte do perfeccionismo é herdada, mas não temos como saber o quanto dessa hereditariedade é DNA antigo e o quanto é modificação epigenética recente.

E há outra consideração genética que também envolve o ambiente. Embora as estimativas genéticas expliquem por que as pessoas diferem umas das outras, elas não falam nada sobre a média em si. Isso significa que, embora os genes ajudem a explicar por que posso ser mais perfeccionista do que você, eles não explicam por que o nível médio de perfeccionismo está aumentando para *todos*. Minha pesquisa é extremamente importante nesse sentido porque mostra não apenas que o nível médio de perfeccionismo está subindo, mas também que as circunstâncias que encontramos depois do nascimento devem importar para o desenvolvimento do perfeccionismo — e muito.

Então, se as circunstâncias importam, como o perfeccionismo é exatamente alimentado? A resposta óbvia — pelas coisas que nossos pais fazem — não é necessariamente correta.

Em 1960, uma promissora psicóloga do desenvolvimento chamada Judith Harris foi expulsa de Harvard enquanto trabalhava em seu doutorado. A carta que encerrava seus estudos, assinada por George A. Miller, diretor temporário de psicologia, dizia: "Temos dúvidas consideráveis de que você se desenvolva para se tornar o estereótipo profissional do que um psicólogo deve ser".[4] Harris deixou Harvard para lecionar por um breve período no MIT antes de passar alguns anos como assistente de laboratório em Nova Jersey. No fim dos anos 1970, porém, ela foi diagnosticada com uma condição hereditária cruel conhecida como esclerose sistêmica. Com o avanço da doença, ela foi se tornando mais e mais presa em casa, incapaz de trabalhar.

Confinada à cama, Harris dedicou a vida a fazer a única coisa que conseguia: escrever. Na década entre o início dos anos 1980 e o início dos 1990, ela escreveu vários livros didáticos universitários sobre a psicologia curiosa do desenvolvimento infantil. Mas algo nesses textos incomodava Harris. Ela começou a questionar toda a premissa a partir da qual eles eram escritos e, depois de um tempo, acabou jogando a toalha. "Desisti de escrever livros didáticos", ela disse, "porque um dia me ocorreu de repente que muitas das coisas que eu vinha dizendo a estudantes universitários ingênuos estavam erradas."[5]

Harris tinha uma teoria radical de desenvolvimento infantil. Ela acreditava que a maneira como os pais criavam os filhos não importava tanto para a maneira como as crianças cresciam. As crianças, ela dizia, são mais influenciadas pelos genes e pela cultura do que pelos pais. Era uma perspectiva provocativa que confrontava o senso comum. Sabe-se bem que pais ansiosos, por exemplo, criam filhos ansiosos, pais caprichosos criam filhos caprichosos e, sim, há evidências de que pais perfeccionistas criam filhos perfeccionistas. Em toda a literatura de desenvolvimento infantil, correlações entre o temperamento de pais e filhos são muito fortes.

Mas olhe com mais atenção. Essas correlações não são evidências da influência parental. É claro que pais e filhos são parecidos; eles têm muitos dos genes semelhantes. Além disso, mesmo se os genes fossem irrelevantes, correlação não prova causa. Talvez os efeitos passem de filhos para pais, e não vice-versa. A grande ideia de Harris era que superestimávamos o papel dos pais em detrimento de outros fatores mais importantes, como genes e as forças extrafamiliares.

Harris foi fortemente criticada por publicar essas ideias. Mas, sem se deixar perturbar, ela continuou aprimorando seus argumentos. Fez isso sozinha em sua casa em Nova Jersey, sem fácil acesso à estrutura universitária, artigos pagos ou livros caros. Mesmo assim, apesar desses obstáculos, transbordou sagacidade. Em 1994, trinta e quatro anos depois de ser expulsa de Harvard, Harris enviou suas evidências à prestigiosa *Psychological Review*. O artigo foi publicado no ano seguinte sob muitos elogios.[6]

É difícil descrever como essa façanha foi grandiosa. Muitos professores passam a carreira toda sem publicar na *Psychological Review*. Uma mulher daquela época conseguir isso na primeira tentativa, sem filiação e com uma doença crônica, é simplesmente assombroso. A única forma de ter conquistado isso foi por uma escrita clara, impecavelmente pesquisada e devastadoramente persuasiva. Seu artigo foi considerado tão excelente que, em 1998, recebeu um prêmio da American Psychological Association por contribuição excepcional. A ironia era que esse prêmio era batizado em homenagem a George A. Miller — o figurão de Harvard que a expulsara.

Acabamos de ver que Harris estava correta sobre os genes — a hereditariedade genética de características é extraordinariamente alta. No entanto, foi o pensamento dela sobre o ambiente que se revelou mais polêmico. Ela acreditava que a cultura exerce muito mais poder sobre o desenvolvimento de nossa personalidade do que nossos pais. Por cultura, Harris se referia ao mundo fora da casa, como nossos grupos de amigos, as modinhas das mídias populares, os valores projetados pela publicidade e por pessoas influentes, e a maneira como instituições civis como governos, escolas e faculdades são organizadas e estruturadas.

Para apoiar essas ideias, Harris nos pediu para voltar a olhar para aqueles estudos sobre gêmeos, pois, quando fazemos isso, vemos que os pais não exercem quase nenhuma influência sobre os tipos de pessoas que as crianças se tornam. Surpreendentemente, gêmeos adultos que cresceram na mesma casa não têm características mais semelhantes do que gêmeos que cresceram em casas diferentes. A variabilidade de características atribuídas à família ou, em outras palavras, aos pais, é quase nula. "Se deixarmos um grupo de crianças com as mesmas escolas, os mesmos vizinhos e os mesmos colegas, mas trocarmos os pais", Harris escreve, "eles se desenvolveriam para se tornar o mesmo tipo de adultos."[7]

Judith Harris era, ela própria, mãe. Dessa perspectiva privilegiada, ela via que a criação dos filhos muitas vezes se reduzia a pouco mais do que observar de mãos atadas. E, conforme ela se aprofundava nas evidências, os efeitos combinados de genes e cultura sobre o desenvolvimento infantil passou a ser uma realidade cada vez mais difícil de refutar. Sua escrita nos diz algo essencial sobre a natureza humana: nossas características não são nem o total inato de biologia nem um reflexo inevitável das condições que enfrentamos. São uma combinação intricada das duas coisas.

Somos muito diferentes, mas também somos mais ou menos iguais. Certas constantes evolucionárias são necessárias para a sobrevivência, como a necessidade de comer, reproduzir-se e se adaptar, e também existem os genes, que são concretos e imutáveis. Além dessas entidades fixas, há uma plasticidade de personalidade que — exceto nos exemplos mais terríveis como abuso, abandono ou negligência — é moldada não por nossos pais nem por nosso arbítrio pessoal, mas por nossa cultura comum.[8]

E, quando o assunto é a influência da cultura no desenvolvimento humano, poucas pessoas são mais influentes do que a psicanalista alemã Karen Horney. Suas observações clínicas são lúcidas e oferecem uma visão da sinfonia compartilhada de tipos de personalidade nas sociedades desenvolvidas. O perfeccionismo, segundo ela, é o preço que todos pagamos por nosso lugar na orquestra.

* * *

Nascida em Blankenese, na Alemanha, em 1885, Karen Horney era a mais nova de vários filhos. Seu pai, um capitão de navio da marinha mercantil, era um conservador autoritário. E a maldade dele cercou Horney desde pequena. Ele era uma "figura disciplinadora cruel", ela escreve em seu diário, um "homem que deixa todos infelizes com sua hipocrisia terrível, egoísmo, grosseria e más intenções".

Horney encontrava refúgio na mãe, a qual tinha grandes ambições para a filha, ao contrário do pai, cujo desejo é que ela ficasse em casa trabalhando como governanta. Quando Horney fez quinze anos, sua mãe conseguiu uma vaga para ela em uma escola de Hamburgo, onde ela poderia estudar medicina. Seu pai foi contra, alegando que não teria como pagar a mensalidade. "Ele que distribui milhares para meus meios-irmãos, que são ao mesmo tempo burros e maus", Horney escreve em seu diário, "gira dez vezes entre os dedos cada centavo que precisa gastar comigo."[9]

Sua mãe se manteve firme e mandou Horney para Hamburgo mesmo assim.

Mas esse episódio deixou uma marca. De acordo com o biógrafo Bernard Paris, Horney "era muito ambiciosa porque precisava compensar sentimentos de rejeição de sua família".[10] Na escola, Paris escreve, ela nutria "um sonho de glória por meio de conquistas acadêmicas... uma necessidade de se sentir uma pessoa extraordinária com um destino especial". Seu perfeccionismo a levou a um cansaço esmagador que ela atribuía à necessidade de estar "acima da média". Transcrições de sua terapia sugerem que essa ansiedade de rendimento vinha do medo de ser "julgada comum". Suas dificuldades tornavam a escola "um tormento", diz Paris, "mas ela era talentosa o bastante para ter sucesso".

E sucesso ela teve. Depois de se formar em Hamburgo, Horney usou sua formação médica para se graduar como psicóloga. Ela subiu rapidamente na carreira como pioneira crítica da teoria freudiana por meio de seus ensaios impressionantes sobre psicologia feminina. Inclusive, ela se tornou tão bem-conceituada por seu pensamento que, em 1932, emigrou para ensinar psicanálise primeiro em Chicago, como diretora adjunta do Institute for Psychoanalysis de Chicago e, pouco depois, em Nova York, como reitora do New York Psychoanalytic Institute.

Foi em Nova York que Horney começou a estender seu pensamento sobre cultura patriarcal à cultura norte-americana pós-guerra de maneira mais ampla. Refletindo sobre a própria origem e os depoimentos de muitos de seus pacientes, ela viu um padrão. Embora os problemas de cada um fossem expressos de maneira um pouco diferente, havia uma semelhança básica de sofrimento psíquico. "Pessoas neuróticas têm peculiaridades essenciais em comum", ela escreve, "e essas semelhanças básicas são produzidas essencialmente pelas dificuldades que existem em nosso tempo e nossa cultura."[11]

De acordo com Horney, essas dificuldades vêm da competitividade excessiva e da fé semirreligiosa no destino pessoal em vez do acaso. "De seu centro econômico, a competição se irradia para todas as atividades", Horney escreve. "Permeia o amor, as relações sociais e o lazer... e é um problema para todos em nossa cultura."[12]

Culturas competitivas e individualistas criam dilemas muito específicos para as pessoas. "Tendências contraditórias" que, segundo Horney, somos "incapazes de conciliar."[13] Por exemplo, morar em uma cultura em que a rivalidade no consumo é tão vigorosa que cria um desejo por bens que o salário médio não consegue pagar é definitivamente frustrante para a pessoa comum. Assim como viver em uma cultura em que as expectativas de status e riqueza sobem tanto que são simplesmente impossíveis para a maioria das pessoas alcançar.

Essas tendências contraditórias, de acordo com Horney, criam tensões dentro de nós. Desenvolvemos uma imagem idealizada de nós mesmos — alguém rico, descolado, atraente — que usamos para evitar a ansiedade de não nos sentirmos suficientes. Ao nos identificar com essa imagem, nós nos conformamos no ideal de nossa cultura, e essa conformidade nos ajuda a nos sentir menos sozinhos com nossas inadequações. Mas a conformidade tem um preço: o conflito interno entre a pessoa perfeita que nossa cultura celebra e a pessoa imperfeita que no fundo somos.

Além disso, quanto maior a discrepância entre nosso ideal e nosso eu real, maior é nosso conflito interno, e mais desconfortáveis nos sentimos em nossa própria pele. "Tendo [nos] instalado em um pedestal", Horney escreve, "[conseguimos] tolerar muito menos [nosso] verdadeiro eu e começar a ter raiva dele, [nos] desprezar e [nos] irritar sob o jugo de [nossas] expectativas inatingíveis." Ficamos defensivos, com medo dos outros e ainda mais medo de expor nossas imperfeições para o mundo. Esses medos enfraquecem a autoestima, e a autoestima enfraquecida abre as portas para o desejo excessivo de amor e dependência da aprovação de outras pessoas.

Desse modo, para nos sentirmos seguros, conectados e valiosos, usamos a máscara da perfeição. Nosso eu perfeito, Horney diz, é uma armadura completa de deveres: "Devo ser capaz de suportar tudo, entender tudo, gostar de todos, ser sempre produtiva — para mencionar apenas alguns ditames internos".[14] E, como esses ditames são inescapáveis, ela os chama de "tiranias do dever".

Ao ler essas palavras, percebo: essa mulher era genial. Afinal, é isso, não é? *Devo* ser mais descolado, mais em forma, mais forte, mais feliz, mais produtivo, não comer demais, não comer de menos, praticar exercícios regulares, arranjar tempo para descansar, ver amigos, beber com moderação, trabalhar e batalhar e dizer sim a todas as oportunidades possíveis, praticar o autocuidado, cozinhar pratos incríveis, criar filhos inteligentes e respeitosos. Essas são as diretrizes urgentes (e muitas vezes contraditórias) que nos lançamos regularmente. E a sociedade as lança também. Elas estão espalhadas pelas galerias do Instagram, escorrendo de episódios das Kardashians e estampadas em pôsteres e outdoors. Não há nenhuma outra atitude que podemos tomar para levar essas pressões a algum tipo de unidade além de buscar a perfeição. Afinal, se não for pela perfeição, de que outro modo vamos ser alguém que a sociedade reconhece e aceita?

O perfeccionismo é o casulo dessa tirania, a lente pela qual vemos um mundo que simplesmente continua nos lançando mais e mais ideais de quem deveríamos ser. Na vida da própria Horney, as pressões eram diferentes, mas não menos pesadas. O patriarcado agressivo fazia suas próprias demandas sobre as mulheres, que ensinaram a Horney que as "tiranias do dever" apresentam dilemas que só ser outra pessoa, alguém perfeito, pode resolver. Mais adiante, no decorrer de milhares de interações clínicas, ela viu impactos extremamente consistentes dessa cultura tirânica, bem ali, nas raízes dos problemas de outras pessoas. Nas palavras eloquentes de um de seus pacientes: "Meu sistema ferrenho de deveres. Minha armadura completa de deveres: obrigação, ideais, orgulhos, culpa. Esse perfeccionismo profundo e compulsivo era tudo que me mantinha em pé. Fora isso, havia o caos".[15]

"Muitas das ideias de [Karen Horney] sobre desenvolvimento de personalidade", o psicólogo norte-americano Scott Barry Kaufman escreveu em um artigo de 2020 para a *Scientific American*, "são apoiadas pela psicologia da personalidade moderna, pela teoria do apego e por achados sobre os efeitos de experiências traumáticas sobre o cérebro."[16] Tudo isso é categoricamente verdade. Mas, em minha opinião, Kaufman não se aprofundou muito na contribuição mais profunda de Horney: a ideia de que é nossa adaptação à *cultura* que causa nossas tensões mais íntimas, pois essa observação é quase profética em sua antecipação do que reconhecemos hoje como uma obsessão social pela perfeição.

Karen Horney morreu de câncer aos 67 anos, tendo vivido uma vida tumultuada, corajosa e, em certos momentos, conturbada. Apesar disso, ela nunca vacilou na busca pela verdade sobre as neuroses que afligiam a si e a seus pacientes, e o condicionamento cultural que dava origem a eles. Se você se sentiu visto por Karen Horney, então, assim como eu, vai encontrar uma amiga próxima nela. Como os amigos fazem, ela vai te ajudar a se sentir menos confuso sobre seu perfeccionismo, menos sozinho com seus sentimentos de nunca ser suficiente. Sua lição para nós é que nada disso é responsabilidade nossa. A culpa é da cultura.

Quando eu tinha sete ou oito anos, depois da aula, meu pai às vezes me levava com minha mãe e meu irmão para o canteiro de obras dele. Adorava ir lá. Era um lugar vasto, vazio e fascinante, cheio de tijolos empilhados em paletes, agregado no lugar de ruas, e fileiras e mais fileiras de casas pela metade. Luzes de guindastes brilhavam no começo da noite. E um exército de limpadores surgia das sombras, carregando aspiradores em silêncio, erguendo lonas, espanando pó de cimento, esvaziando lixeiras.

Meus pais eram parte desse exército. A verdade era que o mestre de obras dava a meu pai algumas horas na escala de limpeza quando estávamos duros, o que era frequente. Ele não era lá muito bom em limpar. Mas também não era ruim. Como a maioria das outras pessoas cansadas e mal remuneradas de lá até sabe-se deus que horas da noite, ele não estava muito empenhado ("assim já está bom, né?"). Além disso, seus talentos combinavam mais com as coisas que faziam a bagunça, como usar uma serra em madeira compensada lascada ou martelar estrados usando os dentes como um porta-pregos improvisado.

Mas minha mãe era hipnotizante. Eu a seguia por todo o canteiro, os olhos arregalados de perplexidade. Como ela conseguia girar as chaves na porta segurando sacos de lixo, vassouras e um aspirador? Que tipo de superpoder tinha para aspirar pisos sujos enquanto passava pano em paredes imundas e gritava instruções? Sua meticulosidade furiosa e indiscriminada parecia um milagre do ponto de vista de uma criança. Ela não tinha nenhum incentivo para se dedicar dessa forma por menos de um salário mínimo, mas mesmo assim lá estava ela, sem reclamar. Essa é minha mãe: ela realmente acredita que tudo deve ser bem-feito.

Tem isso, e também tem o fato de que ela é perfeccionista. Tudo que faz, ela faz com precisão meticulosa. Desde cuidar de suas coníferas imaculadas a registrar cada centavo de meu pai na caderneta, e à forma severa e regrada como nos criou. Assim como Horney, ela foi vítima do patriarcado — seu pai era um disciplinador à moda antiga, traumatizado pela guerra; seus irmãos, todos homens, foram enviados a outras escolas, com melhores chances. A vida teria sido mais generosa em outras circunstâncias — seu talento reconhecido, sua precisão recompensada. Em vez disso, ela aceita a injustiça e realmente acredita ser um pouco "lerda".

No avião de volta de Palm Springs, pensei em como minha mãe e eu somos parecidos. Se estivesse em meu lugar, ela definitivamente também estaria se martirizando. A palestra foi boa? Foi artificial? Constrangedora? Queria não alimentar essas dúvidas. Queria saborear aquele momento de sucesso, bem ali, relaxando na cabine da classe executiva sobre o Atlântico. Mas, toda vez que eu tentava, minha mente voltava às coisas que marcavam o fracasso: à plateia, seus aplausos suaves e seu feedback avassalador sem sair da cadeira.

Há um grau de destino nisso tudo. Grande parte de meu perfeccionismo — cerca de 30% a 40% — é sim herdado de meus pais. E, desse número, desconfio que a maior parte vem de minha querida mãe. Seus genes são meus genes. Nascemos com o perfeccionismo dentro de nós, e ele vai transbordar de nossos poros de uma forma ou de outra pelo resto de nossa vida. Não havia nenhuma atitude que qualquer um de nós poderia ter tomado; nossos roteiros estavam marcados com o temperamento de "perfeccionista" muito antes de termos qualquer poder de escolha. E, por estranho que pareça, há algo de extremamente reconfortante nisso.

No entanto, embora sejamos iguais, também somos muito diferentes. Os genes são uma parte essencial do roteiro da vida, mas não são a trama toda. Não são nem o protagonista principal. De 30% a 40% é muita coisa para se compartilhar, mas, ainda assim, sobra espaço para as circunstâncias trabalharem. E, quando falamos sobre circunstâncias, como Judith Harris nos ensinou, o que realmente estamos discutindo é cultura. A cultura poderia ter silenciado meu perfeccionismo, mas, em vez disso, ampliou-o a um nível gritante.

Esse é o motivo por que me sinto oprimido em lugares como Palm Springs. É o motivo pelo qual, apesar das evidências em contrário, acredito sinceramente que sou um impostor, completamente fora de meu elemento, com mais coisas em comum com os jardineiros do que com aqueles que gastam milhares de dólares para me ouvir falar. Essa psicologia foi plantada primeiro em meus genes. Mas, desde então, assim como Horney dizia, foi alimentada por forças culturais fora do meu alcance, e do meu controle, no mundo lá fora.

Karen Horney escreveu a maior parte de suas obras nas décadas de 1940 e 1950. Desde então, o mundo mudou bastante. Competitividade e individualismo ainda são valores dominantes, e injustiças como preconceito de gênero, classe e raça ainda existem. Mas também existem pressões novas, pressões que pesam sobre todos nós, pressões que teriam feito a própria Horney se retrair. O peso de redes sociais, pais helicópteros, testes padronizados em escala industrial, semanas de trabalho de oitenta horas, grandes discrepâncias crescentes de renda, fortuna e oportunidade entre gerações e o espetáculo de um sistema financeiro instável que parece passar de uma crise a outra — essas são as músicas de fundo da era preponderante de nunca ser o suficiente.

Então, vamos atualizar Karen Horney para o século XXI. Vamos dar uma olhada na cultura moderna e nas pressões implacáveis que nos afligem constantemente para sermos perfeitos.

7. O que não tenho
Ou como o perfeccionismo cresce no solo de nosso descontentamento (manufaturado)

> *O indivíduo deve sua cristalização às formas da economia política, em especial às do mercado urbano. Mesmo como oponente da pressão da socialização, ele continua sendo o mais autêntico produto dela e a ela se assemelha.*
>
> Theodor Adorno[1]

Nasci em Wellingborough, uma cidadezinha mercantil cerca de uma hora ao norte de Londres. Típica do meio da Inglaterra, Wellingborough é uma comunidade cujos contornos vão dando lugar ao campo, com linhas de fronteira traçadas por sebes que formam fronteiras entre hectares de colza florescente. Décadas antes, era uma cidade "dinâmica", segundo meu pai. Um lugar onde pátios vitorianos e chalés de operários acomodavam famílias de pedreiros, escrivães e aprendizes de mecânicos empregados na fundição vizinha. Lojas independentes viviam cheias de fregueses, o teatro da comunidade sempre lotado, e os pubs transbordando de jovens e velhos.

Hoje em dia, Wellingborough tem uma cara bem diferente. A cidade se esforça estoicamente para avançar conforme a tecnologia, e uma década de cortes de gastos corrói seus edifícios desindustrializados. As lojas independentes praticamente desapareceram com a classe média que as sustentava. O shopping center passou por todas as fases da vida do varejo, e a praça do mercado está se encolhendo de maneira irreversível, mantida por cadeias de conglomerado de fast-food, brechós e casas de apostas. Um grafiteiro pichou as letras "ingbo" na placa de "Bem-vindos a Wellingborough"* fixada na calçada da rodovia que entra na cidade e ninguém tem pressa de limpar. A maioria das pessoas daqui até que gosta da engenhosidade e entende seu humor excessivamente honesto e autodepreciativo.

Meu pai amava Wellingborough, mas não ama mais. "Está andando para trás", ele sempre me diz, "e não tem nada que ninguém possa fazer a respeito."

Nessa cidadezinha negligenciada, como na maioria das cidadezinhas negligenciadas do Ocidente pós-industrial, não é preciso muito para ser comparativamente bem de vida. Crianças com dinheiro, como meus amigos do ensino médio Kevin e Ian, eram quem você admirava e nunca mais esquecia. No bairro em que crescemos — bem no meio dos problemas de Wellingborough —, aqueles meninos tinham uma vida boa. Eles moravam nas casas recém-construídas ao redor do bairro, onde nenhuma garrafa quebrada ou fralda suja enchia as ruas. Eles iam para a escola no banco de trás de carros limpos e apresentáveis. Viajavam em um pacote de férias todo ano para a Turquia e a Espanha. E dava para ver seus pais a um quilômetro de distância depois de eventos escolares porque eles eram os únicos lá de malha e gravata.

Kevin e Ian já tinham passado anos formando sua amizade quando realmente me aproximei deles no final do en-

---

* A tradução de Well rough, ou seja, "Well, rough" seria "Oras, barra-pesada".

sino médio de nossa escola local. A essa altura, eles tinham se tornado uma dupla peculiar, mesmo para os padrões adolescentes. Eles eram inseparáveis, de uma lealdade feroz, e entendiam instintivamente as necessidades um do outro. Os dois viviam sob a graça dos cartões de crédito de seus pais, vestindo-se como anúncios ambulantes da Nike, Ralph Lauren e Adidas, mexendo em seus celulares novos e folheando a *GQ* atrás de fotos de relógios, iates e mansões que eles juravam um ao outro que algum dia teriam.

Tudo isso dava um certo ar fugaz a sua amizade. E, com o tempo, eles se tornaram fascinados pelo que o outro possuía. Perdidos em uma batalha por marcas de grife e pelos novos aparelhos da moda, passaram a usar coisas materiais como parâmetros para se comparar um com o outro e com as outras pessoas. Suas vidas jovens e impressionáveis ficaram presas em um único canal — o canal de compras — que os havia conquistado e transformado em consumidores plenamente desenvolvidos. A devoção servil à moda veio para devorar suas vidas inteiras e, com os meios para comprar mais ou menos o que eles queriam, seus mundos pareciam se colidir no ato do consumo competitivo.

Esse consumo competitivo alcançou uma espécie de auge em carros. Aos dezessete anos, os dois correram para passar em seus exames de direção e, quando passaram, ganharam carros zero quilômetro de quatro portas completos com uma série de modificações e números de placa customizados. Lembro deles acelerando aquelas máquinas turbinadas pelas ruas estreitas de Wellingborough. Os rádios ligados, as placas iluminadas, luzes azuis de neblina se refletindo na rua coberta de geada — eles se instigavam e sentiam uma adrenalina violenta pelo espetáculo.

Eu assistia a tudo isso um pouco verde de inveja. Espiando dentro do vidro fumê da janela de passageiro do carro de Kevin, as mãos em forma de concha ao redor dos olhos, conseguia ver alavancas futuristas coloridas, botões luminosos e bancos de corrida automobilística que pareciam existir em uma dimensão deslumbrante própria. Eu ficava fascinado. Não conseguia resistir a me sentar em um daqueles bancos, que cheirava a couro recém-instalado, desodorante masculino e o WD-40 que o pai de Kevin usava para lubrificar a maçaneta das portas. Relembrando, era evidente, mesmo naquela época, que os carros velozes haviam dado a Kevin e Ian algo próximo de um status de heróis locais. E a reverência de crianças que ficavam zonzas só de se sentar no banco de passageiro era mais combustível ainda para seus egos já inflados.

Da minha parte, a experiência foi bem diferente. A cultura do consumo, a que venera ter muito dinheiro e bens materiais, ensinou-me a sentir vergonha sobre quase qualquer comparação que eu fizesse com aqueles dois meninos. E essa vergonha era ainda mais angustiante quando o assunto eram os carros deles. Por isso, mentia. Dizia a eles que qualquer dia meu pai compraria um para mim também. Ele não compraria. Não tinha como. Mesmo assim, mantive a farsa muito além do ponto de credibilidade porque o zênite do status, do sucesso e da autoestima atualmente é o reconhecimento de outras pessoas. E que forma melhor de ganhar esse reconhecimento do que possuir coisas novas?

Vivemos em tempos excessivos. Nossa economia é uma centrífuga superaquecida e desenfreada em um estado permanente de expansão. Para manter seu tamanho, e ainda por cima crescer, ela deve ser alimentada continuamente e por formas novas e ainda mais lucrativas de rentabilidade. Isso explica por que consumidores ávidos como Kevin e Ian são tão comuns. Se não existissem, se todos de repente decidissem abandonar as comodidades descartáveis e se contentassem com o estilo de vida "bom o bastante", a queda na demanda levaria a economia a uma recessão vertiginosa. E sabemos o que aconteceria então.

Economistas chamam essa economia em que o crescimento é tudo de economia "pelo lado da oferta". Lado da oferta porque a vasta oferta de mercadorias mais novas e ainda mais exóticas cria uma demanda de consumo febril, e isso cria lucros, os quais geram empregos, e assim por diante. Cidadãos ideais sob esse regime desenvolvem as qualidades de um bom consumidor. Eles não produzem coisas; eles as compram. Assim como Kevin e Ian faziam com suas roupas, relógios e carros, devemos expressar nossa personalidade por meio de um gasto excessivo constante com estilo de vida. Para saciar nossos apetites, as empresas criam formas engenhosas de produzir uma percepção pública de novidade sem fim e itens indispensáveis aprimorados. É por isso que ir ao shopping para comprar algo simples como um par de meias parece paralisante por seu tsunami de opções.

É um sistema dinâmico, ainda que esbanjador. E, para funcionar, precisa de consumidores ávidos dispostos a comprar uma cesta cada vez maior de coisas de que eles não precisam. O excesso de opções em lojas de roupa são um exemplo óbvio. Mas existem inúmeros outros: geladeiras de duas portas, máquinas de espresso, panelas de ferro, TVs de tela plana, sistemas de som, assinaturas de streaming, cortadores de grama robóticos, mais de um carro, liquidificadores, livros de capa dura, lavadoras e secadoras, esfoliantes faciais, smartphones que servem para tudo que você possa imaginar, velas, viagens exóticas, perfumes e colônias, hidratantes aromatizados, comprimidos para emagrecer, esteiras, tapetes de yoga.

O que se acumula desse excesso é uma avalanche crescente de produtos sem os quais nenhuma família moderna teria como viver. E, a cada ano que passa, mais e mais coisas são acrescentadas à lista. As vendas do varejo dos Estados Unidos subiram de 4,3 trilhões de dólares em 2012 a mais de 6,6 trilhões de dólares em 2021.[2] Globalmente, acredita-se que as vendas internacionais de varejo cheguem ao valor vertiginoso de 31 trilhões de dólares em 2025.[3]

Para manter esse consumo termonuclear crescendo, não são apenas os produtos que precisam ser manufaturados, mas também nossos desejos por eles. Por isso, nos últimos quarenta anos mais ou menos, os setores de relações públicas, marketing, publicidade e finanças prosperaram. Esses setores são tão grandes hoje em dia que há muita chance de você trabalhar em um deles. E, se trabalhar, vai saber que fazer os produtos parecerem "estilosos", "descolados", "modernos", "reluzentes", "originais", "empolgantes", "luxuosos" e "aspiracionais" é muito mais importante do que explicar seu valor de uso real para os consumidores.

O bombardeamento desse tipo de marketing de sensações em todos os canais cria uma cultura holográfica de realidade sintética que é praticamente inescapável. Por meio de fantasias inventadas de vidas aperfeiçoadas, o holograma confunde os impulsos naturais de interesse e desejo, apontando nossas vontades e necessidades com firmeza na direção de tudo que possa ser comprado. Imagens impecáveis em movimento de vidas e estilos de vida fotogênicos estão presentes no jornal matinal, sobre nossa cabeça nos meios de transporte, no meio de partidas de futebol, em outdoors em autoestradas e espremidas entre painéis de embarque de aeroporto. Nossos guarda-roupas, rotinas de higiene, cuidado pessoal, posse de aparelhos e utensílios domésticos, meios de transporte, rituais fitness e até dietas são moldados e condicionados dentro do holograma. Inclusive, todos os problemas hoje em dia têm uma solução comoditizada, até humores, sensações e pensamentos por meio da psicofarmacologia, ou amigos e relacionamentos por meio aplicativos de assinatura.

Não é de se admirar que a publicidade seja uma indústria global de 766 bilhões de dólares, e estima-se que ela chegue a 1 trilhão de dólares até 2025.[4] O holograma funciona.

Nos anos 1920, o jornal de comércio *Printer's Ink* não tinha reservas em admitir por que as ilusões autorreferenciais da publicidade eram tão devastadoramente efetivas: elas alimentam a insegurança. A insegurança em nós mesmos e a insegurança em nossas circunstâncias de vida existentes. Anúncios perfeitos "deixam [o consumidor] com vergonha de coisas naturais como poros do nariz alargados, mau hálito", um publicitário escreveu. Outro disse que os anúncios exageram a realidade para "manter as massas insatisfeitas com seu modo de vida, descontentes com as coisas feias ao seu redor". Consumidores contentes, o mesmo publicitário conclui, "não são tão lucrativos quanto os descontentes".[5]

Claro, evoluímos muito dos cartazes humilhantes de antigamente (embora ainda dê para encontrá-los). Mas, apesar desse fato, o princípio básico da publicidade permanece mais ou menos o mesmo desde os tempos em que publicações como *Printer's Ink* não tinham vergonha de admitir essas partes. Por exemplo, anúncios me deixam muito consciente de como eu *deveria* ser fisicamente. E não tenho dúvida de que, em algum lugar do mundo, existe mesmo um homem de maxilar cinzelado com a barba perfeitamente aparada olhando para o espaço enquanto mexe com carinho em seu Rolex. Mas, por mais elegantemente que eu me vista ou por mais creme antirrugas que passe, nunca vou ser aquele homem. E, francamente, isso também vale para a grande maioria dos homens que encaram o outdoor e cobiçam o relógio caro (sinto muito).

Mesmo produtos mundanos são vendidos com um nível absurdo de efervescência esfuziante e histérica. E, na verdade, as luzes estroboscópicas só servem para ampliar a implicação importantíssima. Pense positivo! (Sim!) Libere seu potencial! (Sim!!) Você consegue! (Sim!!!)... Esse é o preço da mensalidade da academia (Ah). Você só precisa tirar a fachada fina dessa indústria antiga e invariavelmente vai encontrar os detalhes atemporais: não é descolado o suficiente, não está em forma o suficiente, não é atraente o suficiente, não é produtivo o suficiente, sem uma certa marca, assinatura, aparelho ou produto.

Não que todos os anúncios sejam assim — alguns fazem propaganda de empréstimos, consolidação de dívidas ou serviços de refinanciamento de hipoteca. Mas existe tanta engenharia de descontentamento acontecendo dentro do holograma grandioso de consumo que é evidente que o que era verdade sobre a publicidade no passado ainda é uma verdade substancial hoje. E, quando você vê o modelo de déficit segundo o qual a publicidade funciona, não dá para desver. A fixação de Kevin e Ian por posses materiais é sintomática de uma cultura que os ensinou a tratar os acessórios de sua existência como se fossem tão descartáveis quanto uma ficha de cassino — a qual, graças a profissionais de publicidade, marketing e relações públicas, deve ser apostada continuamente nas novas tendências da moda em busca de uma mão melhor.

Em termos simples, Kevin e Ian se comportam exatamente como a economia deles quer que eles se comportem. E não apenas eles. Bilhões de outras pessoas que vivem em economias pelo lado da oferta também são consumidoras ávidas — inclusive eu. Além disso, o poder da publicidade é tão enorme que até as pessoas mais esclarecidas têm dificuldade para resistir à persuasão social vociferante e agressiva que age sobre elas o tempo todo. Mais uma vez, o holograma funciona, e funciona com uma eficácia impressionante.

Essa eficácia é o motivo por que a grande maioria de nós tem dificuldades de autoaceitação. É o motivo de nos sentirmos como se nunca fôssemos suficientes, pois, enquanto segurança e contentamento continuarem tentadoramente fora de nosso alcance, ficamos à mercê dos publicitários e, guiados por eles, vamos continuar desejando e consumindo e desejando e consumindo na busca desesperada por perfeição em nossa vida e nosso estilo de vida.

E é aí que os problemas se estendem. Na economia em que o crescimento é tudo, o descontentamento deve ser incorporado em nossa vida. Simplesmente não há alternativa. Parece perverso, mas, para termos as coisas de que precisamos, vamos ter que continuar comprando aquelas de que não precisamos. Serviços de saúde, segurança, educação, empregos — essas necessidades da vida dependem agora de continuarmos a trocar a felicidade do presente pela promessa de algo mais.[6] Porque, se pudéssemos apenas respirar por um momento, sair do holograma e descobrir contentamento no milagre que é nossa mera existência, pararíamos de desejar. E, se parássemos de desejar, pararíamos de consumir. Empresas teriam que fechar, empregos seriam perdidos, as coisas de que precisamos começariam a desaparecer, e as bases da sociedade como a conhecemos desabariam.

Livros populares de autoajuda, documentários, programas de TV, TED Talks e sites de bem-estar estão cheios de dicas, truques e estratégias sobre como superar a sensação onipresente de nunca ser o suficiente. Mas a ilusão de arbítrio me faz questionar: será que realmente entendemos como essa sensação é completa e absolutamente integrada? Não ser rico o bastante, não ser descolado o bastante, não ser atraente o bastante, não ser produtivo o bastante — não são apenas tiques que podem ser eliminados com um pouco de pensamento positivo. São pensamentos sistêmicos, ou o que historiadores cognitivos chamam de "metáforas raízes", que se infiltraram tão profundamente em nosso interior que realmente acreditamos que não ser o suficiente, ou precisar atualizar e aprimorar as coisas constantemente, são condições da natureza humana.

Mas isso não é verdade. Um nativo norte-americano pueblo ou inca peruano dificilmente entenderia o que o Cara Ambicioso do LinkedIn em aprendizado constante estava querendo dizer com suas hashtags, mesmo se entendesse sua língua. Pelo contrário, o pensamento de déficit sob nossa busca coletiva por mais é uma mentalidade condicionada socialmente em que nossa economia precisa desesperadamente nos manter. Afinal, se de repente saíssemos dela, se parássemos de pensar dessa forma e soubéssemos que nossa vida não precisa ser atualizada e aprimorada constantemente, tudo mais também pararia.

A própria estrutura dessa economia é baseada em nosso descontentamento. Ampliando as muitas imperfeições que os publicitários fabricaram é que somos mantidos em um estado constantemente expansivo de consumo supercarregado e, por extensão, nossa economia é mantida em um estado constantemente expansivo de crescimento supercarregado.

Você pode se perguntar: esse não é o mesmo dilema cultural que preocupava Karen Horney? Bom, sim e não. Sim porque a cultura de hoje, como a dela, cria um abismo colossal entre a pessoa que a sociedade nos diz que deveríamos ser e a pessoa imperfeita que realmente somos. Mas não porque existe algo particular deste momento. O dilema na época de Horney era que muitas das coisas que os profissionais de marketing anunciavam estavam longe do alcance do consumidor médio. Essa sensação esmagadora de falta material era o que criava o conflito interno.

Nosso dilema é, em muitos sentidos, o contrário. Importações baratas e uma bonança em crédito ao consumidor significam que a grande maioria de nós consegue comprar as coisas de que nos dizem que precisamos. Não nos falta nada. Pelo contrário, temos acesso a coisas demais — certamente mais do que poderíamos vir a precisar. Apesar disso, porém, apesar de passarmos quase toda a existência atolados nas regalias da cultura de consumo, ainda somos cronicamente inseguros e mais descontentes do que nunca.

Perdi contato com Kevin e Ian aos dezoito anos, quando fui para a faculdade, mas os procurei alguns anos depois. Eles tinham continuado inseparáveis. Depois de um ano de indecisão mútua, os dois tentaram o mesmo diploma de administração, na mesma universidade, mas desistiram no meio do primeiro semestre. Ambos ainda passavam pela rua principal com seus carros turbinados, passeavam em bares com suas roupas de grife e mexiam atarefadamente em seus modelos mais novos de iPhone.

No entanto, havia uma diferença. O pai de Kevin havia tido um sucesso substancial com sua empresa enquanto eu fiquei longe. Trabalhando como consultor sem sair de casa, ele havia construído um mini-império e estava atendendo algumas das maiores empresas do mundo. Sua renda aumentou exponencialmente, e dava para ver. Em apenas três anos, a família de Kevin tinha se mudado de Wellingborough para uma mansão no interior, localizada em um terreno de 8 mil metros quadrados no fim de uma via de acesso de meio quilômetro.

O tempo curto que levou para que o pai de Kevin passasse de bem de vida a absurdamente rico mudou a vida de Kevin quase da noite para o dia. Aquele rapaz de 21 anos estava ganhando um dinheiro substancial na empresa do pai, comprando uma casa de quatro quartos, colecionando vários carros de luxo e, claro, jogando golfe. Quando era criança, Kevin se irritava com a autocracia da classe operária do pai. Agora, ele esculpia sem dificuldade uma imagem de si mesmo como materialmente bem-sucedido sem quase nenhuma barreira ou restrição.

"Tenho muita sorte", Kevin me disse enquanto jogávamos bilhar em seu salão de jogos. Nunca soube ao certo se ele estava tentando reconfortar a mim ou a ele próprio. Sempre me impressionou que, como um jovem adulto, Kevin visse a própria vida com certo constrangimento. Tendo crescido sem muitas posses, ele sabia como as coisas podiam ser péssimas, e não era muito bom em esconder a culpa remanescente de seus excessos óbvios.

Mas isso não o impediu de desenvolver certo destemor. Quando falamos de privilégio, costumamos nos concentrar em seus acessórios, esquecendo-nos do benefício mais básico: uma ausência de obstáculos. Kevin não tinha medo de praticamente nada, e isso era evidente, pois sua origem lhe ensinara que sua vida era mais fácil do que a de outras pessoas. Quando ele falava de sua sorte, acredito que era a isso que se referia. Em um mundo repleto de desigualdades terríveis, ele possuía esse raro dom de aceitação. Aceitação de si e aceitação de seu privilégio, sem precisar justificá-los, sem precisar explicá-los com histórias autorreconfortantes de que havia trabalhado muito por isso; um pouco como juros compostos, acumulados aos pouquinhos e em correlação direta com seu esforço e sua perspicácia. Kevin sabia que não tinha acontecido assim e esse conhecimento dava a ele total permissão para ser ele mesmo.

Os efeitos da sorte de Kevin sobre Ian não foram tão saudáveis. Ian admirava Kevin. Ele via no estilo de vida luxuoso de Kevin a meta de seu próprio empenho. E agora, tendo passado tantos anos em uma batalha de superioridade material, só lhe restava assistir, maravilhado, enquanto seu melhor amigo se alçava às alturas. Por isso, ele tentava compensar. Se Kevin comprava uma casa, Ian também tinha que comprar uma. Se Kevin comprava um carro novo, Ian pegava um empréstimo para comprar um modelo equivalente. E, se Kevin comprava um relógio ou joia cara, Ian fazia das tripas coração para comprar algo igualmente extravagante.

Quando Ian comentou, em seu discurso de padrinho no casamento de Kevin, que "Kevin e eu sempre competimos", articulou essa condição de maneira transparente. O salão se encheu de risos, mas sempre me pareceu que a competição de que Ian falava era unilateral. A essa altura, a competição para ele se resumira a buscar o padrão de vida impossível de Kevin. E, na busca dessa fantasia perfeccionista, ele havia desenvolvido uma obsessão por gastos que chegava a extremos — mesmo para esta época em que todos querem ter tudo.

Isso o deixava inseguro, tanto em termos pessoais como financeiros, sobretudo em momentos de dificuldade. Lembro-me de levar Ian para sair em uma noite de inverno, para afogar as mágoas de uma demissão cruel. Ele não se sentia triste nem muito bravo pela forma leviana como seu chefe havia tratado a demissão; estava em um estado desorientado de autoaversão, abalado não pelo que havia acontecido, mas pelo que viria na sequência. As finanças de Ian não tinham margem de manobra para um golpe como aquele. Como a maioria de nós hoje em dia, ele tinha uma hipoteca enorme, um carro que havia acabado de financiar e várias faturas de cartão de crédito acumuladas. Agora desempregado e sem economias às quais recorrer, ele sentia pavor do que as pessoas pensariam dele se tivesse que se endividar. Ele não se endividou, por ser ótimo empreendedor. Mas foi raspando.

Por isso, fomos parar em um dos bares escuros nos porões do Soho atrás de sete copos de scotch (o que é claramente demais). E, naquele momento ao menos, seus problemas se dissolveram.

Vivendo em uma cultura de maior e melhor, invariavelmente vai chegar um ponto em que, por mais rico que você seja, seus desejos vão chegar ao limite de seus recursos para satisfazê-los. Para Karen Horney, essa contradição era mais do que apenas uma falta material. Era a raiz de um conflito interno básico — entre quem somos e quem nossa cultura diz que *devemos* ser.

Essa complicação é mais turva hoje em dia, mas não menos pesada. Importações baratas reduziram os custos de produção. E um boom em cartões de crédito, esquemas de "compre agora, pague depois" e vendas a prestações permitiram que uma grande maioria de nós satisfizesse nossa lista numerosa e cada vez maior de desejos. Quando Horney escreveu sobre as "tiranias do dever" nos anos 1950, o endividamento privado nos Estados Unidos estava em torno de 50% do produto interno bruto. Hoje, está em 224%. E, embora os Estados Unidos sejam um claro ponto fora da curva, a maioria dos países desenvolvidos encontrou ondas de dívidas semelhantes nas últimas décadas.

No mundo moderno, é ao crédito, ou a dívidas, que estamos recorrendo para arrancar um crescimento novo de economias no limite.

E não há problema. Mas gerar um crescimento via crédito é como usar uma marreta para quebrar uma noz. O valor desse dinheiro mágico espalhado pela economia moderna é simplesmente astronômico e, se nada for acrescentado à planilha, os lucros passam a ser cada vez menores. Segundo o economista Tim Morgan, a dívida mundial cresceu 55 trilhões de dólares entre 2000 e 2007, ao passo que o PIB cresceu apenas 17 trilhões de dólares. Se tirarmos as dívidas interbancárias, isso equivale a cerca de um dólar de crescimento para cada dois de dívida nova. Morgan então deu sequência a esses cálculos em 2014. E, quando fez isso, descobriu que a dívida mundial aumentou mais 50 trilhões de dólares, mas, dessa vez, o PIB cresceu apenas um dólar para cada três emprestados.[7]

Se os números de Morgan estiverem certos, não vai demorar para que as dívidas engendradas tenham dificuldade para sustentar mais crescimento. Mas, em vez de aceitar esse fato, continuamos apertando furiosamente a bomba de crédito para inflar uma economia já superinflada que parece se comportar como se fosse capaz de estourar a qualquer momento. Simplesmente não existe nenhum "Plano B". Se der algo errado na economia, só resta parar e esperar uma recuperação.

Mesmo assim, enquanto nossos desejos estiverem saciados, importa se a pilha crescente de dívidas que estamos assumindo para saciá-los não seja nem um pouco sustentável? Claramente parece que não. Afinal, graças à abertura de mercados financeiros, nossa vida e nosso estilo de vida podem se tornar muito mais perfeitos, mais extravagantes, cheios de aparelhos e feitiçaria tecnológica, utensílios de cozinha e eletrodomésticos elaborados, SUVs maiores e mais potentes, móveis e casas cada vez mais gigantescas — para sempre —, mesmo se nossos salários se estagnarem.[8] O projeto de autoaprimoramento de "compre agora, pague depois" de Ian talvez seja um exemplo extremo, mas está longe de ser o único. Inclusive, segue um padrão bem documentado de atitudes mutáveis nas últimas décadas.

Por exemplo, quando as pessoas nos anos 1970 foram questionadas sobre o significado de vida boa, elas tendiam a responder com coisas como um casamento feliz, filhos, trabalho gratificante ou fazer algo que melhore a sociedade.[9] Quando a mesma pergunta era feita a pessoas nos anos 1990, elas respondiam com coisas como uma casa de praia, uma televisão nova, roupas da moda, e muito, muito dinheiro.[10] Oitenta por cento dos norte-americanos que nasceram nos anos 1980 relatam que um de seus objetivos de vida mais importantes é ser materialmente ricos. Esse número aumentava quase 20% entre os nascidos nos anos 1960 e 1970.[11]

Com essas vontades materiais e, agora, as finanças para satisfazê-las, era de esperar que seríamos mais felizes. No entanto, como mostra a história de Ian, não é tão simples assim. A pesquisa clássica do economista norte-americano Richard Easterlin sobre o impacto da riqueza no bem-estar das pessoas é clara em suas conclusões: mais dinheiro e bens materiais não equivale a mais felicidade. Suas análises revelam de maneira consistente que, quando o país chega a um certo patamar de riqueza, mais riqueza não corresponde a ganhos no bem-estar das pessoas.[12] A mesma história é aparente no nível de renda. Apesar de as rendas nos Estados Unidos terem disparado entre as décadas de 1940 e 1990, o nível geral de felicidade que os norte-americanos relataram ao longo desse período permaneceu mais ou menos o mesmo.[13] Cerca de 100 mil dólares por ano parecem ser suficientes. Depois disso, limites de bem-estar e, a cada dólar adicional, não parecemos ficar mais felizes com isso.[14]

Esse paradoxo, em que mais riqueza tem fraca correlação com a felicidade, é conhecido como paradoxo de Easterlin. E a explicação didática para isso se chama ansiedade de status. A ansiedade de status não é o medo de não termos dinheiro ou coisas suficientes — é o medo de não termos dinheiro ou coisas suficientes em comparação com as outras pessoas. Em outras palavras, de não estarmos levando a vida que os outros levam. Essa ansiedade é muito generalizada hoje em dia e é encarnada perfeitamente em Ian, que nunca parece conseguir se contentar ao lado de Kevin, apesar de comprar mais bens e serviços do que seria capaz de mencionar.

"Quando e onde quer que sejamos excessivos em nossa vida, é sinal de alguma privação desconhecida", escreve o psicoterapeuta britânico Adam Phillips. "Nossos excessos são a melhor pista que temos", ele diz, "em relação a nossa própria pobreza e à melhor forma de ocultá-la de nós mesmos."[15] Ele tem razão. Apesar de todos os centavos que gastamos, é impossível nos livrarmos da pobreza interior que sentimos — a sensação persistente de nunca ser suficiente — com mercadorias descartáveis, pois as mercadorias não são a questão. A questão é nunca se sentir suficiente a ponto de pôr fim em nossas compras, de investir em nós mesmos ou simplesmente ser quem somos.

Mas, enfim, essa sensação de sermos inadequados ou indignos de amor é meio que o objetivo de nossa economia. Ela não se preocupa com nossa felicidade, nosso contentamento ou nossas necessidades fundamentais de propósito e conexão social. Ela é feita expressamente para produzir descontentamento e competitividade, impedindo que a ideia de podermos ser suficientes crie raízes. A prioridade do sistema é — e sempre vai ser — como gerar o máximo de crescimento possível no menor tempo possível. Por si só, ele vai descartar todas as considerações para que, com o tempo, nossa existência passe a consistir puramente em medicar, com um remédio material, medos baseados em vergonha sobre o que nos falta.

Desde pequeno, a cultura de consumo e o espetáculo do consumo de outras pessoas me ensinaram a me envergonhar de todos os aspectos de minha vida que não se equiparavam ao delas — o que era basicamente todos. E não sou o único a ter esse pensamento de déficit arraigado dentro de mim. "Todas as pessoas que já entrevistei", diz a professora Brené Brown, "falaram de suas dificuldades em relação à vulnerabilidade" e "medos baseados em vergonha" de não serem suficientes.[16] Todos os meus estudantes falam exatamente da mesma dificuldade. Assim como a grande maioria de meus amigos e familiares. A vergonha é o motivo pelo qual estamos vendo esses níveis crescentes de perfeccionismo prescrito socialmente. "Não sou perfeito o bastante" e "todos esperam que eu seja perfeito": esse é o diálogo interno de uma nova geração moldada à imagem da economia pelo lado da oferta.

O perfeccionismo prescrito socialmente é uma inevitabilidade dentro de uma economia baseada apenas no crescimento. E, embora isso signifique que seja inevitável, há coisas que podemos fazer para nos ajudar a levar uma vida mais feliz e com propósito. A mais importante delas, para mim, é a autocompaixão — a permissão de se aceitar.[17] Todos temos imperfeições. Quando elas são ridicularizadas ou expostas, quando os anúncios as retratam como lembretes de nossos interiores vergonhosos, nosso instinto é dar ouvidos e odiá-las. Reagimos como se algo estivesse terrivelmente errado em nós.

"Não sou o suficiente", dizemos a nós mesmos, "eu deveria estar mais em forma, ser mais feliz, mais descolado, mais bonito."

Kristin Neff talvez seja a pesquisadora de autocompaixão mais eloquente. Ela traça uma distinção entre autocompaixão e autoestima. Embora a autoestima possa desenvolver uma autoimagem positiva, diz Neff, pesquisas mostram que essa autoimagem pode ser frágil e facilmente quebrada.[18] Por outro lado, a autocompaixão, segundo ela, trabalha em desenvolver a autoclareza. Autoclareza significa refletir sobre como nos cuidamos. Em vez de medir nosso valor pelo que temos ou como parecemos, ela está focada em nossos pensamentos e emoções. É um diálogo interno que diz basicamente: "Não importa o que aconteça, não importa o que os outros falem ou digam, sou o suficiente, e vou me tratar com gentileza".

Pesquisas mostram que pessoas com mais autocompaixão têm menos preocupações em relação à autoapresentação, sentem menos necessidade de serem perfeitas e relatam mais valorização corporal do que pessoas com menos autocompaixão.[19] Essas pessoas também lidam de maneira muito mais adaptável a situações estressantes, cismam e ruminam menos, e tendem a relatar menos problemas de saúde mental como ansiedade e depressão.[20] Tudo isso parece uma perspectiva mais saudável para andar pelo mundo do que aquela que esperam que tenhamos: insegurança e descontentamento.

Portanto, em vez de permitir que a autoestima o abandone quando você mais precisa dela, faça uma promessa de ser gentil consigo mesmo. Segundo Neff, isso significa assumir suas imperfeições, reconhecer sua humanidade compartilhada e entender que não importa o quanto sua cultura se esforce para ensinar a você o contrário, ninguém é perfeito, todos têm uma vida imperfeita. Se conseguir se comprometer a fazer essas coisas, você pode, de maneira lenta e, a princípio, irregular, começar a deixar de lado a vergonha que sentia. Mantenha essa autocompaixão e, com o tempo, como a pesquisa de Neff mostra, a vergonha, a ruminação e questões de aparência vão ser cada vez menos intrusivas.[21]

Somos quem somos: o conjunto frágil de imperfeições com o qual vamos dormir toda noite. Aceitar esses defeitos, ser generosos conosco mesmos e reconhecer o fato de que o ser humano é falho equivale a demolir o perfeccionismo com uma marreta. Continue praticando a autocompaixão sempre que esse mundo tentar derrotar você, pois não importa o que o anúncio diz, você vai continuar com sua existência imperfeita quer faça aquela compra, quer não. E essa existência é — e sempre será — suficiente.

Uma das coisas que sempre me perguntam é se o perfeccionismo é uma mania da classe média de expectativas implacáveis a serem superadas. Em parte, sim, e vamos tratar dessas expectativas mais adiante neste livro. Mas, tendo crescido em Wellingborough, sabendo o que sei sobre como o outro lado vive, eu me sinto em boas condições para responder a essa pergunta com um não categórico. Todos nós no mundo moderno somos consumidores. E nenhum de nós, independentemente de classe, é imune às fantasias perfeccionistas que alimentam essa economia.

Não tenho nenhum dado para apoiar isso, pois as únicas pontuações de perfeccionismo que podemos acompanhar de maneira confiável são de estudantes universitários, os quais, nos materiais específicos que reunimos, tendem a ter características da classe média. Mas tenho as evidências de meus olhos e ouvidos, as quais me dizem que o descontentamento desenfreado está condicionado em todos os níveis da sociedade. Talvez mais entre aqueles mais abaixo na pirâmide social, se você considerar que começam a vida com muito menos para atingir esse ideal cultural da vida e do estilo de vida perfeito.

Esse é o motivo pelo qual descrevi Kevin e Ian. Acredito que os encontros deles com o mundo moderno são tão típicos que são representativos, assim como suas respostas emocionais a isso. O imperativo de crescimento da economia pelo lado da oferta é um fato simples da vida moderna. Significa que profissionais de publicidade, marketing e relações públicas devem criar formas mais novas e cada vez mais inventivas de nos manter em um padrão de exploração de insegurança — para sempre. Leitor, não somos feitos para estarmos contentes neste mundo, assim como uma espirrada de Chanel não vai nos transformar em um modelo impecavelmente torneado atravessando uma floresta escura com um machado na mão. "Todos esperam que eu seja perfeito!" — é simplesmente a sensação de viver dentro de uma hiper-realidade exagerada de perfeição ilimitada.

O perfeccionismo prescrito socialmente, portanto, é apenas um emblema da cultura de consumo. O tipo de caráter social definidor de um cidadão que nunca tem permissão de sair do holograma e se sentir suficiente. E, se você achou que o descontentamento manufaturado pela publicidade analógica era problemático, espere até ouvir sobre as redes sociais.

8. O que ela postou
Ou por que as empresas de redes sociais lucram com as pressões para sermos perfeitos

> *Ganhamos mais dinheiro quando as pessoas passam mais tempo em nossa plataforma porque somos uma empresa de publicidade.*
>
> Adam Mosseri, diretor do Instagram[1]

No começo, tínhamos amigos. Podíamos fazer "amizade" com as pessoas de nossa turma, ter um status de relacionamento com quem estivéssemos saindo, criar grupos clandestinos separados, listar eventos e até enviar mensagens. Nosso perfil tinha algo chamado "mural", que era uma caixa de texto editável livremente que todos podiam ver (mas poucos atualizavam). "Cutucar" era uma opção, embora ninguém soubesse o que isso significava. A atração principal me parecia ser "marcar", que usávamos basicamente para marcar nossos amigos nas fotos mais constrangedoras que conseguíssemos encontrar da noite anterior.

Isso era nos primórdios do Facebook, um lugar emocionante para estudantes universitários ingênuos como eu. Nós o usávamos para tirar sarro de nossos amigos, rir de nossas palhaçadas bêbadas e nos atualizar sobre quem foi para casa com quem. Era uma rede social no mais verdadeiro sentido da frase — solidificando comunidades, lubrificando as engrenagens da amizade off-line.

Por volta de 2006, porém, tudo mudou. O Facebook abriu as portas para o público em geral, e nossos pais, avós, tios e tias lotaram a plataforma. Em pouquíssimos anos, as piadas internas começaram a desaparecer, assim como as fotos vergonhosas que as provocavam. E, no lugar delas, posts e mais posts de vídeos de gatos engraçados, memes motivacionais com panos de fundo de estrela cadente, e anúncios, muitos e muitos anúncios.

No entanto, apesar disso, a política de portas abertas do Facebook se revelou incrivelmente bem-sucedida para seu proprietário, Mark Zuckerberg. Ajudou-o a construir uma imensa base global de usuários, depois usar esse poder para abarcar concorrentes como o Instagram e o WhatsApp antes de rebatizar seu conjunto de plataformas como Meta em 2021. A essa altura, o Facebook — ou Meta — tinha passado de zero de receita e 10 milhões de usuários a 117 bilhões de dólares de receita[2] e quase 4 bilhões de usuários ativos.[3]

Uma dessas usuárias é Sarah.

Namorei Sarah por um período curto no fim do ensino médio. Na época, ela era muito conhecida, não apenas na parte da cidade em que crescemos, mas em muitas das regiões vizinhas. Na linguagem moderna, imagino que se diria que ela era algo como uma influencer local — é como as pessoas a conheciam —, sempre visível nos lugares mais badalados de Wellingborough, vestindo roupas cintilantes, o cabelo perfeitamente ondulado, o nécessaire cheio de pincéis, base e rímel. Aos dezoito anos, Sarah saiu de nossa cidadezinha para encontrar mais emoção na cidade ao lado. Mas mantivemos contato.

Ela está bem. Depois de sair de Wellingborough, conseguiu um trabalho de escritório em uma construtora e subiu até chegar à gerência intermediária. Foi onde ela encontrou o marido, Geoff, um estucador tatuado e musculoso alguns anos mais velho. O casamento deles aconteceu ao pôr do sol em algum lugar da costa da Tailândia. Eles têm dois filhos, Becca e Alfie, ela dirige um Audi, ele uma BMW, e a família mora em uma casa em um terreno novo localizado em um bairro residencial arborizado a cerca de quarenta minutos dos pais dela.

Sei de tudo isso porque Sarah compartilha grande parte de sua vida nas redes sociais. Postando conteúdos novos, comentando, curtindo e compartilhando quase todos os dias, ela foi muito bem absorvida pelas plataformas do Facebook. Os tecnólogos da empresa intensificaram comparações sociais que eram ocasionais para se tornarem quase constantes. E também as globalizaram. Enquanto antes era apenas com os adolescentes de Wellingborough que Sarah se comparava, agora é com os milhões de influencers fotogênicos. Ela segue muitas dessas pessoas e, quando não está postando fotos, vídeos ou stories no próprio perfil, está navegando nos perfis delas.

O uso que Sarah faz das redes sociais não é incomum. Hoje em dia, em vez de cutucadas e tags, usuários como Sarah estão sintonizados em indicadores que se somam, como contagens de seguidores, o número de curtidas que um post recebe ou o número de compartilhamentos que um post gera. Houve um momento precioso na história em que os usuários de redes sociais entravam com certo receio nos posts em que tinham sido marcados. Agora tememos o oposto. Sem curtidas, menções ou comentários, temos medo de estar sendo ignorados ou negligenciados, tão inúteis quanto uma peça de roupa indesejada juntando poeira no chão da loja.

Os aplicativos trabalham nesse modelo de déficit. É por isso que a grande maioria das pessoas só compartilha conteúdo depois de cuidadosamente retocado. Aprendemos que isso impulsiona os indicadores, e os indicadores são as fichas de validação de que precisamos para saldar as dívidas em nossa conta-corrente de autoestima. O perfil de Sarah é um exemplo disso. Seus stories apresentam aventuras emocionantes e exóticas. Seu mural pulsa com um quadrado após o outro de perfeição pixelada: selfies retocadas, fotos de viagem cheias de filtro, fotos anguladas na academia, fotos fofas de casal. É uma visão de telescópio dentro da vida ideal que Sarah, e milhões como ela, querem que os outros vejam.

Mas ninguém tem a vida perfeita. Temos momentos caóticos, períodos de euforia, instantes de tragédia, promoções, demissões, sustos de saúde, amor e mágoa. E, nos espaços vazios entre esse drama, nossa vida simplesmente segue. Nada de excepcional, nada de extraordinário. Apenas a rotina comum do dia a dia.

A tensão entre nossa vida on-line perfeita e a realidade mais mundana impõe questões importantes para todos nós que esculpem a vida com o pincel das redes sociais. O contentamento pode mesmo ser alcançado na busca por curtidas, comentários e menções? Relacionamentos duradouros podem mesmo ser estabelecidos pelo prisma dos pixels? A autoestima segura pode mesmo ser construída com base em emojis de foguinho e palminhas?

Para expor nosso dilema de maneira mais concreta, as redes sociais finalizaram o trabalho que a cultura de consumo começou lá atrás, quando a revolução pelo lado da oferta começou a tomar conta de nossa economia. Embora anúncios em outdoors, revistas e televisão sejam hábeis em criar imagens holográficas de perfeição ilimitada, simplesmente não existe paralelo às redes sociais. As plataformas expõem o que essa economia é em sua encarnação mais pura: um fosso desregulado onde os usuários criam o conteúdo cintilante, que os algoritmos agregam e, então, trazem de volta aos mesmos usuários para gerar uma aura de descontentamento. Por nossas costas, esses algoritmos se alimentam de nossas inseguranças — suas notificações nos mantêm viciados na próxima onda de validação eletrônica. E então, quando você está mais vulnerável — *bam!* —, surge um anúncio com o remédio perfeito.

Mais de 2 bilhões de pessoas entram no Facebook ou no Instagram todos os dias. E, como todo mundo está lá, todo mundo se sente obrigado a entrar. A gente se compara uns aos outros, nossos perfis incitam a imitação e a rivalidade de nossos seguidores, e seus perfis, em contrapartida, incitam as nossas. Toda vez que entramos, somos introduzidos em um concurso de popularidade invencível que cria uma atmosfera sufocante de perfeição aperfeiçoada digitalmente. Uma atmosfera em que nenhum usuário, por mais curtido, seguido ou aclamado que seja, nunca pode se sentir o suficiente.

E aí está essa sensação de novo.

O Facebook diz que oferece ferramentas inovadoras para nos conectar aos nossos amigos. Mas aqueles que o usam desde o começo sabem que isso não é mais verdade. Sarah, assim como os milhões de pessoas como ela, é uma grande evidência de que as redes sociais evoluíram e se transformaram em algo completamente diferente. Quando se expõem seus algoritmos, quando se chega ao cerne do que as redes sociais são hoje em dia, não se vê nada além de uma ferramenta de publicidade. E, como todas as ferramentas de publicidade, ela faz exatamente o que uma economia pelo lado da oferta precisa que ela faça: enfiar todas as pessoas em um pote, chacoalhar vigorosamente e abrir a tampa sobre uma variedade atordoante de anúncios direcionados.

Mesmo assim, precisamos falar sobre as redes sociais, pois, como ferramentas de publicidade, elas têm um poder devastador, com um potencial imenso de exacerbar a epidemia de perfeccionismo.

Antes de tratarmos das redes sociais, devemos deixar uma coisa clara. Quando falamos de malefício, estamos falando sobretudo das plataformas visuais predominantes, ou seja, Instagram e TikTok. O Instagram, em particular, foi criado para instigar comparações sociais, e as plataformas subsequentes funcionam mais ou menos na mesma lógica. Por meio de reels, vídeos e stories destacados, essas plataformas nos expõem a vidas selecionadas, promovem conteúdos de celebridades, impulsionam influencers novos, e simulam ideais de saúde e beleza fora da realidade. "As pessoas usam o Instagram porque é uma competição, essa é a parte divertida!", um ex-executivo do Facebook disse em um memorando vazado. Outro funcionário acrescentou: "Não é sobre isso que o Instagram é? A vida (muito fotogênica) do 0,1% do topo?".[4]

Talvez seja, mas esse tipo de padrões impossíveis deixa marcas em jovens usuários impressionáveis. Pede que se comparem continuamente com um algoritmo que só os mantém a serviço de murais e murais de uma hiper-realidade que passou por curadoria. E essas comparações são a porta de entrada para a insatisfação com os aspectos da vida real, descontentamento com a autoimagem, necessidade de perfeição, pensamentos ansiosos e suicidas que vêm junto.

Sabemos que é verdade porque pesquisas do próprio Facebook mostram isso. Em 2021, Frances Haugen, uma ex-gerente de produto do Facebook, vazou para o *Wall Street Journal* as conclusões de um "aprofundamento sobre saúde mental" interno.⁵ Tratava-se de uma triangulação de métodos de pesquisa — grupos focais, levantamentos e estudos de diário — que o Facebook realizou entre 2019 e 2020. Eles estavam preocupados com a forma como o Instagram impactava os adolescentes e queriam saber que efeitos a rede social tinha sobre a saúde mental deles.

As conclusões foram alarmantes. Tanto que o Facebook decidiu não as publicar. É apenas graças à bravura impressionante de Haugen que sabemos da existência dessa pesquisa. "Agravamos questões de imagem corporal para uma em cada três meninas adolescentes", dizia uma apresentação vazada. "Os adolescentes culpavam o Instagram por aumentos em ansiedade e depressão", dizia outro slide. "Essa reação foi não estimulada e consistente em todos os grupos."⁶

Não apenas isso, mas os slides vazados também revelam dados impressionantes sobre a forma como o Instagram faz os jovens se verem. Um gráfico mostra que cerca de metade dos usuários do Instagram sente que a plataforma amplia as pressões para ser fisicamente perfeitos. Outro revela que por volta de 40% dos usuários dizem que a plataforma faz com que eles tenham medo de não serem suficientemente atraentes, ricos ou populares. Mas talvez o slide mais perturbador seja o gráfico vazado sobre pensamentos suicidas, segundo o qual 6% dos adolescentes dos Estados Unidos e preocupantes 30% dos adolescentes britânicos disseram aos pesquisadores do Facebook que passar tempo no Instagram era um motivo pelo qual sentiam vontade de se matar.⁷

A pesquisa abrangente da psicóloga Jean Twenge repete as constatações do Facebook. Em uma análise recente de três grandes amostras americanas, ela descobriu que a correlação entre uso de redes sociais e sofrimento psíquico era substancial.[8] Pessoas que usavam muito as redes sociais eram em média de duas a três vezes mais propensas a ser deprimidas do que as que não as usavam. Essa correlação, segundo Twenge, é maior do que correlações entre saúde mental e "consumo excessivo de álcool, início precoce da vida sexual, uso de drogas pesadas, ser suspenso da escola, uso de maconha, falta de exercício, ser detido pela polícia ou carregar uma arma".

A pesquisa da autora Donna Freitas vai além.[9] Suas entrevistas com jovens usuários de redes sociais mostram uma geração sitiada por comparações sociais e preocupada com uma hipervigilância em relação à aprovação dos outros. Seus stories mostram como os jovens que estão on-line sentem que devem sempre parecer felizes, conquistando coisas e vivendo o melhor da vida. As redes sociais "dão essa falsa imagem de que você está vivendo uma vida perfeita", um jovem disse a Freitas. "Você não quer que as pessoas te vejam em seus maus momentos, você quer que vejam só os bons momentos para que digam: uau, quero viver como essa pessoa!"

Minha própria pesquisa revela padrões semelhantes, embora não na escala das de Twenge ou Freitas. Em um estudo, perguntamos a meninas adolescentes se elas se comparavam aos outros na internet.[10] Mais de 80% disseram que sim, o que já era ruim o bastante. Mas, desse número, 90% disseram que se achavam piores ou muito piores em comparação com outras pessoas, e essas comparações estavam relacionadas a mais depressão e menos autoestima corporal. Pior: pedimos também às meninas que relatassem seu perfeccionismo prescrito socialmente. E adivinhe? As meninas com alto grau de perfeccionismo prescrito socialmente tinham níveis bastante altos de depressão e bastante baixos de autoestima corporal depois de fazer uma comparação social negativa.

Essa relação se desdobra da seguinte forma. Uma adolescente está no Instagram. De repente, vê uma imagem de uma influencer. Essa imagem foi selecionada a dedo dentre muitíssimas alternativas e retocada de diversas formas, mas, para a menina, isso é irrelevante. Ela fica fascinada, faz uma comparação automática e, em um instante, sente-se muito pior comparada à influencer. Isso já é ruim o bastante, mas, quanto mais perfeccionismo prescrito socialmente ela tem, mais essa comparação vai gerar depressão e problemas de imagem corporal. Isso é exatamente o tipo de vulnerabilidade agravada que discutimos no Capítulo 3.

Jean Twenge acredita que essa relação, entre redes sociais e sofrimento psíquico, se deve sobretudo aos smartphones.[11] Ela faz seu argumento com base em muitos conjuntos de dados, inclusive o dela própria, que mostram que a depressão e o suicídio entre jovens começou a disparar por volta de 2008. Incidentalmente, 2008 também foi o ano em que o perfeccionismo prescrito socialmente disparou. E, quando você acrescenta a essas tendências o lançamento do primeiro iPhone da Apple em 2007, realmente há uma correlação convincente.

Essa correlação com certeza se comprova por alguns pequenos testes. Afinal, os smartphones não nos dão absolutamente nenhum descanso do ruído das redes sociais. Eles nos mantêm conectados todos os dias, o dia todo, e infiltram comparações sociais em partes da vida que, até então, estavam intocadas. Com eles ao nosso lado, aplicativos como Instagram e TikTok estão ali para ser a primeira coisa que vemos ao acordar e a última antes de dormir. Navegamos distraídos por perfis no sofá e no banheiro, a caminho do trabalho e na academia. No que eram momentos meditativos, em que podíamos respirar e pensar, agora deslizamos o dedo e nos comparamos.

Os smartphones tornaram as redes sociais onipresentes, e essa onipresença, segundo Twenge, é o que as torna tão prejudiciais.

E faz todo sentido. Então, por que parece que falta alguma coisa? "É o Facebook! É o Instagram! É o TikTok! São os smartphones!" — essas são todas manchetes satisfatórias. Mas você vai notar como são convenientemente reducionistas. Como uma bomba de precisão perfeitamente regulada, são direcionadas de modo a atacar empresas específicas, mas não o suficiente para derrubar a infraestrutura que as construiu. Não há problema nenhum em culpar os smartphones pelas redes sociais, e sem dúvida há fundamentos para isso. Mas fazer isso deixa intacta e intocada a infraestrutura econômica que dita a maneira como as empresas de redes sociais escrevem seus algoritmos.

O que me leva a outra coisa que aconteceu em 2008, algo que não tem nada a ver com smartphones: o Facebook promoveu uma publicitária a coo.

Nos tempos tranquilos do começo do Facebook, a plataforma era muito divertida. Mas, infelizmente, não estava dando tanto lucro a Mark Zuckerberg. Para que isso acontecesse, o Facebook precisava fazer as pessoas interagirem na plataforma — clicar em perfis, navegar por atualizações, trocar mensagens, tudo ao mesmo tempo em que ingeriam anúncios passivamente. É por isso que, em 2008, Zuckerberg terceirizou a direção estratégica do Facebook à publicitária Sheryl Sandberg, cuja missão era transformar usuários em consumidores.

As mudanças que Sandberg fez foram as que a economia pelo lado da oferta precisava que ela fizesse. O Facebook não poderia ficar parado. Ele tinha que crescer, a todo custo. E, para fazer isso, precisava diversificar seu fluxo de receita na busca de fontes novas e cada vez mais lucrativas de renda. Portanto, Sandberg fez o que qualquer boa coo deveria fazer. Transformou o Facebook em uma empresa de publicidade que usa seu vasto acervo de informações pessoais — idades, localizações, interesses, sexualidades, curtidas, cliques e assim por diante — para vender anúncios direcionados.

"Temos orgulho do modelo de anúncios que construímos", Sandberg disse na primeira apresentação de resultados trimestrais do Facebook em 2018. "Garante que as pessoas vejam mais anúncios úteis, permite que milhões de empresas cresçam e nos possibilita oferecer um serviço global gratuito a todos."[12] Pode até ser verdade, mas a definição de Sandberg de útil é eufemista, para dizer o mínimo. Poucos anúncios vendem coisas úteis — a maioria é arbitrária. Não precisamos deles; só fomos convencidos de que vão preencher os buracos que os publicitários criaram.

Os anúncios que o Facebook vende não são diferentes. Chamá-los de úteis é como agradecer ao incendiário por dar a você uma mangueira enquanto sua casa está em chamas. E, sob a supervisão de Sandberg, a empresa aprendeu que o Instagram é especialmente bem-posicionado para provocar incêndios. Com seu alcance global e sua base de usuários enorme e impressionável, o Instagram consegue convidar jovens a compararem sua vida a murais e murais de modelos, blogueiros fitness, coaches de estilo de vida e influencers.

Não é de admirar que os jovens tenham dificuldade para se sentir suficientes. Assim como a tática antiga da publicidade analógica, as empresas de redes sociais conseguem gerar as inseguranças — sobre o que não temos e como não somos fisicamente — que são o chamariz de anúncios direcionados. E, ao longo dos anos, eles aprimoraram seus algoritmos para prever os tipos de anúncios em que temos propensão de clicar com uma precisão assustadoramente alta. Tão alta, aliás, que existe um pânico generalizado de que o Facebook esteja escutando nossas conversas. Para Sandberg, o investimento nesse tipo de tecnologia foi uma decisão estratégica genial e, por causa dela, o Facebook aumentou suas receitas de publicidade em 15000% desde 2009, chegando a quase 115 bilhões de dólares hoje.[13]

O Facebook gosta de cobrir esse lado de seu modelo de negócios — a parte lucrativa — de eufemismos. Mas um documento confidencial a que o *The Australian* teve acesso recentemente deixa esse lado claro.[14] Ele diz que o Facebook pode oferecer aos anunciantes a chance de atingir milhões de usuários jovens quando estes estão em seu estado mais vulnerável, como quando se sentem "estressados", "derrotados", "sobrecarregados", "ansiosos", "inseguros", "idiotas", "bobos", "inúteis" e como um "fracasso". Seus algoritmos conseguem até identificar momentos em que os jovens "precisam de um impulso de confiança".[15]

O Facebook confirmou a autenticidade desse documento, mas nega que ofereça "ferramentas para atingir pessoas com base em seu estado emocional", o que é estranho, pois pesquisas conduzidas em 2021 pela organização Fairplay, Global Action Plan and Reset Australia mostram que o Facebook ainda está monitorando adolescentes e direcionando anúncios a eles.[16] "O Facebook ainda está usando a vasta quantidade de dados que coleta sobre jovens", a organização escreve em uma carta aberta em que descreve seus achados.[17]

E "essa prática é especialmente preocupante", continua, porque pode significar, por exemplo, "anúncios de perda de peso entregues a adolescentes que começam a apresentar sinais de transtornos alimentares, ou um anúncio entregue [quando] o humor de um adolescente sugere que ele esteja particularmente vulnerável".

Embora o Instagram seja o principal culpado, outras plataformas trabalham com modelos de negócios semelhantes. Por exemplo, alguns influencers de TikTok estão compartilhando checklists de problemas de saúde mental como TDAH, ansiedade e depressão.[18] Essa *trend* despertou o interesse de empresas predatórias que estão ensinando os jovens a autodiagnosticar seus problemas de saúde mental. E, ao fazer isso — sim, você adivinhou —, vendem a eles tratamentos caros como soluções.

Claro, podemos apontar para os smartphones e dizer: "É por isso que as redes sociais prejudicam os adolescentes!". Mas essa acusação não nos ajuda a entender por que o Facebook não daria ouvidos à gravidade da própria pesquisa ou por que, apesar de todas as evidências de prejuízo, a indústria como um todo é tão resistente à mudança. Para entender isso, precisamos escutar as fontes internas. Segundo um pesquisador do Facebook, ninguém na empresa queria tomar atitudes em relação a suas descobertas porque as mudanças necessárias ficariam "diretamente entre as pessoas e seus bônus".[19] Não acredito que haja uma explicação mais sucinta sobre por que estamos onde estamos.

E quer saber? Não posso me irritar com Zuckerberg, Sandberg ou nenhuma outra pessoa em posição de influência pelo que os algoritmos das redes sociais direcionam ou não. Eles estão dirigindo suas empresas e seguindo a vida exatamente como devem. Quando as redes sociais nos conectam àqueles em nossas comunidades, elas têm um valor humano enorme. Mas, se insistirmos em viver dentro de uma economia que precisa crescer mais do que nós, as pessoas, precisamos nos sentir conectados e seguros, não podemos nos indignar quando os executivos se preocupam mais com os lucros do que em oferecer algo que realmente melhore a vida de seus usuários. É uma questão de prioridades, e os tipos de prioridades que escolhemos privilegiar.

Se ao menos conseguíssemos confrontar essa realidade, a pergunta óbvia é: por que o modelo empresarial do Facebook seria diferente de todos os outros nessa economia? Por que deveria se importar conosco? O Facebook, o Instagram, o TikTok e todas as outras plataformas iguais não saíram do nada. Foram selecionadas pela economia pelo lado da oferta, que, tendo tirado até a última gota de lucro da publicidade analógica, precisava de uma ferramenta maior, mais global e mais manipuladora para nos manter consumindo.

Grande parte de nossa obsessão moderna pela perfeição sem dúvida se deve à onipresença de aplicativos de redes sociais. Mas seria um erro, creio eu, concluir a partir disso que, se desativássemos todos os aplicativos amanhã, nossa obsessão pela perfeição desapareceria. Nossa economia, que precisa de nossa atenção e de gastos constantes, simplesmente encontraria outra forma de nos manter duvidando de nós mesmos e querendo mais. Não se pode curar a doença tratando apenas os sintomas.

A pergunta é: como usar as redes sociais de forma que evite os elementos predatórios dela?

Essa é uma pergunta difícil de responder, pois a rota de fuga mais segura é de longe a mais difícil: não participar.

Pesquisas mostram que reduzir o uso de redes sociais em smartphones por apenas uma hora do dia diminui de maneira significativa os sintomas de depressão e ansiedade e aumenta a felicidade e a saúde.[20] Por quê? Porque a moderação digital nos permite destinar o tempo economizado a outras atividades que nos dão ânimo.

Isso não quer dizer que as redes sociais não possam ser saudáveis. Quer dizer apenas que devem ser usadas com moderação pelos motivos certos: comunidade, interesses em comum e nos ajudar a facilitar as relações off-line.

Portanto, quando puder, tente substituir o tempo passado em aplicativos por tempo passado off-line. Saia para as forças revigorantes da natureza, das ideias, da arte, e das causas políticas e sociais. Admire as maravilhas da vida, desse planeta solitário e de todas as pessoas, plantas e criaturas magníficas que o habitam. Sem dúvida, isso parece mais interessante do que a companhia de publicitários e influenciadores fotogênicos.

Inclusive, o tempo imerso nas maravilhas do mundo real, inspirando, escutando, aprendendo e cuidando é infinitamente mais alegre do que qualquer coisa que possamos retocar. Isso nos une de modo instantâneo à humanidade. Deixa-nos mais próximos de nós mesmos e de nosso ambiente. Impede que vejamos tudo e todos ao nosso redor pelas lentes de uma câmera. Quando nós e nosso ambiente não somos opostos, quando estamos em um plano igual, o impulso de nos introjetar no que estamos (ou não) fazendo e no que estamos (ou não) retratando logo se evapora. Nós nos tornamos aterrados e damos um valor profundo à vida por causa do milagre incompreensível que ela é.

Portanto, às vezes vale a pena deixar o celular de lado e simplesmente ficar no mundo real, consigo mesmo e com todos os seus sentimentos.

Esse tempo off-line — com outras pessoas e no mundo exterior — tem inúmeros benefícios para nossa saúde física e mental. As pesquisas mostram que passear por aí, em especial em novos lugares, contribui para o bem-estar.[21] Por exemplo, em um estudo recente, a psicóloga Catherine Hartley descobriu que a quantidade de pessoas que passeiam em novas áreas em um dia determinou o quão felizes elas ficaram mais tarde (e não vice-versa). Outros benefícios de estar na natureza incluem, segundo uma pesquisa extensa, "mais atenção, menos estresse, melhor humor, risco reduzido de transtornos psiquiátricos e até aumento na empatia e na cooperação".[22]

Porém, mais importante, o tempo off-line é essencial para superar o perfeccionismo, porque o mundo real, com pessoas reais e sensações reais, é um lugar cheio de coisas que nos fazem lembrar de que, longe da hiper-realidade das redes sociais e além da indiferença brutal dos seguidores sem rosto, nós importamos, e importamos muito.

Em 2015, uma influenciadora do Instagram chamada Essena O'Neill fez algo que causou repercussões por toda a indústria. Ela saiu da plataforma, indignada, explicando que as dezenas de fotos impecáveis, bem iluminadas e cuidadosamente montadas de seu corpo esguio e torneado e seu rosto alegre eram todas patrocinadas por empresas, analisadas e retocadas para maximizar curtidas e compartilhamentos. Pouco antes de sair, O'Neill escreveu pequenas observações para seus seguidores nas legendas de suas fotos. Nelas, descreveu a experiência atormentada pela ansiedade de ser uma influencer: acordar ao amanhecer, longe de casa, posar por horas para sair com apenas uma ou duas fotos compartilháveis dentre centenas. Em nenhuma dessas fotos ela estava feliz. Era tudo uma farsa.

Além das anotações, O'Neill também postou um vídeo no YouTube.[23] Olhando para a webcam, ela está cansada e visivelmente transtornada. Dá a impressão de que esses questionamentos estavam passando na mente dela fazia um tempo. "As redes sociais são negócios", ela diz, "e, se você não acha que são negócios, está iludido." Olhando para a lente, ela diz aos espectadores a mais pura verdade: se você está seguindo alguém e essa pessoa tem muitos seguidores, "ela está promovendo produtos, ela está sendo paga".

"Tudo que fiz", ela diz, "foi editado e forjado, para ter mais valor e conseguir mais visualizações."

Não é fácil de assistir, ainda mais quando O'Neill fala sobre o impacto psicológico. Ela explica: "Eu me permiti ser definida por números... só me sentia melhor sobre mim mesma tendo mais seguidores, mais curtidas, mais elogios e mais visualizações". E então, *puf*, tudo desaparecia em um instante, como se a atenção não significasse muita coisa, como se nunca tivesse significado nada. Por mais que os números de O'Neill subissem, "não era o bastante", ela diz, segurando as lágrimas. Ela estava vivendo seu sonho de infância, mas se viu presa em um pesadelo de expectativas impossíveis. "Não quero dizer que eu estava deprimida ou tinha ansiedade... mas definitivamente tinha todos os sintomas vezes um bilhão."

"Quando você se permite ser definido por números, também se permite ser definido por algo que não é puro, não é real." O'Neill diz que passou a infância "desejando ser a pessoa perfeita na internet" e, depois, passou o começo da vida adulta "provando minha vida nas redes sociais, aperfeiçoando-me o bastante para ser essa pessoa". Era uma existência exaustiva. "Tudo que eu fazia todos os dias era para ser essa pessoa perfeita na internet", ela explica. "Eram sessões de fotos estilizadas do que estava comendo, vídeos cuidadosamente editados no YouTube. Fazia tudo em meu poder para provar ao mundo que, ei, sou importante, sou bonita e sou descolada."

"Isso lá é vida... tirar fotos apenas para receber curtidas e elogios?", ela questiona. "Isso não é vida e não faz você feliz."

Nem todos os jovens usam as redes sociais como O'Neill usava, mas usam o suficiente para nos deixar extremamente preocupados. Mais de um terço dos estudantes de ensino fundamental e quase metade dos alunos de ensino médio dizem que as redes sociais são o motivo pelo qual se sentem obrigados a parecer perfeitos em todos os sentidos possíveis.[24] E, segundo uma pesquisa recente, impressionantes 90% dos jovens norte-americanos dizem que seriam influenciadores se tivessem chance.[25] Sua sede por reconhecimento on-line é o motivo por que devemos escutar com atenção o que O'Neill tem a dizer, pois ela está basicamente dizendo que usar os símbolos de validação digital das redes sociais como acessórios de autoestima tem consequências terríveis. Principalmente para os que chegam ao estrelato dos influencers.

Não sei se Sarah chegou a seguir O'Neill. Mas definitivamente possui as características digitais da antiga vida de O'Neill. Dentro de todos aqueles filtros e retoques, todas aquelas imagens photoshopadas dela vivendo o melhor da vida, há um perfil que conta uma história já conhecida. Uma história sobre como as redes sociais exageram a realidade. Uma história sobre como a competição por curtidas, menções e compartilhamentos nos força a embelezar e esconder. Uma história sobre como nossa vida pode ser compartilhada e recompartilhada mundo afora. E uma história sobre como todas essas imagens de perfeição fotogênica tornam simplesmente impossível aceitar que, no fim, somos apenas humanos.

Sempre que visito o perfil de Sarah, e os muitos outros como ele, penso em Essena O'Neill. Então me lembro de Karen Horney. Eu me pergunto o que ela teria pensado das redes sociais, pois, sem dúvida, ela teria muito a dizer. Eu a imagino afundada em sua poltrona favorita, fumando um cigarro, segurando uma grande taça de vinho tinto e abrindo um sorriso irônico. Dá para traçar uma linha reta das observações dela sobre as contradições culturais dos anos 1950 até o momento atual. É como se ela pudesse ver o surgimento das redes sociais. Como se, de algum modo, soubesse que era assim que uma cultura de consumo agressiva nascente surgiria.

Mesmo assim, ela se maravilharia com o poder absoluto das redes sociais. Diria que as redes sociais nos apresentam o dilema antigo de nunca ser suficiente — mas o põe em um patamar muito além de tudo que vimos antes. As plataformas, que são propositalmente viciantes, nos convidam a nos comparar com os critérios impossíveis de perfeição. E fazem isso da maneira mais manipuladora possível, deixando-nos nas mãos dos publicitários.

Se estivesse viva hoje, Karen Horney teria feito com que nos sentíssemos constrangidos por esse momento. Teria nos ensinado como as plataformas de redes sociais se alimentam de imperfeições imaginadas, como nos fazem nos questionar e como nos dividem cinicamente com conflitos internos. Também nos teria ajudado a nos sentir menos sozinhos, ensinando-nos que o motivo pelo qual nunca nos sentimos suficientes dentro das redes sociais é o mesmo por que nunca nos sentimos suficientes fora delas. Há a dependência mórbida de nossa economia por competição e crescimento, ela sem dúvida observaria, e também há a persuasão social por todos os canais — a publicidade — que traz essa competição e esse crescimento à tona com base em nosso descontentamento.

Temos evidências de sobra para isso, e apresentei várias nos últimos dois capítulos. Mas não devemos parar por aqui. Para de fato entender por que o perfeccionismo — em especial o perfeccionismo prescrito socialmente — está crescendo de maneira tão rápida, vamos precisar estender nosso olhar além da publicidade, pois nossa economia não apenas exige que questionemos o que temos e como somos fisicamente, mas também, além disso, questionemos se estamos fazendo o suficiente para merecer nosso lugar na hierarquia social.

9. Você ainda não merece
Ou como a meritocracia definiu um novo padrão de perfeição nas escolas e universidades

> *O perfeccionismo é o mal emblemático da meritocracia.*
>
> Michael Sandel[1]

De onde venho, é raro os jovens chegarem à elite acadêmica. Tanto que, segundo a Comissão de Mobilidade Social do governo do Reino Unido, apenas um município em todo o Reino Unido tinha uma mobilidade social pior do que Wellingborough.[2] Os legisladores chamam minha cidade natal de "mancha fria", o que imagino que seja uma forma gentil de dizer: "Se você nasceu aí, boa sorte!".

Não é preciso nenhuma comissão especial para dizer isso. A maioria das crianças com quem estudei, assim como eu mesmo, não era muito ambiciosa no sentido acadêmico. Não porque não fôssemos inteligentes ou criativos, mas porque não conseguíamos ver as evidências com os próprios olhos: o prédio pré-fabricado de nossa escola era deteriorado; nossos professores, tão exaustos e esgotados que passavam a aula toda simplesmente lendo os livros didáticos palavra por palavra para estudantes desinteressados; nossos pais, sem energia nem tempo para ajudar com revisão ou lição de casa.

Nenhuma dessas coisas gera entusiasmo para estudar. Poucos dos meus amigos da escola foram à universidade; a maioria partiu direto para o mundo do trabalho. Se eu tivesse que adivinhar, diria que talvez um, no máximo dois, em toda a minha turma de duzentas pessoas do ensino médio chegou ao mestrado.

O verdadeiro conhecimento, como se diz por aqui, é adquirido na escola da vida. Curtir até altas horas numa festa qualquer e depois trabalhar em um caixa às oito da manhã, furar buracos em tubulações de água e os preencher com argamassa ou ensurdecer por causa de um coro de "aêêêêê" depois de se pendurar de ponta-cabeça em um andaime. Isso não se aprende nas páginas de livros empoeirados, muito menos com os pensamentos magnânimos de um professor barbudo. Você pode perguntar a Sarah, Kevin, Ian ou qualquer outra pessoa com quem estudei por que não buscaram uma graduação, e essas são algumas das razões que sem dúvida eles apontariam.

No fundo, parte de mim concorda com eles. Pessoas trabalhadoras comuns, dentre as quais me incluo, têm uma antipatia natural por pessoas instruídas. O julgamento moral de nossa sociedade moderna é que aqueles no auge merecem sua posição, e os que estão no auge são quase sempre instruídos. Toda vez que nossos superiores nos dizem que precisamos apenas de mais estudo, o que realmente estão dizendo é: suas dificuldades não são erros nossos, são seus. "Se vocês não tiverem uma boa educação", Barack Obama disse a estudantes de uma escola de ensino médio em Nova York, "vai ser difícil encontrarem um trabalho que pague um salário digno."[3]

O ícone liberal da Grã-Bretanha, Tony Blair, tinha uma mensagem parecida: "Educação, educação, educação!". E, para ser justo com ele e com Obama, esses homens sustentavam sua retórica com investimentos robustos. Eu nunca havia considerado a universidade antes de o grande impulso educacional de Blair se apresentar na forma de vários incentivos para continuar estudando. Eles foram cortados a essa altura, assim como muitas outras formas de amparo social, sob o mais suspeito dos disfarces: a austeridade. Então dá para dizer que fui uma das pessoas de sorte. Apesar das péssimas notas que eu tinha na época, e apesar de não ter nenhum financiamento universitário ou apoio dos pais ao qual recorrer, ainda assim consegui ocupar uma vaga na faculdade mais próxima de formação de professores.

E, por causa disso, eu estava radiante.

Não sei se teria conseguido fazer a mesma escolha agora. Inclusive, tenho quase certeza de que, se eu tivesse nascido nos anos 1990 ou 2000, não teria chegado onde cheguei. Hoje em dia, menos de 2% dos formandos de famílias presentes no quinto inferior da distribuição de renda acabam ascendendo ao quinto superior da escala de renda.[4] Claro, trata-se de um salto ambicioso, mas mesmo subidas menores são raras. Em um estudo recente, apenas um em cada dez formandos da classe trabalhadora conseguiu subir mais de um quintil na pirâmide social.[5] Essas estatísticas se situam ao lado de uma tendência mais ampla de mobilidade negativa entre todos os formandos e jovens de maneira mais geral, que precisam estudar por mais tempo, trabalhar mais e ganhar mais dinheiro do que seus pais apenas para ter o mesmo padrão de vida.

Os economistas norte-americanos Michael Carr e Emily Wiemers disseram ao *The Atlantic*: "É cada vez mais verdadeiro que, qualquer que seja sua escolaridade, o lugar em que você começa se torna cada vez mais importante em relação ao lugar onde você vai parar". Usando dados da Pesquisa de Renda e Participação em Programas do Departamento do Censo dos Estados Unidos, Carr e Wiemers mostraram que, nos últimos anos, a quantidade geral de movimentação social entre os jovens está ao contrário. "A probabilidade de acabar no lugar em que você começou cresceu", Carr disse, "e a probabilidade de subir do lugar em que você começou diminuiu."[6]

Dizem para nos esforçarmos na escola. Mas raramente nos dizem por que motivo, em 2022, um diploma universitário parece o novo diploma de ensino médio. Ou por que razão, fora do Grupo Russell e das faculdades da Ivy League, a educação oferece cada vez menos aos jovens que estudam com afinco e ainda sentem, ao se formarem, que simplesmente não existem trabalhos ou que os trabalhos que existem não são nem estáveis nem bem pagos. É uma descoberta desconcertante. E se torna ainda mais desconcertante pela lógica predominante que diz que a educação é o grande nivelador social — o navio de cruzeiro majestoso que vai levar todos aqueles que comprarem um ingresso com segurança através do golfo das aulas.

Pode ter sido diferente no passado. Talvez a educação realmente *fosse* a rota de fuga da dificuldade. Não sei. O que sei é que hoje em dia a lógica predominante por trás do grande estímulo à educação parece cada vez mais difícil de ser adaptada à realidade fria e cruel, pois, em qualquer distribuição de renda, sobretudo em uma tão assimétrica quanto a nossa, só pode haver um percentil superior. E a maioria não vai estar nele. Portanto, se não aumentarem os salários em termos globais — e o salário real do norte-americano médio tem quase o mesmo poder de compra que tinha quarenta anos atrás[7] —, tudo o que se está fazendo ao criar cada vez mais pessoas formadas endividadas é enfiá-las no meio e reduzir mais e mais sua parcela de prêmio de ensino superior.

Estava no último ano da faculdade quando finalmente entendi isso. Consegui sentir a fisgada quando o proprietário do apartamento em que eu morava aumentou o aluguel pela segunda vez em dois anos. Consultei sites de recrutamento e li os critérios para cargos iniciantes com perplexidade. E observei, horrorizado, como a dívida que eu acumulava crescia sem parar.

Naquele momento, caiu a ficha: *Vou precisar trabalhar duro nesse mundo apenas para manter o padrão de vida modesto que já tenho.* E também percebi outra coisa: se subir na pirâmide social, não vou ter que superar apenas pessoas muito mais inteligentes e privilegiadas do que eu; também vou ter que superar uma economia despreparada para acomodar o número de formandos que ela produz. A vida é uma grande corrida e eu já me sentia derrotado.

Se tivesse amigos na mesma situação com quem compartilhar essas impressões, estas poderiam não ter parecido uma desvantagem tão grande. Mas, vivendo naquele anfiteatro hipercompetitivo que é a universidade moderna, sem querer me deixar definir por minha origem e me sentindo um pouco inferior a todos os outros, só me restava desenvolver uma necessidade urgente de garantir meu futuro — e a aceitação dos outros — buscando notas acima da média. Os psicólogos chamam essa obstinação de "encerramento de identidade", o que acontece quando estamos completamente fixados em metas limitadas impostas por pressões rígidas do mundo exterior. Quando minha identidade se encerrou em torno de indicadores acadêmicos, toda a minha autoestima passou a se vincular a quanto eu poderia me esforçar por eles.

Essa é uma forma de viver muito exaustiva. Mas, com ventos favoráveis, pode levar longe. Depois de me destacar na graduação, comecei a escrever minha dissertação de mestrado sobre psicologia do esporte antes de entrar no programa de doutorado da Universidade de Leeds. Lá, continuei a me fundamentar na moeda da ética do trabalho. Esse foi um período de minha vida em que não estava no comando, por assim dizer. Eu era um passageiro em um veículo em alta velocidade feito para me transformar em um estudante perfeito. E, olhando para trás, consigo ver como os problemas de saúde mental que enfrentaria mais adiante eram sintomas dessa autoalienação.

Eu me tornei defensivo e confuso. Não sabia quem era ou o que realmente queria. Por que estava lá, afinal? Ainda era um menino de Wellingborough, sem um centavo e tardando a amadurecer, espiando pelo para-brisas do carro e se enchendo de empolgação ao ver um botão reluzente? Ou era um intelectual de cardigã que coçava o queixo e tinha começado a frequentar seminários sobre modelagem por equações estruturais? Eu sabia, no fundo, que não era quem estava tentando ser. Mas também sabia que, para sobreviver em uma cultura toxicamente competitiva que celebra a superação de metas e o sucesso por meio de credenciais, eu tinha que fingir para "chegar lá".

Nesse período da vida, a culpa e a vergonha eram sufocantes. E isso me levava a fazer tudo que pudesse para passar todas as horas do dia lendo, escrevendo e revisando. Assim que comecei o doutorado, eu fazia o máximo possível para ser o primeiro a chegar e o último a sair. Muitas vezes trabalhava oitenta horas por semana e deixava todos saberem disso. Mandava e-mails flagrantes para meus supervisores de manhãzinha e tarde da noite. Escrevi mil palavras de minha tese no dia de Natal, e me orgulhava muito disso.

Focando uma necessidade obsessiva de me sobressair, deixei um rastro de destruição. Eu me afastei de pessoas, me tornei irritadiço e hiperconsciente dos sucessos e fracassos dos outros estudantes. A desconexão social por cima da pressão autoimposta causou um estrago silencioso em minha saúde mental e física. Esse estrago abriu caminho para uma leve depressão que mais para a frente descambaria em pânico generalizado. Mais ou menos como um vulcão adormecido sendo de repente despertado, meu perfeccionismo adormecido levou seu tempo para finalmente entrar em erupção.

Mas, naquele momento, tentando sobreviver em um celeiro seletivo que é a universidade de elite, tendo o estresse como pano de fundo e uma sensação paralisante de inferioridade que me acompanhava aonde quer que fosse, eu era sem dúvida um verdadeiro perfeccionista de carteirinha.

E, de uma forma ou de outra, vou passar o resto da vida vivendo com as consequências.

Devemos consumir excessivamente em todos os lugares e todos os momentos porque vivemos em uma economia que depende do crescimento superaquecido. O resultado desse imperativo, conforme mostramos no Capítulo 7, é um bombardeamento de condicionamento cultural em que cada TV de tela plana, smartphone, outdoor e pôster nos diz que a vida é uma grande festa, que existe um produto para tudo e que sua vida sempre pode ser atualizada e aperfeiçoada.

O que não mencionei, porém, é que, escondida nas letrinhas miúdas do verso desse convite de festa está uma cláusula importante: nada vem de graça. O saldo deve ser compensado. Sim, você pode e deve ter tudo, perpetuamente e sem limites. Mas, pelo amor de Deus, antes você deve "chegar lá" e fazer por merecer seu direito de pagar por isso.

A ética do trabalho, a competitividade e o arbítrio pessoal — esses são os sistemas de crença fundamentais dos quais depende a economia pelo lado da oferta. Com esse tripé escrito em letras garrafais, como diz a teoria, recebemos uma onda gigantesca de atividade econômica e, com ela, um fluxo contínuo de produtos e serviços melhores e mais baratos. Isso também é moralmente correto porque a diferença entre surfar ou se afundar nessa onda gigantesca depende do indivíduo. Se você estiver pobre, sem sorte, esgotado ou apenas se sentindo um pouco para baixo, a culpa é sua — você tem a responsabilidade de resolver isso. Todos são responsáveis por si, e podem ter o que quiserem, ser quem quiserem, desde que trabalhem duro para isso.

Agora, alguns acreditam que os jovens não têm consciência da cláusula do trabalho árduo de nossa economia. Ou, para ser mais exato, que não foram conscientizados sobre ela por pais e professores que os mimaram e os protegeram dos menores inconvenientes e desconfortos. Não faltam evidências para essa ideia. Quando as provas finais se aproximam e as pressões crescem em meus estudantes estressados, já cheguei a receber um ou outro e-mail de pais me pedindo para dar à sua pétala delicada uma extensão do prazo, só dessa vez.

Mas isso está longe de ser generalizado. Na verdade, em minha experiência, esse tipo de pedido é bem raro. A maioria dos jovens tem total consciência da cláusula do trabalho nas letrinhas miúdas do convite para a festa de ter tudo da sociedade moderna. E eles foram conscientizados porque vivemos em uma cultura que veste sucessos e fracassos — nas classes altas e baixas — com o tecido moral do mérito.

Nesse regime, que chamamos de meritocracia, espera-se que você sempre prove seu valor. As regras são bem claras e são introjetadas em seu íntimo sem misericórdia desde a infância. Trabalhe muito, consiga um monte de credenciais, de preferência certidões acadêmicas, diplomas, certificações e assim por diante, e então as venda no mercado de trabalho pelo maior preço possível. Quanto mais alto for o valor de suas credenciais, mais dinheiro você vai ganhar e mais coisas novas pode comprar para marcar seu status.

Para os melhores e mais brilhantes vão os louros — quem pode discordar disso? E creio que, para os profissionais escolarizados e bem de vida como eu, a meritocracia parece correta e justa, proporcionando-nos todo tipo de recompensas saborosas e status sofisticados. Mas é claro que nem todos acabam no time vencedor. Pelo contrário, conforme o topo da sociedade se estreita, a maioria vai sair perdendo. E, para aqueles que "ficaram para trás", como dizemos em termos eufemistas, as repercussões da meritocracia são muito diferentes. Elas incluem, entre outras indignidades, ter seu salário cortado ano após ano, afundar-se em dívidas, perder o contrato de aluguel ou sobreviver com um salário mínimo.

"Não bastasse a dificuldade", escreve o filósofo Alain de Botton, a meritocracia vem piorar as coisas com "a vergonha".[8]

Mas aí é que está: não é de verdade. Toda essa vergonha é invocada em busca de uma farsa. Em vez de um veículo de mobilidade social, a meritocracia é na verdade apenas uma chupeta social; um agente esterilizador que contém uma revolta de classes total higienizando o que na verdade são abismos grotescos entre os ricos e todos os outros.

Funciona da seguinte forma. A elite pode ficar no pódio dos vencedores e espirrar champanhe uns nos outros para comemorar sua riqueza e seu status. Eles têm e ganham mais porque merecem mais. Da mesma forma, a defesa do merecimento significa que eles também podem fingir que não representaram nenhum papel em colocar bolas de boliche nas balanças de riqueza e poder em seu favor. Vivemos em uma meritocracia; a elite mereceu seu lugar à cabeceira da mesa. E tem todo direito de garantir que seus filhos se sentem a seu lado, banqueteando-se da mesma abundância, enquanto a maioria não merecedora briga entre si pelas sobras.

Segundo a Oxfam, cerca de um terço da riqueza da superelite vem de heranças. Cerca de um terço vem de contatos com o governo. E a maior parte do restante vem de receber aluguéis de ativos — mercadorias, instrumentos financeiros, propriedades, e assim por diante.[9] Dinheiro, muito literalmente, gera dinheiro.

O resto de nós, por sua vez, vai engolir uma doutrina que chama o privilégio encapsulado de mérito, desde que ofereça uma narrativa grandiosa que agrade ao bilionário temporariamente constrangido dentro de nós. Um dia, dizemos a nós mesmos, o trabalho árduo vai valer a pena. Vivemos em uma meritocracia; você pode ganhar seu lugar à cabeceira da mesa. Não somos mimados e definitivamente não nos recusamos a trabalhar. Se estamos reclamando, talvez seja porque estamos percebendo a farsa e nos perguntando por que nos dedicamos tanto a uma economia manipulada que nos dá cada vez menos em troca.

Em breve, a meritocracia vai ficar sem evidências no mundo real para desafiar, e cada vez mais pessoas dentre nós vão começar a ver a cortina de fumaça que ela de fato é. Inclusive as repercussões do descontentamento social que reverberam pelo Ocidente — Brexit, Trump, Le Pen, Meloni e assim por diante — sugerem que isso já está acontecendo.

No entanto, mais urgente do que o descontentamento social é o estrago incalculável que a meritocracia está causando em nossa psicologia, pois esse estrago afeta todos, inclusive — talvez sobretudo — os mais ricos. Histórias reconfortantes sobre como você pode subir na vida sem dúvida são material para discursos empolgantes. Mas seu arco narrativo só chega até um desfecho satisfatório se as pessoas conseguirem ver e vivenciar oportunidades para subir na vida. Do contrário, essas histórias são como piadas cruéis para uma nova geração que está acordando para o fato de que ela é motivo de riso.

Pela primeira vez na história recente, os jovens estão descendo na vida. Com seu peso pesado, a economia deles está à beira do colapso, o governo está fora de cena, e há cada vez menos oportunidades à disposição, com mais obrigações — particularmente dívidas. Contra esse pano de fundo, a meritocracia produz efeitos seriamente negativos, pois, em vez de nos liberar para subir pela pirâmide social, ela nos prende em um estado ofegante de empenho incessante, buscando um padrão de vida idealizado que está se tornando cada vez mais impossível de atingir.

Antes de entrarmos na relação entre meritocracia e perfeccionismo, devo esclarecer uma coisa. Embora estivessem sob o domínio de fantasias perfeccionistas, as pessoas com quem cresci, como Sarah, Ian e Kevin, não são via de regra gravemente feridas pela pressão meritocrática. De modo indireto, talvez sim, visto que elas podem ser desprezadas por certo tipo de profissional por não ter os recursos para conseguir um diploma. Mas, quando se trata da máquina frenética de seleção acadêmica, elas são em grande medida poupadas dos excessos mais agressivos da competição tóxica da meritocracia. As mais afetadas são os descendentes das pessoas ricas e com boa formação que vêm sobretudo das camadas médias e superiores da sociedade.

Sei disso porque eu mesmo vivenciei a força total da pressão meritocrática assim que saí da comunidade da classe trabalhadora em que fui criado. No decorrer de minha jornada entre sair de Wellingborough e chegar à London School of Economics aos trinta anos de idade como um professor relativamente bem-sucedido, eu me tornei um membro pleno da classe média com suas credenciais. E o que testemunhei dessa posição me chocou. Os jovens a que dou aula, a maioria dos quais vêm de famílias ricas, passam por pressões intoleráveis para se sobressair, que começam praticamente assim que saem do berço. Quando me conhecem, acreditam de verdade que a meritocracia se assemelha à seleção natural, e essa convicção só é reforçada quando chegam a uma universidade de alto nível e convivem com os melhores dos melhores.

Mas "chegar lá" é praticamente tudo que eles fazem. Em 2018, uma instituição de caridade norte-americana chamada Robert Wood Johnson Foundation fez uma auditoria sobre o bem-estar entre jovens.[10] Em um contexto de doenças mentais crescentes, eles queriam saber os fatores mais prementes que continuavam a prejudicar a saúde e a felicidade dos jovens. Invariavelmente apareceram as coisas típicas que associamos à desvantagem, como pobreza, trauma e discriminação. Mas havia outro risco para os jovens que os pesquisadores viam vezes e mais vezes, que afligia sobretudo os jovens privilegiados.

Esse risco? Pressão excessiva para se destacar.

Para os jovens no ensino, claro, isso significa pressão para se destacar na escola. Nas escolas de grandes cidades dos Estados Unidos, mais de cem provas são administradas entre a pré-escola e o fim do ensino médio.[11] E, como se isso não fosse pressão suficiente, alguns administradores escolares tornam os resultados das provas públicos, podendo ser visualizados on-line para que os jovens e seus pais possam compará-los.[12] Isso sim é competição tóxica. Quase desde o momento em que passam pelos portões da escola, os jovens são expostos a pressões incessantes de avaliação que geram ansiedade de desempenho, rivalidade e uma dependência generalizada de indicadores para sua autoestima.

Para garantir que sejam aprovados, os professores pedem aos alunos que façam de duas a quatro horas de lição de casa por noite. Cinco horas, em alguns distritos dos Estados Unidos, em certos casos.[13] Os professores prescrevem essa quantidade porque: um, os estudantes precisam; dois, os pais exigem; e três, as escolas são julgadas com base em suas taxas de aprovação. Se os professores não pressionarem os alunos, estes correm o risco de perder vagas em universidades de elite, o que pega mal não apenas para eles, mas para a escola também.

Nunca houve mais coisas em jogo do que agora. Nas duas últimas décadas, a taxa de admissão média em universidades de elite despencou de 30% para menos de 7% para todos os candidatos.[14] Cerca de 75% dos estudantes de ensino médio e por volta de metade dos estudantes da segunda metade do ensino fundamental dizem que com frequência ou sempre se sentem estressados pelas tarefas escolares. Mais de dois terços dizem que frequentemente ou sempre se sentem apreensivos sobre entrar em sua universidade de preferência.[15]

Esse estresse é demonstrado na pesquisa conduzida pela psicóloga norte-americana Suniya Luthar. Seus levantamentos registraram consistentemente que pressões escolares criam sofrimento emocional e que esse sofrimento é encontrado de maneira mais aguda em adolescentes ricos — aqueles que são preparados de maneira mais agressiva para universidades de elite.[16] Ela também observou que esses adolescentes exibem taxas mais altas de abuso de drogas e álcool do que seus contemporâneos menos privilegiados, e sofrem depressão e ansiedade em taxas até três vezes mais altas do que seus colegas. O sociólogo Daniel Markovitis expressa essa situação de maneira clara: "Enquanto as crianças aristocratas antes se esbaldavam em seu privilégio, as crianças meritocráticas agora calculam seu futuro — planejam e projetam, por meio de rituais de autoapresentação encenada, em ritmos conhecidos de ambição, esperança e preocupação.[17]

O perfeccionismo prescrito socialmente é bem emblemático desse mal-estar meritocrático. Por meio de avaliações e provas incessantes, e de um processo devastador de triagem, classificação e ranqueamento muito exposto, os jovens estão sendo ensinados a entender que as pressões excessivas incorporadas à meritocracia são apenas a ordem natural das coisas. Quer gostem, quer não, eles devem se comparar continuamente aos outros e entender que sempre há mais a estudar, metas mais elevadas a se impor e notas extraordinárias a atingir. Essa cultura de excelência deixa você dependente dos resultados de seu esforço e, em última instância, significa que você passa a se definir pelos termos muito rígidos e limitados de dez perfeitos, e nada além de dez perfeitos.

As pesquisas parecem apoiar a ideia de que as gerações recentes estão cada vez mais se comparando com a perfeição. Por exemplo, uma pesquisa de 2017 de jovens canadenses constatou que 55% de estudantes do ensino fundamental e

62% de alunos do ensino médio disseram ter a necessidade de ser perfeitos em suas tarefas escolares.[18] Outro estudo canadense da psicóloga Tracey Vaillancourt foi além. Ela acompanhou os níveis de perfeccionismo de estudantes do ensino médio por seis anos e constatou que cerca de dois terços dos estudantes têm níveis ao menos moderados de perfeccionismo orientado a si e prescrito socialmente. Esses níveis já são altos, mas os dados de Vaillancourt mostram que eles crescem ainda mais quando os estudantes se aproximam da fase crítica da seleção de universidades.[19]

A conclusão que devemos tirar desses dados é que o sistema escolar está ensinando os jovens que notas perfeitas não são apenas desejáveis, mas imprescindíveis se você quiser passar na universidade.

Quando esses jovens excepcionais chegam a mim na universidade, eles sobreviveram à máquina de seleção escolar. Mas saíram como vencedores atordoados e feridos. Eles vibram de tensão como uma mola bem enrolada, e seus medos profundamente enraizados de fracasso são tão visíveis quanto suas escolhas de roupas ecléticas. Se estavam buscando um descanso, estão prestes a ficar profundamente desapontados. Toda a classificação, triagem, ranqueamento, competição e comparação que enfrentaram nos anos escolares anteriores não desaparecem magicamente quando põem o pé no campus. Apenas cresce.

"Tendo fomentado e recompensado a mania de conquista por suas políticas de admissão", o filósofo norte-americano Michael Sandel escreve em seu livro *A tirania do mérito*, "as universidades de elite fazem pouco para controlá-la."[20] Pelo contrário, se gabam dela. Por exemplo, organizações estudantis, administradores, departamentos e até o corpo docente enaltecem as baixas taxas de aprovação da London School of Economics, cujo folheto de graduação anuncia isso com naturalidade: "Essa é uma instituição altamente competitiva", ele diz. "Em 2021, recebemos cerca de 26 mil candidaturas para cerca de 1700 vagas. Essa concorrência acirrada significa que, infelizmente, temos que desapontar muitos candidatos todos os anos."

Ainda que seja involuntário, esse orgulho passa para baixo. E cria uma cultura curiosa no campus, na qual os estudantes se sentem obrigados a dar a impressão de que estão mandando bem sem esforço nenhum, embora, a portas fechadas, estejam trabalhando que nem doidos. E não é apenas a London School of Economics. Fale com qualquer professor, conselheiro ou administrador universitário em qualquer instituição de elite que eles vão contar a mesma história. Um estudo recente da Universidade Duke, por exemplo, constatou que os estudantes sentem a pressão de serem "naturalmente perfeitos", ou seja, inteligentes, em forma, descolados, atraentes e populares — tudo sem derramar uma gota de suor.[21] Em Stanford, chamam essa fachada de "Síndrome do Pato", porque um pato sempre parece flutuar serenamente na água enquanto, por baixo, bate as patas com frenesi.

A causa de todo esse movimento frenético é quase sempre a ansiedade pelas notas. Essa preocupação é uma ressaca da testagem escolar intensiva, mas se torna pior na universidade. Lá, os concorrentes não são simplesmente as pessoas com quem você cresceu — são vários perfeccionistas da elite que estão concentrados na extremidade superior da distribuição acadêmica. Todos são excepcionais, então todos estão sendo excelentes nas provas. E, como não há por onde fugir, a aura geral de excepcionalidade cria uma atmosfera de panela de pressão em que mesmo notas objetivamente altas podem parecer muito decepcionantes.

Se um alienígena do planeta Zog pousasse na Terra e fosse incumbido de elaborar um mecanismo para produzir perfeccionistas, seria difícil para ele elaborar uma estrutura melhor do que a universidade moderna. Os dados que discutimos no Capítulo 5 mostram exatamente a extensão em que os estudantes universitários estão sentindo a pressão social para serem perfeitos. Mas não precisamos de dados para ver isso. Os estudantes transpiram preocupações perfeccionistas. Alguns de meus alunos são tão paralisados pela ansiedade que não conseguem nem abrir os boletins por medo de que um resultado negativo estrague seus sonhos de um futuro perfeito.

Ao que me parece, as universidades de elite não estão sendo muito eficazes em lidar com as pressões imensas enfrentadas por seus alunos. Muitas instituições jogam água furiosamente nos pontos de pressão mais quentes, mas não são capazes de apagar o fogo. Um levantamento recente de calouros da Universidade da Califórnia em Los Angeles verificou que a proporção de estudantes que se sentem estressados disparou mais de 60% desde meados dos anos 1980.[22] Outro levantamento da American College Health Association descobriu que estudantes universitários que relatam uma ansiedade esmagadora passaram de 50% em 2011 para 62% cinco anos depois.[23]

No Reino Unido, temos problemas semelhantes. Pesquisas recentes da Mental Health Foundation verificaram que impressionantes 83% dos jovens de dezoito a 24 anos se sentiam sobrecarregados; incapazes de lidar com as pressões de seu ambiente externo.[24] As universidades britânicas, assim como as americanas, estão vendo aumentos no número de alunos desistentes.²⁵ E, para aqueles que apenas querem um descanso, o estresse é exacerbado por políticas que tornam a rematrícula desnecessariamente difícil (sem mencionar cara). O perfeccionismo está não apenas incrustado nos princípios e nas práticas da universidade moderna, como também está gravado na mente de um corpo estudantil que deve buscar se orientar pelas culturas profundamente arraigadas de excepcionalidade, medo do fracasso e competição tóxica.

É tentador dizer para que os jovens relaxem sob a pressão, esqueçam as notas e se concentrem em seu desenvolvimento e crescimento. São conselhos úteis, na verdade. Mas, dentro de um sistema educacional em que notas excepcionais são importantíssimas — muito literalmente a diferença em questões de oportunidades de vida —, pedir para os jovens relaxarem é como pedir a alguém que levou um chute na cara para não falar palavrão. Não há alternativa: os estudantes devem se empenhar incansavelmente, e com cada vez mais tensão hoje em dia apenas para se manter (que dirá subir na pirâmide acadêmica). O que eles precisam não é de uma instrução sobre como driblar as pressões para se sobressair com mais garra, resiliência ou uma perspectiva de crescimento. O que precisam é ser educados sobre um conjunto completamente diferente de regras.

E, apesar de tudo que acabei de dizer, essas regras devem sim ter origem na meritocracia. Uma sociedade diversa, vigorosa e próspera exige um caminho para as habilidades, os talentos e as engenhosidades de cada jovem florescerem. Mas não é isso que temos, é? Temos *Jogos vorazes* em estilo darwiniano para os ricos, e o grande cavalo de Troia do Sonho

Americano™ vindo atrás para todos os outros. Em vez dessa falsa meritocracia, poderíamos ter uma meritocracia verdadeira, em que todas as crianças têm a liberdade de ser educadas e escolher para si um caminho importante na vida — qualquer que seja.

A educação sob esse conjunto de regras mais esclarecido não nos classificaria, triaria e ranquearia para o mercado, mas sim daria a todos, qualquer que fosse nosso ponto de partida, as ferramentas para levar vidas dignas e responsáveis de nossa própria escolha. Para isso acontecer, todas as escolas precisam ter recursos adequados, e os professores devem ser pagos de maneira justa, para que possam oferecer um padrão excelente de educação para todos. O foco deve ser desenvolver, aprofundar e aprender, e deve reduzir a carga de exames para evitar definições capciosas de excelência, como notas, separações e ranqueamentos, impactando a maneira como as crianças se veem — sobretudo nos primeiros anos.

A Finlândia tem um modelo de como seria esse tipo de ensino. As crianças finlandesas só começam o ensino formal aos sete anos. Antes disso, no jardim de infância, apenas brincam, exploram e criam. Quando chegam ao ensino médio, os finlandeses passam metade das horas em sala de aula do que os estudantes norte-americanos. Eles têm quinze minutos de recesso a cada hora. Não têm qualquer exame padronizado exceto as avaliações de leitura, matemática e ciências do Programa Internacional de Avaliação de Alunos. Mesmo assim, superam os estudantes norte-americanos em todos os indicadores, sem exceção.[26]

A Finlândia é mais uma evidência de que o ensino não precisa ser um foco de perfeccionismo. Ele pode ser muito menos desgastante, tendo apenas as provas mais essenciais, e ainda assim proporcionar aos alunos as habilidades de que eles precisam para fazer contribuições importantes à sociedade.

Esse foco estrutural em aprendizado e desenvolvimento, em vez de resultados e indicadores, também deve se estender às universidades. A universidade moderna mede absolutamente tudo: taxas de inscrição, frequência estudantil, notas, tanto formativas como somativas, proporção aluno-professor, pontuações de ensino, satisfação estudantil, gasto estudantil, produção científica, qualidade de pesquisa, impacto e diversidade. Nos últimos anos, há até uma tendência de basear o ranking de universidades, em grande medida, com base nos salários que os graduados conseguem exigir. Isso precisa parar. As universidades não são times de futebol brigando por uma posição no campeonato. São instituições de ensino. Existem para criar, transferir e compartilhar conhecimento. E o acesso a esse conhecimento deve ser um direito fundamental, ou seja, livre, assim como é na Europa.

Também há a necessidade de muito mais acesso e muito menos pressão. A admissão deveria ser menos competitiva e a experiência menos desgastante, mesmo nas escolas e universidades "de elite". Ao expandir a matrícula, as instituições devem ampliar sua admissão para que nenhum estudante fique deslocado conforme os números em auditórios crescem. Isso pode parecer caro para as finanças. Mas é importante ver essas expansões como um investimento, não como despesa. Gastar em ampliar oportunidades de educação é muito compensador a longo prazo, pelas contribuições à sociedade feitas por pessoas com boa formação.

Inclusive, uma população com boa formação em todos os níveis dos estratos sociais é uma população próspera. Quanto mais talento e diversidade uma sociedade tem nas artes, ciências e vocações — em seus filósofos e químicos, seus pintores, engenheiros e empreiteiros, seus programadores de computação e professores —, mais colorida é sua tapeçaria. Se mercantilizarmos, negligenciarmos ou, pior, limitarmos a educação apenas àqueles que possam pagar, todos sofrem. A educação superior é, em muitos aspectos, o melhor nivelador social. E, se a administrarmos corretamente, podemos ter uma meritocracia ampla que não ponha pressões implacáveis para se destacar sobre os estudantes que tiveram a sorte de "chegar lá" — pressões que se elevam mais quanto mais eles sobem.

Em outras palavras, o setor inteiro precisa de uma transformação de ponta a ponta para que não seja mais preciso ser extraordinário ou rico para receber tratamento especial. Quando as instituições de ensino são estáveis e têm verbas adequadas, todos os alunos ganham controle sobre sua vida e sobre os resultados das decisões que tomam. Esse controle oferece uma plataforma a partir da qual é possível encontrar sentido na vida e desenvolver nossos talentos de maneiras que sejam fiéis a nós mesmos e mais úteis aos outros e à sociedade como um todo. Em resumo: a educação em uma meritocracia verdadeira não exige que os jovens sejam perfeitos. Pede apenas que tenham paixão e curiosidade livre para guiá-los para a frente, rumo a objetivos que verdadeiramente caibam a eles decidir.

Sempre que observo meus alunos sofrerem com as pressões para se sobressair, me vejo neles. Percebo seu movimento frenético cuidadosamente escondido porque fiz aquilo. Eu sentia a exigência esmagadora de produzir indicadores acima da média porque me sentia daquela forma. E consigo me identificar com suas tentativas desesperadas de garantir um futuro melhor para superar os demais porque essa também era minha motivação. Todos os alunos que batem à minha porta podem contar com um ouvido empático. Mas empatia não é o bastante.

Os jovens saem da escola cheios de pressão para se destacar. E chegam à faculdade, onde têm essa pressão ampliada pela competição intensa e por uma cultura de excepcionalidade reforçada. Alguns dizem que essa é uma tempestade perfeita para o perfeccionismo, transtornos relacionados à autoimagem e ao sofrimento psíquico.[27, 28, 29] Acho que é ainda pior do que isso. Uma tempestade sugere que conseguimos ver o perigo se aproximando ou, pelo menos, saber quando estamos no meio dela. A meritocracia é diferente porque tem o reforço onipresente e generalizado de nossa cultura, o que significa que seu poder de destruição é, em grande parte, ocultado daqueles que sofrem com ele, os quais, paradoxalmente, são também seus discípulos mais ardorosos.

Tente imaginar um presidente ou um primeiro-ministro que não pareça em estado de êxtase ao falar sobre a meritocracia. Nossos jornalistas, comentaristas políticos e economistas a elogiam. Nossos empresários e astros do esporte creditam a ela seus sucessos. Séries de televisão e filmes inteiros são feitos sobre ela. E, em bairros residenciais espalhados pelo mundo, os pais bebem da xícara meritocrática, motivo pelo qual arrumam as malas dos filhos para a faculdade com tanto entusiasmo.

Parte da resistência desse folclore é que ele perpassa todas as classes. A meritocracia é uma narrativa grandiosa que diz basicamente que somos um conjunto de indivíduos amantes da liberdade, com a implicação de que, onde quer que comecemos na vida, você pode ser o próximo Jeff Bezos ou Richard Branson, se tentar. Não existe desigualdade, apenas indivíduos competindo entre si, e alguns conseguiram mais do que os outros porque trabalharam mais.

No fundo, sabemos que não é verdade. Mas não conseguimos cometer a blasfêmia de admitir que o jogo é manipulado. Que, no grande esquema das coisas, sua ética de trabalho pode não importar tanto hoje em dia; que, se você for jovem, pobre e sem nenhuma riqueza intergeracional a qual recorrer, pode não importar absolutamente nada. E não podemos admitir essas realidades, pois fazer isso pegaria muito mal para o sistema e todas as muitas pessoas influentes que continuam a defendê-lo.

Portanto, para preservar a imagem da meritocracia, é vital manter a farsa de que Conor, meu colega de ensino médio que foi criado por uma mãe alcoólatra em uma casa minúscula de um conjunto habitacional no bairro mais violento da cidade, tem a mesma chance na vida do que George, que estudou em escolas caras, recebeu todas as vantagens que o dinheiro pode comprar e teve aulas particulares à noite e aos fins de semana para tirar notas mais altas. E estamos mantendo essa farsa muito bem, pois, apesar das desigualdades de oportunidade que existem na sociedade moderna, apesar de todos os indicadores possíveis de mobilidade social apontarem na direção oposta, a proporção de gente que ainda acredita que o trabalho árduo determina o sucesso cresceu mais de 10% desde a crise financeira de 2008.[30]

Isso não quer dizer que não tenhamos raiva por nossos esforços estarem sendo recompensados por padrões de vida cada vez piores. Quer dizer que somos condicionados a desviar as frustrações contra o sistema para as frustrações contra nós mesmos, a fim de que o verdadeiro culpado, a desigualdade, possa permanecer seguramente escondido por trás da mitologia meritocrática.

A meritocracia é perigosa precisamente porque não é uma tempestade. É uma miragem, e corremos para dentro dela com os olhos arregalados e batendo palmas de alegria.

Uma última ressalva, porque é importante. Quando digo que a meritocracia deposita o fardo mais pesado da excepcionalidade sobre as camadas média e superior da sociedade, estou falando, claro, em números absolutos. Essas pessoas compõem a imensa maioria das matrículas em universidades de elite (cerca de 95%, para ser exato). Poucos, se é que algum, realmente conseguem escapar das pressões meritocráticas. Mas isso não significa que as pessoas mais pobres não sejam afetadas. Inclusive, cerca de 5% dos ingressantes anuais no Grupo Russell vêm de famílias pobres (dois, no caso de Oxbridge).[31] E, embora em pequenos números, essas almas talentosas chegam aos consagrados campi para enfrentar o desafio meritocrático, como todos os outros.

No entanto, a exposição que elas sofrem é imensa. Não apenas devem participar da mesma corrida árdua que os outros praticam, mas também têm muito menos recursos a usar e muito mais obstáculos a superar. Mesmo se conseguirem passar por tudo isso com sucesso, ainda precisam de sorte, pois o número de vagas disponíveis na classe média diminui dia após dia. Com o tempo, estas duas coisas — excesso de trabalho e sensação de derrota — cobram um preço psicológico. Sem dúvida, minha própria batalha com o perfeccionismo vem em grande medida de uma necessidade de me sobressair para compensar as forças sociais e econômicas que trabalham contra mim continuamente.[32]

E aí é que está: em termos de crianças pobres, sou relativamente privilegiado. Sou um millennial. Se eu fosse membro da geração Z, meu futuro financeiro seria ainda mais desolador. Segundo a pesquisa global Millennial & Gen Z

Survey, do instituto Deloitte, um terço da geração Z se preocupa com o custo de vida mais do que com qualquer outra coisa, 45% deles gastam todo o salário para sobreviver, e mais de um quarto duvida de que vá conseguir se aposentar confortavelmente.[33] São números sombrios. Mas basta olhar para o estado de nossa economia e dizer que esse pessimismo não é injustificado.

Também sou um homem branco heterossexual e um cidadão britânico e irlandês sem nenhum problema médico ou deficiência que altere minha vida. Nada disso me torna extraordinário; apenas tive a boa sorte de ser capaz de fazer sacrifícios e dedicar todo aquele empenho ofegante sem ninguém nem nada para me conter. Para minorias, pessoas com deficiências e mulheres de origem pobre, o abismo que é preciso atravessar é ainda maior e cheio de todo tipo de obstáculos extras, como discriminação, o trauma da opressão e ameaças estereotipadas.

A meritocracia torna a vida incrivelmente difícil para todos que enfrentam o desafio de "ter sucesso" na sociedade moderna. Mas é ainda mais difícil para pessoas pobres, LGBTQIA+, com deficiência ou não brancas.

Acho que eu resumiria da seguinte forma: quando os meritocratas profissionais com formação superior tomaram conta dos partidos liberais, por volta dos anos 1990, e esse estilo tipicamente meritocrático de desigualdade começou a levantar voo, entendeu-se de modo tácito que esse sistema causaria sofrimento e desespero para aqueles que ele "deixava para trás". Eles eram as ordens inferiores não merecedoras cujas dificuldades eram um reflexo de falta de inteligência, preguiça ou as duas coisas.

O fato de essas pessoas virem desproporcionalmente de origens desprivilegiadas e minoritárias era uma pena para os meritocratas, que choraram grandes lágrimas de solidariedade. Mas essas lágrimas nunca se estenderam a fazer as reformas absolutas necessárias para resolver as desigualdades estruturais, pois isso seria uma admissão tácita da farsa. Ao contrário, a resposta deles foi oferecer algumas bolsas para crianças talentosas de origens pobres e minoritárias, e chamar essa iniciativa de condições de igualdade.

Agora, é tentador ver essa situação como de interesse extraordinário para os meritocratas vitoriosos. E, claro, é sim do interesse deles. Mas o que eles não previam, o que não tinham como imaginar, era que sua meritocracia também viria a causar sofrimento e desespero para eles próprios e seus filhos. Ninguém sai ganhando. Todos perdem em comparação com o que a vida poderia ser em uma sociedade mais justa, sob uma verdadeira meritocracia.

Jovens que criam a coragem para apontar isso costumam ser criticados como flocos de neve frágeis. Jornalistas, políticos e até alguns professores fazem fila para rotulá-los como superprotegidos, mimados e preguiçosos. Acho que esses são insultos cruéis e desonestos feitos por pessoas que, francamente, deveriam saber que não é bem assim. Estudantes e jovens trabalhadores que sofrem sob o jugo da meritocracia não são flocos de neve. São sobreviventes valorosos, mas vulneráveis, de uma economia que quer crescer a todo custo e de sua máquina de seleção desnecessariamente brutal, que os pressiona até o ponto de ruptura.

Mais cedo ou mais tarde, vamos precisar encarar esse fato. Vamos precisar reconhecer que as expectativas impossíveis que a meritocracia está criando nas escolas, universidades e na economia como um todo estão sobrecarregando os jovens e os deixando desamparados nos tentáculos do perfeccionismo. E vamos precisar nos questionar: estamos dispostos a continuar fazendo nossos filhos passarem por isso?

O sistema educacional é de fato o canal mais influente pelo qual o evangelho da meritocracia é passado adiante para os jovens. Mas não é o único. Os pais também pregam sua palavra. E isso me leva a outra coisa que ainda não abordamos: qual é exatamente o papel dos pais nisso tudo?

10. O perfeccionismo começa em casa

Ou como as pressões para criar filhos excepcionais afetam a maneira como educamos

> *A criança não encontra a sociedade diretamente a princípio, ela a encontra por meio dos pais, que, em sua estrutura de caráter e métodos de educação... são os agentes psicológicos da sociedade.*
>
> Erich Fromm[1]

O FBI batizou sua investigação de "Operação Varsity Blues". Uma averiguação de vários anos em todo o país que revelou uma rede sofisticada da superelite norte-americana — celebridades, CEOs, financistas e advogados — que haviam conspirado para providenciar que os filhos fossem aceitos em universidades da Ivy League. O empresário californiano William Rick Singer planejou o esquema. Pais ricos pagavam a Singer algo entre dezenas de milhares e milhões de dólares para garantir uma vaga em uma universidade de elite para seus filhos.

O esquema de Singer era elaborado. Ele primeiro fundou uma instituição de caridade para esconder o dinheiro que seus clientes pagavam para ele e, depois, cumpria as promessas cometendo duas fraudes. Uma envolvia simplesmente contratar pessoas para fazerem as provas de admissão universitária no lugar dos candidatos. A outra envolvia se aproximar de administradores e treinadores esportivos de universidades e suborná-los para recrutar os filhos dos clientes dele para as equipes universitárias. Era a estratégia perfeita para uma sociedade mergulhada na desigualdade meritocrática. As fraudes que Singer perpetuou garantiam acesso à Ivy League para os já super-ricos, mas fizeram isso criando a impressão importantíssima de que os filhos dos clientes dele chegaram até ali por esforço próprio.

Em 2019, quando o FBI começou a revelar a verdadeira extensão da operação de Singer, a atenção se voltou invariavelmente para os pais. Suas atitudes escandalizaram um público que havia dedicado uma enorme quantidade de energia ansiosa se preocupando com as chances de seus filhos entrarem na Ivy League. Jornalistas enfiaram as câmeras na cara dos pais infratores. A Netflix até produziu um documentário premiado sobre todo o caso. "Eles são criminosos!", as manchetes bradavam. "Como podem se achar nesse direito?", os apresentadores questionavam.

Sem dúvida, essas manchetes eram justificadas. Por outro lado, é possível notar como são convenientemente limitadas. Enquanto todos estavam entretidos apontando para os culpados, os motivos pelos quais os serviços de Singer existiam passavam praticamente despercebidos. E não acredito que haja um exemplo mais emblemático do que a Varsity Blues de como as pressões da meritocracia distorceram toda a noção de perspectiva. O escândalo destacou muitas fraturas sociais, porém, talvez de forma mais nítida, expôs o alto nível de ansiedade parental em uma economia desproporcional fixada unicamente em dinheiro e mérito.

Quando Judith Harris, a teórica pioneira do desenvolvimento infantil, disse que os pais não importam, ela não quis dizer que eles não importam. Ela quis dizer que não importam da forma como pensamos que importam. Os valores que os pais comunicam podem ter o poder de moldar o tipo de pessoa que seus filhos se tornam, mas isso não quer dizer que esses valores sejam originalmente deles. Os pais na verdade são os agentes psicológicos da sociedade — atuando como intermediários para passar adiante os valores predominantes da sociedade segundo os quais eles criam os filhos.

E não é difícil adivinhar os agentes psicológicos da cultura meritocrática: os pais helicópteros. São aqueles pais e mães que estão hiperpresentes na vida dos filhos, especialmente quando o assunto é educação. Eles direcionam e redirecionam, puxam e empurram de uma forma ansiosa, persistente e assertiva, sem deixar oportunidade para a criança buscar interesses individuais. O trabalho parental envolvido em ser helicóptero é muitas vezes incansável. Seu objetivo? Garantir o sucesso do filho em uma meritocracia altamente competitiva. Ser helicóptero é, nessa cultura, a forma como os pais mostram que amam os filhos e se preocupam profundamente com suas oportunidades na vida.

A ascensão de pais helicópteros pode ser evidenciada de muitas formas. Mas talvez o sinal mais visível seja a mudança das prioridades e dos valores parentais. Entre 1995 e 2011, por exemplo, a importância que os pais norte-americanos davam ao trabalho árduo como algo que queriam que seus filhos demonstrassem aumentou em quase 40%. E está claro para onde esse trabalho árduo deve ser canalizado: para a educação. Desde meados dos anos 1970, o tempo que os pais passam fazendo lição de casa com os filhos cresceu impressionantes cinco horas por semana.[2]

Mais tempo destinado ao ensino invariavelmente vem em detrimento de outras atividades. A quantidade de tempo que as crianças norte-americanas passam brincando com os pais, por exemplo, diminuiu em 25% desde o começo dos anos 1980.[3] E, desde o começo dos anos 1990, os pais norte-americanos transferiram mais de nove horas por semana de brincadeiras para atividades que não são lúdicas, como revisar para provas ou fazer lição de casa.[4] A mensagem subjacente passada a qualquer criança minimamente antenada é que algumas atividades merecem o tempo dos pais (lição de casa), enquanto outras não (brincadeira).

Não surpreende que esses valores variáveis tenham disparado em um período tumultuado em que as pressões educacionais vêm crescendo rápido. Uma pesquisa recente de mais de 10 mil estudantes universitários dos Estados Unidos conduzida em parte durante a pandemia de covid-19 constatou que os jovens relatam muito mais estresse sobre a escola do que antes da pandemia. Os estudantes citavam notas, carga de trabalho, gerenciamento de tempo, falta de sono e medo relativo à universidade como gatilhos. Mas a principal fonte de estresse, segundo os jovens, eram as expectativas de sucesso depositadas pelos pais. Cinquenta e sete por cento dos jovens disseram que as expectativas não diminuíram durante a pandemia, enquanto 34% disseram que na verdade aumentaram.[5]

Os economistas Garey e Valerie Ramey acreditam que essa superimposição dos pais é parte de uma "corrida de criancinhas" mais ampla. Os pais estão pegando pesado na ética do trabalho, tornando-se obcecados com os resultados educacionais e praticando mais supervisão porque estão reagindo a pressões sociais. Cada vez mais pessimistas pairam ansiosamente, criando uma cultura de pânico. O escândalo da Varsity Blues talvez tenha sido o crescendo dessa câmara de eco em particular, que saiu tanto de controle que pais ricos chegaram a extremos criminosos para conseguir uma vantagem para seus filhos já privilegiados.

Não que esse espectro seja evidente em todos os lugares. Em outros países como Suécia e Noruega, onde a desigualdade é baixa e a mobilidade social é alta, é difícil imaginar que houvesse muita demanda para os serviços de Singer. Menos de 15% dos pais naqueles países, quando entrevistados, mencionaram o trabalho árduo como uma qualidade que valorizam. Esses pais e mães prefeririam que os filhos trilhassem o próprio caminho. Inclusive, ao contrário de pais dos Estados Unidos, do Canadá ou do Reino Unido, suecos e noruegueses dão aos filhos tempo para desenvolver os próprios pensamentos, sentimentos e interesses, exercitar a própria imaginação e se expressar da maneira que acharem conveniente.[6]

Os pais helicópteros podem parecer normais em países como os Estados Unidos, o Canadá e o Reino Unido, mas é apenas sob condições econômicas muitos específicas que se encontram pais helicópteros em grande número. E isso é porque, sob essas condições específicas, a mania é inevitável e completamente compreensível. Nenhum pai britânico ou norte-americano em sã consciência gostaria que seu filho crescesse complacente agora. Não quando as pressões escolares estão crescendo, não quando as taxas de admissão de colégios de elite estão despencando e definitivamente não quando desigualdades crescentes significam que cada vez mais jovens estão ficando para trás. Ser um pai helicóptero sob essas pressões não é uma escolha; é uma necessidade. Mães e pais ficam em cima ansiosamente para garantir que o sucesso escolar seja essencial, não porque querem, tampouco porque acham que vai ser saudável para seu filho, mas porque seus instintos devem ser substituídos pelos instintos que aprendem dentro de uma meritocracia toxicamente competitiva.

Quais, então, são as consequências de toda essa criação helicóptero? E o perfeccionismo é uma delas?

As crianças precisam de — e buscam ter — apego com os pais. Mas os pais helicópteros podem, sem querer, tornar o apego mais difícil por alguns motivos. Primeiro, porque tendem a se preocupar em excesso com as consequências do fracasso; e, segundo, porque tendem a definir padrões que são mais avançados, e mais maduros, do que seu filho pode atingir de forma confortável. Esse tipo de criação comunica sutilmente à criança que ela não deve cometer nenhum deslize. Além disso, ao mesmo tempo, que ela nunca é boa o suficiente para ganhar a aprovação absoluta e irrestrita dos pais.

Nem todos os pais são assim, claro. Mas sabemos que, em termos globais, as expectativas dos pais estão começando a disparar tanto que os jovens as estão interpretando como exigências para serem perfeitos. Como sabemos? Porque, em um artigo de pesquisa de 2022 publicado pelo *Psychological Bulletin*, Andy Hill e eu documentamos isso em dois estudos.[7] No primeiro, agregamos correlações entre expectativas parentais excessivas — ou expectativas que as crianças não conseguem atingir — e perfeccionismo prescrito socialmente para ver se existe uma relação. E, no segundo, resgatamos percepções de expectativas parentais excessivas de estudantes universitários norte-americanos, canadenses e britânicos para ver se elas estavam crescendo com o tempo.

Ao processar os números, verificamos que as expectativas parentais tinham de fato uma correlação positiva com o perfeccionismo prescrito socialmente, e a correlação era sim muito alta. Tão alta, aliás, que quase metade da variação no perfeccionismo prescrito socialmente era explicado por expectativas parentais. Relações positivas com o perfeccionismo orientado a si e orientado aos outros também foram observadas, embora em menor grau.

Em seguida, elencamos trinta anos de dados a respeito de percepções de estudantes universitários sobre as expectativas dos pais praticamente da mesma forma que fiz com o perfeccionismo no Capítulo 5. E, quando fizemos isso, verificamos que as expectativas dos pais estavam crescendo de maneira acentuada. A extensão desse aumento pode ser vista na figura da página seguinte. Em unidades brutas da escala de medição, houve um aumento de quase 9%. Mas isso não conta a história toda, pois, em unidades relativas de coortes de nascimento, houve um aumento impressionante de 40%, o que basicamente significa que o universitário médio de hoje relata pontuações de expectativas parentais tão altas que estariam por volta do septuagésimo percentil de pontuações em 1989.

Parece plausível, portanto, que expectativas parentais crescentes devam ser um dos motivos pelos quais o perfeccionismo prescrito socialmente esteja aumentando entre os jovens. E eu gostaria de elaborar um pouco mais sobre por que isso é verdade. Mais do que a publicidade, as redes sociais e as pressões escolares ou universitárias, os pais são agentes muito próximos e diretamente influentes do perfeccionismo. As crianças vão ter consciência das expectativas dos pais, e se essas expectativas são perfeccionistas, quase desde o berço. Conforme elas crescem, a exposição repetida

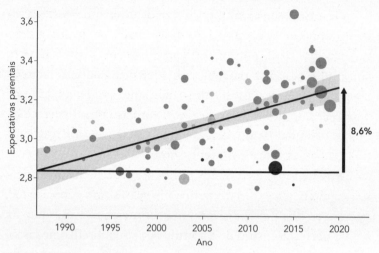

Pontuações de expectativas parentais excessivas de estudantes universitários em relação ao ano de coleta dos dados.
Observação: Círculos pretos são pontos de dados dos Estados Unidos, cinza-claros do Canadá e cinza-escuros do Reino Unido. Os pontos de dados são proporcionais ao número de estudantes que forneceram dados em cada estudo (mais estudantes equivale a círculos maiores), e a linha de regressão linear da relação entre expectativas parentais e o tempo está traçada entre eles (a área sombreada cinza em torno da linha de regressão linear é a margem de erro da previsão).

a expectativas altas e excessivas vai invariavelmente ser interpretada como uma necessidade de ser perfeito.

Mas é importante afirmar que o problema de expectativas excessivas é mais profundo do que simplesmente internalizar os padrões dos pais. A infância é um período vulnerável. Cada passo que uma criança dá na tentativa de entender seu mundo é cheio do risco de críticas ou rejeição. Mesmo a criança amada de maneira mais incondicional sem dúvida vai, em algum momento, ser exposta a dores quando algo não der certo. Não há nada de inerentemente errado com expectativas altas; o problema acontece quando as expectativas são implacáveis, altas demais e situadas no extremo da capacidade das crianças de atingi-las.

Os padrões dos pais e, por extensão, a aprovação deles são sempre inalcançáveis para o filho sob esse tipo de criação. Se ele conseguir realizar algo extraordinário como notas 10 perfeitas, os pais vão ficar satisfeitos. Mas, nessa cultura, com as pressões meritocráticas que estão aí, os mesmos pais ainda vão postergar a aprovação completa e continuar incentivando o filho a se manter assim — a continuar "se superando".

Isso é difícil para a criança, pois, por mais que ela se empenhe, não é suficiente. O que a criança recebe não é a aceitação em si, mas a promessa da aceitação futura sob a condição de que ela continue se desafiando ainda mais. Os pais helicópteros, nesse sentido, mantêm os filhos sob tensão, temendo as consequências do fracasso e criando uma dependência inadvertida mas problemática da aprovação evasiva dos pais. Quando a criança ficar aquém, como invariavelmente vai acontecer, ela vai sentir vergonha porque seu fracasso diz que ela não é digna da aprovação dos pais. E a vergonha é o principal motivo por que expectativas excessivas são tão fortemente conectadas ao perfeccionismo prescrito socialmente.

Agora, devo acrescentar que postergar a aprovação não é *sempre* algo ruim. Afinal, o espetáculo de crianças excessivamente mimadas e despudoradas é quase tão terrível quanto o de crianças atormentadas pela vergonha. Mas a retenção de aprovação que pode vir em pequenas doses como parte da educação "saudável" se manifesta em megadoses quando os pais condicionam sua aprovação a padrões tão altos que as crianças nunca conseguem atingi-los. É uma linha difícil de trilhar. Pequenas doses intermitentes e individuais de decepção são aceitáveis, e quase certamente inofensivas demais para serem problemáticas. Mas o efeito cumulativo de decepções demais, expressas de maneira persistente e empilhadas umas sobre as outras, é o perfeccionismo.

Nós, pais, também somos crianças por dentro, e devemos nos lembrar disso. Nós, assim como todo mundo, vivemos de maneira ansiosa sob o olhar atento de uma sociedade fixada em dinheiro e mérito. Quando falamos sobre pais helicópteros, estamos falando simplesmente sobre pais fazendo seu melhor para enfrentar uma situação ruim da maneira como acham possível. Se, na prática, os pais estão preparando o terreno para o perfeccionismo de seus filhos, estão fazendo isso de maneira inadvertida, por motivos fora de seu alcance e que não são culpa sua.

Mas isso não torna o que está acontecendo menos real. Além do mais, não para por aí. O perfeccionismo, de forma muito literal, corre no sangue — primeiro, pelos genes e, segundo, por estratégias de criação dos filhos. Isso representa um problema sério pois, à medida que os jovens se tornam mais perfeccionistas, eles vão criando mais filhos perfeccionistas, que, por sua vez, vão criar mais filhos perfeccionistas. E assim por diante. Temos de reconhecer o que está acontecendo aqui. E temos de fazer todo o possível para quebrar o ciclo intergeracional.

Podemos quebrar o ciclo? Nessa cultura, nesse momento no tempo, essa é uma pergunta difícil de responder. Mas a pesquisa oferece algumas pistas. Uma é oferecer uma fonte constante de afeto e proteção. O mundo é um lugar difícil e as crianças são criaturas impressionáveis. Elas são bombardeadas por pressões imprevisíveis da publicidade, da cultura popular, das redes sociais e dos colegas. Quando cedem a essas pressões, como vão ceder invariavelmente de tempos em tempos, mostre para elas, imponha algumas consequências se necessário, mas escute. Sempre. Fale de modo aberto, reconheça as emoções delas e responda com empatia e compreensão. As pesquisas mostram que esse estilo acolhedor de criação dos filhos tem uma correlação negativa com o perfeccionismo e tendências perfeccionistas em adolescentes.[8]

A educação acolhedora também significa evitar condicionar o afeto. Portanto, ame seus filhos *incondicionalmente*. Simplesmente os ame. O tempo todo. Crianças que dizem que o amor e o afeto de seus pais não estão associados a conquistas ou bom comportamento tendem a ter níveis baixos de perfeccionismo orientado a si e prescrito socialmente.[9] Elas também relatam menos preocupações de apresentação pessoal e têm menos tendência a esconder suas imperfeições das pessoas ao seu redor.[10] Essa é uma permissão para você dizer a seus filhos que eles não precisam se justificar para nada nem ninguém. Eles merecem seu amor e seu afeto — eles importam neste mundo — apenas porque existem.

Portanto, também significa dar a eles as aulas de falibilidade que a cultura não vai dar. Use contratempos e fracassos como oportunidades de aprendizado que ensinem às crianças que a vida tem consequências, que todos erramos de tempos em tempos e que o fracasso não é algo a temer. Tente não os proteger das situações incômodas que eles provavelmente vão achar desafiadoras (mas faça isso com compaixão). Deixe que convivam com esse desconforto, ao menos por um tempo. Lembre-os de que ninguém é infalível; às vezes, sem motivo algum, as coisas não dão certo como planejamos, e está tudo bem. Sempre haverá uma próxima vez. Apoie-os para que eles passem pela decepção em vez de contorná-la. Ajude-os, mas não tente resolver as coisas.

Encante-se com as peculiaridades e os talentos de seus filhos. Incentive-os a seguir as próprias paixões, não as paixões da multidão. Evite ceder aos desejos materiais deles, que serão muitos. Em vez disso, foque a energia deles a estimular experiências como leitura, tocar instrumentos ou participar de esportes. Deixe que experimentem muitas coisas novas para que possam descobrir seu próprio caminho na vida, construído a partir das paixões escolhidas por eles. Isso também envolve permitir a seu filho opinar sobre as grandes decisões da vida dele, como as escolas que ele frequenta ou as matérias que estuda. Permita isso.

Não há nada de errado em expectativas, mesmo as ambiciosas, mas trabalhe com seu filho para defini-las e, acima de tudo, tome cuidado para que elas sejam realistas. Se ele atingir as metas, não exagere nos aplausos; apenas o abrace, dê parabéns e elogie seus esforços (*não* a nota). E se ficar abaixo? Abrace-o mesmo assim, elogie o esforço, e ponha coisas como pontuações e notas no contexto certo, lembrando-o, o tempo todo, que uma prova de uma matéria é apenas uma medida de aprendizado entre centenas de outras medidas possíveis. Não é uma mácula sobre a inteligência dele, não estraga suas chances na vida, não determina o que um professor pensa dele nem se seus pais estão ou não orgulhosos. Já existe pressão demais em ser perfeitos, então faça o possível para contextualizar os contratempos e criar um ambiente doméstico em que seus filhos se sintam à vontade para se abrir sobre como se sentem quando encontrá-los.

E, finalmente, dê o exemplo. Mostre aos filhos com seus próprios fracassos que o fracasso é humanizante, não humilhante. Fale abertamente com eles. Deixe que eles falem abertamente com você. Ensine que emoções negativas são normais. Esteja lá sempre para apoiá-los. Cuide do planeta e do ecossistema que seu filho vai herdar. Seja generoso com seu ambiente e com as pessoas próximas a você. Respeite a autoridade dos professores. Se eles tiveram que aplicar alguma advertência por determinado motivo, fique do lado deles. Agradeça-lhes por seu comprometimento com o desenvolvimento da criança sempre que os vir.

Seus filhos idolatram você. Mostre a eles por que é importante crescer aceitando a alegria de sua humanidade imperfeita. Encare suas próprias dificuldades como quer que eles encarem as deles: com coragem, convicção e compaixão. Faça todas essas coisas e você vai ensinar a seu filho que a perfeição não é necessária para viver uma vida ativa e gratificante.

Na semana passada, revi *Educação americana: Fraude e privilégio*, o documentário da Netflix sobre o esquema de admissão universitária de Rick Singer. No verdadeiro estilo hollywoodiano, é uma obra refinada e dramatizada de cinematografia cheia de perigo e suspense. Sequências tensas de Singer sentado em sua casa escura, olhando atentamente para a tela de um computador, o telefone na orelha, tramando, são misturadas com cenas de clientes ricos do outro lado da linha que estão sempre em algum lugar exótico, em uma varanda, com vista para quilômetros de paisagem exuberante e ouvindo com atenção enquanto Singer explica os detalhes complexos de como o filho deles vai se passar por um candidato talentoso do polo aquático.

É um roteiro fantástico. No entanto, de certo modo, é impossível não ter a impressão de que é tudo um pouco simples. O diretor concentra o olhar do telespectador apenas no que aconteceu, mas tudo que aprendemos são os fatos. Foi uma fraude elaborada. Singer e seus clientes ricos se comportaram de maneira repreensível. Eles foram julgados, alguns foram para a cadeia. Fim.

As famílias condenadas foram sim cúmplices de uma fraude monstruosa. E mereceram seu destino por roubar vagas em universidades de elite de jovens menos privilegiados. Mas o que *Educação americana: Fraude e privilégio* não mostra é a história menos simples sobre por que o esquema de Singer precisava existir. Para mostrar isso, os cineastas precisariam dar um passo para trás e fazer perguntas difíceis sobre nossa economia e a sociedade que a economia criou.

Claro, não é apenas em relação aos problemas da criação dos filhos que essas perguntas difíceis deixam de ser feitas. O mesmo obstáculo se aplica a redes sociais, como vimos no Capítulo 8. Em busca de respostas confortáveis, há uma tendência na cultura moderna de ver uma série de males da sociedade — Instagram, pais controladores, trabalho precário, publicidade de estilo de vida, e assim por diante —, além de uma série de acasos interessantes não relacionados que apontamos com a testa franzida em reprovação.

Mas não são acasos interessantes não relacionados. Se nos aprofundarmos, descobriremos que está tudo conectado. Pais pressionam os filhos a serem sempre melhores, trabalharem mais e buscarem padrões perfeccionistas não porque sejam tiranos controladores nem porque achem que o perfeccionismo é especialmente saudável. Eles pressionam porque são os agentes psicológicos da economia. Assim como as empresas de redes sociais operam como a economia quer que elas operem, os pais criam o filho como a economia quer que eles criem. Claro, *Educação americana: Fraude e privilégio* não seria o mesmo docudrama cheio de ação se essa tivesse sido a trama. Mas teria nos deixado muito mais próximos da origem do problema.

Karen Horney talvez tenha sido a primeira a discordar de nosso impulso de pôr a culpa de neuroses como o perfeccionismo nas pessoas atingidas. No lugar disso, ela queria que questionássemos as condições culturais em que essas neuroses brotaram. Ela estava certa, mas ainda não seguimos seu conselho. Ser pais helicópteros não é uma forma naturalmente programada de criar os filhos — é um estilo de educação emblemático de uma economia direcionada no crescimento e fascinada pelo dinheiro e pelo mérito. Em outras palavras, é um fenômeno cultural. E, assim como a publicidade e as redes sociais, também está contribuindo para esses níveis crescentes de perfeccionismo prescrito socialmente.

E não acaba por aí, pois existe outra esfera da cultura moderna que está aumentando o volume de nossa obsessão pela perfeição. Uma esfera que a maioria de nós — jovens e velhos, ricos ou pobres — encontra quase todos os dias: o trabalho. Então, vamos falar sobre os trabalhos modernos intensos, e a cultura implacável do trabalho árduo que contagia rapidamente a nossa psique.

11. O trabalho dignifica o perfeccionismo
Ou como a insegurança no ambiente de trabalho moderno cria uma dependência de perfeccionismo

> Na raiz disso está a obsessão americana por autossuficiência, uma obsessão que torna mais aceitável aplaudir um indivíduo por se matar de trabalhar do que argumentar que se matar de trabalhar é evidência de um sistema econômico falho.
>
> Jia Tolentino[1]

Quando morei em Bath, havia um café que eu adorava frequentar. Localizado no térreo de uma mansão georgiana, era um espaço aconchegante escondido em um atalho a poucos metros do famoso Royal Crescent da cidade. Você descia um lance de escadas de Bath para um porão cheio de bandeirinhas com obras de arte coloridas e móveis recuperados. Admito que não era o mais refinado dos lugares, e mal dava lucro, mas era o oásis de Emma — o reino dela.

Emma alugou uma unidade vaga para abrir o café no fim de 2018. Um ano antes, ela deixara o cargo de diretora de publicidade em Londres, onde tinha morado e trabalhado por quase uma década. Era a coisa lógica a fazer; ela estava cansada, precisava de novos desafios, e os preços imobiliários em Londres estavam em alta. Emma vivia recebendo ofertas lucrativas para voltar à competição desenfreada, mas resistia. Ela não queria mais a pressão, as noites em claro e os pedidos apavorados de clientes exigentes. Para Emma, seu café era mais do que dinheiro no banco; era seu refúgio e seu descanso.

Essa mudança de ritmo em particular parece rara hoje em dia. Se alguém de repente decide tirar o pé do acelerador e se firmar na faixa lenta, tendemos a ver a decisão com certa desconfiança. Em especial nas bolhas metropolitanas como Londres ou Nova York, em que a resposta da moda a "como você está?" é sempre "muito ocupado", ficar simplesmente parado pode ser um sinal de decadência, pois, se você não está se movendo para a frente nesses lugares, se não está conseguindo ser alguém na vida, você não vai subir os degraus escorregadios da carreira. E sejamos honestos: quem não quer ser *alguém* na vida?

Conheci Emma assim que me mudei para Bath. Enquanto buscava meu café diário certa manhã, soltei uma piada sobre os turistas desaventurados da cidade, e ela riu alto. Meses se passaram. O café se tornou um reduto frequente. Quando estava tranquilo, Emma me perguntava como ia a vida, e, em resposta, eu perguntava o mesmo. Desenvolvemos uma amizade e, de forma gradual, começamos a aprender um pouco um do outro, e foi assim que fiquei sabendo de sua vida pregressa. Pouco tempo atrás, entrei em contato para ver como ela estava e perguntar se ela se importaria em compartilhar mais algumas dessas experiências para este livro.

A história profissional de Emma é fascinante. Quando ela tinha vinte e poucos anos, jovem e cheia de energia, estava ansiosa para se formar e começar a vida, partir para a cidade grande e criar uma carreira empolgante. Ela me disse: "Quando me formei, estava tão animada. Eu tinha um diploma em letras pela Warwick, e logo estava sendo procurada para coisas como frases publicitárias, capas para redes sociais e conteúdo de branding".

"Freelance", Emma me disse, "era o ponto de partida óbvio."

Mas a faísca logo se apagou. Embora o trabalho freelance prometesse liberdade, o que ele realmente trouxe foi estresse e isolamento. Emma vivia atolada em um mar de tarefas desestimulantes, como criar biografias para consultores ou escrever roteiros corporativos vazios. "Eu me sentia inútil e sem reconhecimento", ela refletiu, "e Londres pode ser um lugar muito solitário." As pessoas não tinham a obrigação de responder a suas propostas, muito menos dar feedback. Ela reclamou que a maioria dos contratos era uma perda de tempo. "Você navega em um ou outro sentido em resposta aos caprichos variáveis de quem está pagando." E se não conseguir cumprir as demandas impossíveis? "Só vai receber uma pontuação ruim e um comentário crítico."

Era uma experiência desestimulante. Não demorou para que Emma reunisse toda a sua experiência em um currículo e se candidatasse a vagas mais estáveis. Depois de muitas rejeições, ela perseverou e foi recompensada com um cargo inicial em uma empresa de relações públicas pequena e badalada no West End, em Londres. "Essa mudança foi na verdade uma fuga da insegurança do trabalho informal", ela me disse. "Estava na hora — eu precisava de mais controle na vida."

Mesmo assim, ainda havia um elemento de risco associado. O pagamento para cargos básicos em marketing é infame de tão baixo, e os contratos são quase todos precários. "Embora tivesse um emprego formal por dois anos", Emma recordou, "meu chefe foi muito claro desde o início, dizendo que eu poderia ser dispensada a qualquer momento."

Mas o risco rendeu dividendos. Emma passou os dois anos seguintes expandindo sua função na empresa e construindo uma reputação brilhante com vários clientes de alto nível. Não sem sacrifício, claro. "Trabalhava sem parar", ela me disse. "Ficava até tarde quase toda noite; era comum trabalhar aos fins de semana, e sempre buscava me destacar em eventos e festas importantes." Ela recordou que chegou ao ponto em que fazer algo não relacionado ao trabalho gerava culpa. "Houve momentos — tenho até vergonha em dizer — em que saía com amigos e parentes e não estava totalmente lá. Pensava o tempo todo: 'Eu deveria estar trabalhando'."

Fazer das tripas coração pode parecer uma escolha pessoal. E creio que, em certo nível, estamos em um país livre — ou você está disposto a extrapolar ou não. Mas sabemos que não é tão simples assim. Claro, você pode dizer não a certos trabalhos não remunerados, e pode continuar dizendo não, mas isso será notado depois de um tempo. Respeitar seu limite, recusar-se a ceder sob pressão, não fazer um esforço a mais — essas são características malvistas no ambiente de trabalho moderno. "Ninguém nunca mudou o mundo trabalhando quarenta horas por semana", o empresário norte-americano Elon Musk tweetou certa vez. Você precisa trabalhar "oitenta [horas] no mínimo, chegando até a cem às vezes".[2]

Durante vários anos, Emma manteve sua rotina de trabalho excessivo. Passou por vários outros empregos, voltou ao trabalho freelance por um período curto, antes de finalmente conseguir um cargo sênior de gerência em uma empresa de publicidade internacional. A essa altura, ela havia conquistado muito na indústria — muito mais do que havia imaginado conseguir. Mas sua paciência estava se esgotando e, pior, ela estava ficando cada vez mais pessimista.

"Comecei a usar meu trabalho como uma máscara, tratando-o como um estilo de vida, dando a ele uma dimensão espiritual e acreditando que era minha vocação." Mas o trabalho de Emma não a amava de volta. E, em pouco tempo, as características mais superficiais começaram a corroê-la. "Aspiracional, embora seja uma palavra tão sem sentido, é tudo que as empresas querem hoje em dia. Não faça nada engraçado, complexo ou inteligente, só ponha um pouco de glitter e deixe aspiracional."

"Mas aí é que está: como continuar fazendo isso? Como continuar produzindo campanhas cintilantes convencendo as pessoas a buscar um ideal mítico sem se tornar profundamente cínico em algum momento?" Ela explicou que, "embora eu tivesse essa vaga sensação de que estava avançando, nunca senti de verdade que estava tendo algum progresso". Como a maioria dos setores na nova economia, a publicidade é famosa por ter métricas de sucesso nebulosas. Os critérios são "ambíguos", Emma me disse, e muitas vezes inventados depois do ocorrido. "Todo esse mistério é assustador, especialmente quando você tem um contrato de tempo limitado, tem contas a pagar e precisa saber se vai ter um emprego no ano que vem."

Emma viajou para Londres convencida de que encontraria seu lugar no mundo, mas saiu de lá exausta, zonza e mais incerta do que nunca. Ela me disse que o que mais a esgotava era a sensação crônica de insegurança. "Nunca senti que tinha uma base sólida na publicidade para suportar as pressões incessantes de desempenho, que não paravam de vir." No fim, ela disse: "Eu não estava segura de minhas convicções, nem mesmo se acreditava no que estava fazendo. Pessoas mais jovens estavam chegando, pessoas que eram mais ambiciosas e mais dispostas a fazer os sacrifícios necessários. Não conseguia continuar a me forçar como eles, comecei a sentir raiva da luta diária e, para ser sincera, estava completamente exausta, esgotada."

O café foi a saída de Emma. Na pacata cidade de Bath, servindo bolos e cappuccinos para mães da região e professores cansados da universidade vizinha, ela por fim encontrou uma vocação, que dava a ela algo em troca, proporcionava algo parecido com segurança e oferecia uma sensação clara de propósito.

Uma economia pelo lado da oferta esgota todos os recursos humanos e naturais possíveis para fazer o máximo de dinheiro possível no menor tempo possível. Vivendo sob esse conjunto de regras há várias décadas, é claramente verdade que acumulamos um nível impressionante de riqueza — muito mais do que as pessoas algumas décadas atrás poderiam ter imaginado acumular. Mas também é verdade que, assim como Emma descobriu, não podemos aproveitar isso. Nem mesmo temos permissão de ser gratos, pois a gratidão bloquearia exatamente o tipo de trabalho excessivo de que essa economia precisa para se manter crescendo. Se diminuíssemos a velocidade, descansássemos mais e nos esforçássemos menos, as consequências desse descanso seriam pôr outros trabalhadores à margem.

Tudo isso significa que nosso sistema econômico, de forma bastante circular, precisa nos manter trabalhando só para nos manter trabalhando. Como ele faz isso? A resposta, claro, é a insegurança.

Ser um adulto na força de trabalho moderna significa ser inseguro. Não importa o quanto você ganha ou, mais precisamente, o quanto trabalha, nunca vai ser suficiente — o trabalho nunca está terminado. Ele só continua, muda de forma ou é substituído por algo novo. Raras vezes sentimos uma satisfação duradoura — que dirá segurança — pelos frutos de nosso trabalho. Vamos ser pagos, vamos trabalhar, vamos à luta e vamos receber mais um pouco enquanto tudo parece continuar para sempre, batalhando atrás de mais e mais dinheiro apenas para se manter no padrão de vida que já temos.

As experiências de Emma com essa insegurança não são exclusivas, nem suas reações emocionais a elas. Quando falamos sobre trabalho hoje em dia, sempre falamos sobre o quanto estamos nos esforçando ou como todos estamos terrivelmente esgotados. Isso é verdade. Os extras adicionais, os trabalhos principais, os trabalhos secundários e o tempo passado simplesmente atualizando o que não conseguimos fazer no dia de trabalho fazem troça dos dados da folha de pagamento que sugerem que estamos trabalhando apenas 48 horas por semana,[3] e impressionantes 18% dos trabalhadores estão batendo bem mais de sessenta horas por semana.[4]

Mas existe outra coisa acontecendo por trás desses números espantosos. No passado, as rotinas e os ritmos básicos eram simples, mesmo se o trabalho em si fosse exaustivo e, por vezes, extenuante. Isso mudou. Esses padrões de trabalho estão sendo completamente abandonados, enquanto o trabalho em si não se tornou nem um pouco menos laborioso. A história de Emma é prova do impacto psicológico dessa transição no contexto de uma nova economia em que as regras de trabalho estão sendo reescritas de forma radical.

Conforme as organizações se preparam e se adaptam a um ambiente de crescimento rápido, seguranças antigas como um lugar estável para viver e um tempo rotineiro para trabalhar estão se desintegrando. No lugar delas, há um conjunto completamente diferente de prioridades. Enquanto nossos pais trabalhavam para empresas que recompensavam a dedicação, o aprimoramento de habilidades especializadas e a lealdade à organização, a corporação moderna recompensa pessoas flexíveis que assumem riscos e conseguem lidar com instabilidade e mudança, e que estejam dispostas a disputar entre si por contratos ocasionais por tempo limitado.

Digo dispostas, mas não é exatamente como se tivéssemos escolha. O desmantelamento das antigas proteções trabalhistas possibilitou que empresas contratassem e demitissem a seu bel-prazer e tornassem formas de emprego informal mais ou menos efetivas. Entre 2005 e 2015, quase todas as vagas adicionadas à economia norte-americana eram informais em algum aspecto, com um crescimento maior em autônomos, freelancers e trabalhadores subcontratados.[5] "Não fique muito à vontade" é uma interpretação desse novo mercado de trabalho fluido. "Você é dispensável" é outra.

Contratada por períodos curtos e sem qualquer segurança, está surgindo uma nova geração para a qual uma carreira pode ser um conceito muito estranho. Eles se veem não como funcionários subindo em uma carreira organizacional, mas como bens rentáveis a serem trocados no pregão trabalhista por um preço máximo. Sob esse conjunto de regras, as identidades profissionais, assim como nossas identidades enquanto consumidores, devem ser plásticas e reformuladas de tempos em tempos. O trabalho árduo (o que mais seria?) é a lógica do bom senso que sustenta a maneira como nos vemos. E é uma lógica que atravessa a competição educacional e a farsa baseada no Instagram na mesma medida em que perpassa fazer bicos como Uber ou prestar consultoria para a McKinsey.

"O antigo modelo de trabalho em que se poderia acreditar que manteríamos um emprego estável com bons benefícios por toda uma carreira ficou para trás", disse a candidata presidencial Hillary Clinton a uma plateia na Carolina do Norte. E ela tem toda razão. O tipo de dedicação despretensiosa a uma habilidade ou a um ofício a que ela se refere, de que pessoas como meu avô tiravam seu sustento, parece definitivamente arcaico. "As pessoas na casa dos vinte e trinta anos", Clinton continuou, "chegaram à maioridade em uma economia totalmente diferente."[6]

Dentro dessa economia diferente, o mais importante não é o quanto você pode se aprofundar em algo, mas quão rápido consegue terminar uma coisa e passar para a próxima. É trabalho, claro, mas trabalho pelo trabalho — o que o antropólogo David Graeber chama de fazer-trabalho —, que é um estado de ocupação constante, agitado e apressado no lugar de uma perseverança e uma maestria paciente.[7] É preciso *"rise and grind"* [levantar e ir à luta], segundo uma campanha recente da Nike; *"hustle harder"* [se esforçar mais], nas palavras imortais do rapper 50 Cent; e usar as "24 horas do dia", como diz a magnata da fast-fashion Molly-Mae Hague. Aprendemos nessa cultura que não importa o que você faça, desde que nunca pare de fazer, pois, se estiver relaxando, desacelerando ou, pior, parando um momento para simplesmente questionar para que serve todo esse trabalho incessante, vão deixar você para trás.

O equilíbrio entre trabalho e vida pessoal se torna invariavelmente complicado sob esse tipo de pressão. E passa a ser cada vez mais difícil divorciar o trabalho de todo o resto. Como a história de Emma mostra, é difícil aproveitar ou perder o tempo livre despreocupadamente se você está o tempo inteiro se afligindo sobre como esse tempo vai prejudicar suas contas. Segundo um estudo de 2016 de hábitos profissionais, muitos trabalhadores dizem que renunciam regularmente a viagens e férias porque querem mostrar "dedicação completa" a seus empregadores, têm medo de serem vistos como "substituíveis" e se sentiriam culpados por tirar um tempo de folga.[8]

Ninguém escapa da culpa por não trabalhar o suficiente. Na verdade, ela se intensifica quanto mais você sobe na carreira. Pela primeira vez na história, os membros mais ricos da sociedade exaltam a virtude da quantidade de tempo que trabalham. Não porque queiram — embora todos conheçamos alguém assim —, mas porque conseguir uma renda suficiente para manter seu status social exige horas assombrosas em um conjunto muito tenso de profissões de elite como direito, finanças e medicina. Advogados juniores em alguns escritórios em Londres cumprem jornadas diárias de trabalho de catorze horas em média.[9] E, em Wall Street, os banqueiros têm o que é chamado "nove às cinco dos banqueiros", que começa às nove da manhã de um dia e termina às cinco da madrugada do dia seguinte.[10]

À medida que as demandas profissionais crescem, também sobem as expectativas. Se você receber uma avaliação anual satisfatória em seu trabalho, logo vai descobrir que isso não é, de modo algum, satisfatório. Nossos "padrões são muito altos", a fintech mais valiosa da Grã-Bretanha, Revolut, alertava aos candidatos a vagas em seu site. Se os funcionários ficarem abaixo da "perfeição", a empresa continuava, vão ser avaliados "com rigor, não generosidade", "doa a quem doer".[11]

Sem dúvida, a Revolut é muito mais franca do que a maioria das empresas seria sobre as demandas perfeccionistas impostas a seus funcionários. Mas isso não quer dizer que essas demandas não são igualmente generalizadas em outros ambientes de trabalho, incluindo universidades. Como muitos de meus colegas podem confirmar, você precisa se manter recebendo avaliações dos estudantes acima de quatro de cinco. Quatro faz você passar para o ano seguinte. Três faz você ser rapidamente afastado para passar por uma formação suplementar. Se receber menos de três, é provável que precise de um prêmio Nobel para sobreviver à suspensão.

Menciono a academia porque ela costumava ser relativamente isolada dessas pressões absurdas. Mas não mais. Conforme as universidades foram se adaptando para sobreviver dentro da economia pelo lado da oferta, elas começaram a se reestruturar à imagem das corporações privadas. Essa reestruturação atingiu jovens acadêmicos com mais força. São eles que devem se contorcer de maneira mais elástica por uma nova administração e também são eles que sempre devem justificar suas posições precárias demonstrando produtividade, ou "produção" acadêmica, nos termos da Research Excellence Framework.

A competição é feroz. Ao passo que antes um ou dois artigos publicados bastariam para garantir uma posição acadêmica, hoje você vai ter sorte se entrar na pré-seleção com menos de quatro. E não se esqueça dos extras "opcionais": participação em seminários, conferências noturnas, eventos de networking, docência, e outras formas de administração não remunerada. Você pode ficar de fora deles. Mas, se fizer isso, vai descobrir por uma série de cartas de rejeição que essas atividades eram essenciais para que você se destacasse entre centenas de outros candidatos à vaga.

Inclusive, os cargos acadêmicos são tão escassos que, mesmo se você fizer todos esses extras, ainda é possível que não crie raízes em um só lugar. Você pode ficar livre e passar para onde as oportunidades surjam, o que me leva a outro mal oculto do trabalho precário: fluxo. A pergunta para o professor iniciante hoje em dia não é mais "O quanto você quer isso?", mas sim "O quanto você está preparado para deixar sua vida em suspenso — não se estabelecer, não criar raízes, não encontrar uma comunidade, não ter um relacionamento longo, não ter filhos — em troca disso?". Eu mesmo já deixei toda a minha vida em suspenso para subir o pau de sebo de me tornar um professor relativamente bem-sucedido. Desde 2013, por exemplo, tive sete empregos, em sete cidades, em três continentes diferentes, mudando-me em média a cada dois anos. E, embora esse pareça um caso extremo, está longe de ser raro entre acadêmicos.

Também não é tão raro na maioria das outras áreas. O adulto médio, via de regra, pode contar que vai mudar de emprego doze vezes ao longo de sua vida profissional e passar grande parte dela no mais desanimador dos lugares: a economia informal.[12] Isso é assustador, nem mencionei ainda o valor crescente do aluguel, o preço das casas, as dívidas, os custos de vida em geral e como é a sensação de trabalhar todos os dias, em uma economia desigual que distribui as consequências dos esforços de forma tão assimétrica. Nessa cultura profissional, aqueles que estão trabalhando arduamente, que estão dando tudo de si — incluindo sua saúde e felicidade —, quase nunca são os que se beneficiam. Oito milhões de jovens profissionais no Reino Unido — um quarto da força de trabalho — nunca trabalharam em uma economia em que os salários médios reais estivessem crescendo de maneira consistente;[13] antes, trabalham em um ambiente em que os lucros corporativos dispararam.[14]

Uma economia pelo lado da oferta é de fato um veículo impressionante de crescimento. Mas menos explícito é para onde vai todo esse crescimento — para as empresas e seus acionistas —, bem como o preço que todos os outros pagam por isso — salários estagnados, padrões de vida em declínio e muita insegurança. Pense nisso da seguinte forma: a empresa moderna, que precisa crescer para não falir, vai querer idealmente, se conseguir sem consequências, a produtividade de funcionários empregados sem arcar com custos de responsabilidades como segurança social, seguro-saúde e um horário constante e estável. Portanto, em vez de empregar funcionários como faziam antes, elas agora fazem um contrato com os profissionais, e os próprios profissionais arcam com os custos dessas responsabilidades, sem qualquer aumento concomitante no salário, e tudo sob a égide de uma farsa que diz que são membros de uma nova classe trabalhadora eletrizante.

Minha preocupação aqui não é tanto com a injustiça dessas transferências ocultas de seguridade — do trabalhador para a empresa —, mas suas consequências psicológicas, e por que o perfeccionismo se destaca entre elas.

A insegurança pode parecer uma liberdade, a princípio. E, de fora, de fato parece um trabalho dos sonhos. Você está no banco do motorista, pode trabalhar onde e quando quiser, e livre das demandas de um chefe autoritário — pode ser o autor do próprio destino. Essa foi exatamente a sensação de Emma quando embarcou em sua carreira inicial: assumir riscos, aprender habilidades novas, criar oportunidades e superar limites ao longo do caminho. Mas, depois de um período de lua de mel, chegou a uma conclusão bruta:

a insegurança não é pontual. Ela se via recomeçando dia após dia com uma apreensão renovada de que não estava fazendo o suficiente. E, quando chegou ao mundo corporativo, que esperava uma abundância de resultados, com pouca segurança, as pressões diárias não pararam de vir.

A insegurança, por definição, significa que não temos as afirmações necessárias para nos assegurar de que estamos bem, estamos fazendo a diferença e não vamos ser dispensados na semana que vem, no mês que vem nem no ano que vem. Sem essas afirmações, a vida pode parecer bem instável. Vivemos com medo de ser descartados, tornamo-nos hipervigilantes em busca de validação e feedback positivo, e ficamos com medo de revelar demais de nós mesmos. A vergonha é uma ocorrência regular, especialmente se cometemos deslizes ("como pude ser tão idiota?"). E uma quantidade imensa de culpa é provocada quando não estamos trabalhando, tornando difícil aproveitar a vida fora da luta cotidiana.

Para nos proteger dessas emoções, vamos invariavelmente nos sobrecarregar mais e mais. Sendo o trabalhador ideal aos olhos daqueles ao nosso redor, vamos aliviar as pressões emocionais acumuladas produzidas por trabalhar sob o peso da insegurança. Mas apenas momentaneamente, pois, mais cedo ou mais tarde, algo vai surgir — uma meta atualizada, um empecilho imprevisto, uma pandemia global — para definir um ritmo ainda mais veloz. E, assim como passar pelos níveis de Tetris, quando você se acostumar com o ritmo novo, lá vai a velocidade aumentar outra vez.

E assim por diante, e assim por diante.

Simplesmente não temos como descansar quando nossas identidades profissionais (sem mencionar nossa sobrevivência econômica) dependem dessa busca ofegante. Oitenta por cento dos adultos nos Estados Unidos se descrevem como "trabalhadores" — apenas 3% dizem ser preguiçosos.[15] E tudo bem; somos *sim* trabalhadores. Mas a pergunta é: quem ganha com isso? Somos nós ou as empresas que nos contratam? Porque, por mais que nos esforcemos, a insegurança significa que pode nunca haver garantias suficientes. Nossas conquistas importam muito menos nessa economia do que a labuta incessante na busca por elas. Parece até que nossas conquistas não importam nem um pouco.

Em outras palavras, internalizamos o senso comum de um sistema econômico que só valoriza as pessoas se elas se matarem de trabalhar — e então trabalharem mais um pouco.

Quanto mais nos sacrificamos no altar de nossos empregos, mais o perfeccionismo vai se tornar consolidado como um componente essencial de nossa vida profissional. E já estamos vendo isso acontecer no linguajar dos jovens. De todos os slogans na cultura dos memes, *"fake it till you make it"* [finja até ter sucesso] talvez seja a cristalização perfeita da onipresença do perfeccionismo no ambiente de trabalho moderno. Em outras palavras, quer dizer: "Sou inseguro de mim e extremamente apreensivo sobre minha capacidade de fazer esse trabalho, mas vou *fingir* que estou mandando muito bem mesmo assim". A insegurança nos aprisiona dentro de medos ansiosos de trabalhar o suficiente, jogar um jogo invencível de faz de conta: sempre nos empenhando incansavelmente para ter mais sucesso, mas nunca acreditando que avançamos o suficiente.

O trabalho inseguro grava esse perfeccionismo dentro de nós; não por escolha, mas por necessidade. Acreditamos de verdade que não temos a inteligência, o talento ou a energia física necessários para dar conta, que dirá ter sucesso. Essa ansiedade imobilizadora ocupou Emma por muitos anos até ela decidir juntar suas coisinhas e fazer algo diferente. Para ela, foi a decisão certa. Mas, para muitos outros, com menos recursos e ainda menos alternativas, a única opção viável é continuar batalhando ao lado de todos os outros e torcer pelo melhor.

Todo ano, milhões de jovens como Emma entram na força de trabalho. Seu perfeccionismo já está em um nível alto e se soma à insegurança profissional para crescer ainda mais. Embora eu não tenha como provar isso — simplesmente não temos os dados para tanto —, sem dúvida é o que parece. Quarenta por cento dos jovens de dezoito a 29 anos estão quase sempre aflitos com o equilíbrio entre vida pessoal e profissional e seus níveis de estresse no trabalho.[16] Trabalhadores de escritório tipicamente avaliam sua vida profissional em seis de dez.[17] E mais de metade dos trabalhadores diz que se sente exausta e completamente esgotada.[18]

A pandemia do coronavírus exacerbou essas tendências antigas. Segundo a Pesquisa de Trabalho e Bem-Estar da American Psychological Association, os trabalhadores norte-americanos sofreram taxas acentuadas de burnout em 2020 e 2021. Oito em cada dez relataram estresse relacionado a trabalho, um terço relatou falta de interesse e esforço no trabalho, um terço relatou cansaço cognitivo e exaustão emocional, e quase metade relatou fadiga física — 40% mais do que em 2019.[19] E não é só nos Estados Unidos. Um levantamento de 2022 com quase 15 mil empregados de treze países constatou que um em cada quatro deles relatava sintomas de burnout.[20]

Os trabalhadores estão tão esgotados que um movimento on-line surgiu para promover o que se chamou de "*quiet quitting*".²¹ A expressão está gerando milhões de compartilhamentos nas redes sociais, e é tudo em celebração a *não* fazer mundos e fundos por nosso emprego. Esse movimento sugere que as atitudes estão mudando em resposta ao estresse e à tensão no ambiente de trabalho moderno. Parece que estamos descobrindo que labutar e batalhar e labutar mais um pouco são formas desnecessariamente punitivas de trabalho, sobretudo se vêm com insegurança, nenhuma garantia de recompensa e em detrimento de nossa saúde e felicidade.

Claro, níveis intoleráveis de insegurança não são o único motivo desse protesto de recusa a trabalhar. Mas são provavelmente um motivo bem considerável. Em uma pesquisa recente dos Estados Unidos, apenas cerca de um quinto dos trabalhadores sentia que seu trabalho era seguro.²² Aliás, os trabalhos são tão inseguros hoje em dia que impressionantes 30% dos empregados assalariados dizem que o trabalho freelance — a forma mais precária dos trabalhos inseguros — oferecia mais segurança. Isso ajuda a explicar por que 38 milhões de norte-americanos abandonaram o emprego em 2021.²³ Trinta por cento deles, como Emma, abriram o próprio negócio e grande maioria do restante virou freelancer. Segundo as taxas atuais de mudança, a maioria dos trabalhadores norte-americanos vai ser autônoma em 2027.²⁴

Vamos encontrar mais segurança trabalhando para nós mesmos? A resposta a essa pergunta não importa muito, pois segurança é um conceito estranho de todo modo para uma nova geração cujos históricos profissionais contêm uma longa lista de trocas de um serviço a outro. Quando a insegurança é parte inevitável de sua vida profissional — quando ela é tudo que você conhece —, tomar posse completa de suas circunstâncias faz todo sentido. Se existe algo a aprender com a "grande demissão" ou o "*quiet quitting*", é que as pessoas estão concluindo que simplesmente não existe alternativa ao trabalho precário. Então é ou trabalhar para si mesmo ou se recusar a trabalhar.

Se esse for o caso, então talvez realmente esteja na hora de começar a atravessar o ambiente de trabalho de uma forma que não exija perfeccionismo. Não será fácil abrir esse caminho nesta economia, e você vai precisar confiar em si mesmo. Confie que pode diminuir a velocidade, confie que pode ser feliz quando as coisas estão boas o suficiente, confie que pode ir para casa e ver sua família, visitar seus amigos e passar tempo fazendo as coisas que ama fora do escritório sem se preocupar ou se sentir culpado com o que está sendo perdido.

A princípio, essa é uma descoberta surpreendente para o perfeccionista. Mas, quanto mais você aceitá-la, mais vai se acostumar com o bom o suficiente e mais vai ser capaz de perceber quando é o momento de deixar as coisas para lá. As pesquisas mostram que funcionários que conseguem equilíbrio entre vida pessoal e profissional são muito mais produtivos do que os que estão esgotados.[25] A cada feedback afirmativo em sua decisão de pisar no freio, sua confiança vai crescer, e você vai ficar mais propenso a se permitir o espaço para descansar, sem se deixar abalar pela insegurança e por aquela vozinha que diz para você fazer mais.

Se você for um gerente, tenha consciência de que números crescentes de jovens entrando em sua organização serão perfeccionistas. Eles vão esperar que você busque a perfeição. Deixe claro desde o primeiro dia que isso não é verdade. Tente criar uma cultura de segurança psicológica em que os funcionários consigam se sentir à vontade o suficiente para errar sem medo de recriminação ou julgamento. Estimule correr riscos saudáveis, permita que as pessoas falem o que pensam, e promova e recompense a criatividade. Garanta que seus colegas saibam que nenhuma pergunta é idiota e deixe que eles arrisquem o pescoço sem medo de que o cortem.

Por outro lado, não espere que funcionários perfeccionistas se acostumem imediatamente com o novo ambiente. Afinal, os perfeccionistas tendem a ser avessos a riscos. Seja paciente. Dê tempo e apoio a eles. À medida que eles forem ficando mais à vontade, seus pontos fortes vão começar a transparecer. Aproveite ao máximo esses pontos fortes; pessoas perfeccionistas pensam profundamente, são atentas aos detalhes e conseguem resolver problemas complexos se tiverem uma atmosfera que lhes permita fazer isso. Se por acaso eles errarem ou se atrapalharem com problemas como procrastinação, intervenha com compaixão. Deixe que saibam que bom o bastante é bom o bastante. Deixe isso claro sempre.

Porque fazer o trabalho é muito melhor do que alcançar a perfeição.

Fui fazer uma visita rápida a Emma um tempinho atrás. Seu café ainda tem o mesmo charme excêntrico muito particular, mas me espantou como estava vazio. Era um negócio saindo dos destroços de uma pandemia global em uma crise de custo de vida, e isso ficava claro. "O fluxo de clientes está muito baixo", Emma me disse, "os turistas não estão vindo na mesma quantidade, as pessoas parecem estar trabalhando mais de casa, e as pessoas locais estão economizando." O café não era imensamente lucrativo antes da pandemia — Emma não o abriu com essa intenção. Mas agora mal cobria os custos. "Estou recorrendo a minhas economias para me bancar, e não sei por quanto tempo estou preparada para fazer isso."

"Você vai voltar à publicidade?", perguntei.

"Talvez", ela respondeu. "Mas sinto que não sou mais tão produtiva agora. Nem tenho certeza se conseguiria voltar."

Ela conseguiria, e acho que, no fundo, Emma sabe disso. Mesmo assim, o fato de essa mulher extremamente bem-sucedida duvidar de si mesma diz muita coisa. "Não sei mais o que é novo ou moderno, nem sei onde o setor está em termos de campanhas ou branding."

Emma abriu seu café na esperança de uma libertação da luta diária. Mas, mesmo aqui, não há como fugir da indiferença das circunstâncias fora de seu controle. O trabalho hoje em dia, qualquer que seja sua profissão, é tão inseguro, construído em um terreno tão instável, que ficamos vulneráveis a cada contratempo, empecilho, conflito, doença e impacto econômico — por maior ou menor que seja. E a pandemia foi sem dúvida catastrófica para aqueles que estão começando na economia moderna.

Ao contar a trajetória de Emma, e a história mais ampla da segurança profissional decadente, meu objetivo não é me prolongar sobre como o trabalho se tornou horrível, tampouco resmungar sobre como está difícil para essa geração. O que desejo é destacar, uma última vez, como está tudo conectado. Ninguém usou uma varinha mágica e disse que o trabalho deve ser precário, casual, com tempo limitado e completamente isento de obrigações empregatícias. Nossa economia fez isso, seguindo a diretriz principal que é gerar o máximo de crescimento possível no menor tempo possível.

E, quando você parar para pensar sobre a insegurança generalizada e permanente que todos sentimos, vai notar que tudo está mesmo conectado. O motivo pelo qual estamos tão inseguros no trabalho é o mesmo por que somos pressionados até o limite por escolas, universidades e pais helicópteros ou somos levados a nos sentir tão inadequados pela publicidade predatória: vivemos em uma economia que precisa crescer, muito mais do que precisamos nos sentir contentes. O perfeccionismo é apenas o efeito colateral. O preço que todos devemos pagar pela dependência mórbida de nossa economia na insegurança de cada um de nós.

Portanto, com isso em mente, o que podemos fazer?

PARTE 4

COMO PODEMOS ACEITAR A IMPERFEIÇÃO NA REPÚBLICA DO BOM O SUFICIENTE?

12. Aceite-se
Ou o poder do bom o suficiente em nossa vida imperfeita

> *Sinto que estou fazendo meu melhor quando me permito levar pelo fluxo das experiências, em uma direção que parece rumar para a frente, em busca de fins dos quais mal tenho consciência.*
>
> Carl Rogers[1]

Paul Hewitt pode ser um terapeuta, mas seu maior desafio com perfeccionistas em sofrimento não é o tratamento deles — é fazer com que aceitem que precisam de tratamento. "Talvez a pior coisa do perfeccionismo", ele me disse há pouco tempo, "seja a relutância dos perfeccionistas em ver o perfeccionismo como a raiz de seus problemas." Quase todos os perfeccionistas, diz ele, "são extraordinariamente hábeis em esconder sua dor por trás de uma máscara de alta funcionalidade, maximização e competência".

Como um perfeccionista em recuperação, acho as palavras de Paul terrivelmente verdadeiras. Quando você está mergulhado na trama de nunca ser o suficiente, quando está convencido de que a única forma de importar é ser perfeito, você não acha que o perfeccionismo é um problema. Pelo contrário. Acha que o perfeccionismo é a única coisa que sustenta você no mundo enquanto tudo ao seu redor está sendo reduzido a cinzas.

A sociedade também não reconhece o perfeccionismo como um problema. Empreender todos os esforços possíveis, sobressair-se em meio a outras pessoas, buscando incessantemente coisas maiores e melhores — esses são os comportamentos que a sociedade diz recompensar e são o modelo segundo o qual a maioria das pessoas vive. Portanto, quaisquer problemas gerados por esses comportamentos são escondidos sob o fardo do senso comum que diz que o perfeccionismo é a maneira de seguir em frente, uma medalha de honra, nosso defeito favorito.

Mas o perfeccionismo não é uma medalha de honra, e não está sustentando você no mundo. Em sua origem, como este livro tentou explicar, o perfeccionismo é a resposta a um pensamento de déficit tão extremo que passamos a vida inteira à sombra da vergonha. Vergonha sobre o que não temos, como não somos fisicamente e o que não fizemos. Esse não é um emblema do sucesso. É uma aversão às coisas que nos tornam humanos: nossos defeitos.

Espero que simplesmente saber isso seja um certo tipo de consolo, um convite a agir, um ímpeto para reconhecer o problema e dar os primeiros passos em uma direção diferente. Vamos falar sobre esses passos mais adiante. Mas, antes disso, quero refletir um pouco a respeito do que aprendemos sobre a origem do perfeccionismo, pois aqui também há uma oportunidade de consolo através de nada mais do que o trunfo da consciência.

Em nossa cultura individualista, é difícil ver o perfeccionismo como algo mais do que um traço pessoal. No entanto, meu trabalho ganhou destaque por causa de uma constatação curiosa. Descobri que o perfeccionismo está crescendo para todos. E o perfeccionismo prescrito socialmente — a crença de que nosso ambiente exige perfeição — está crescendo ainda mais rápido. Esses dois fatores não apontam que algo está errado em nós, mas sim em nossa sociedade. Esse algo, como tentei demonstrar, é a pressão para trabalhar em excesso e consumir em excesso em uma cultura que se concentra em mais, maior e melhor — constantemente.

Todas as características advindas dessas fixações — a mais importante das quais é o perfeccionismo — foram introjetadas tão profundamente em nosso íntimo que vemos sua presença em nossa personalidade como normal, natural e até desejável. Afetados por uma síndrome de Estocolmo da alma, estamos mergulhados nesse habitat econômico e conspiramos com aqueles que o construíram para aceitar a inevitabilidade de nosso descontentamento. Essa síndrome é provavelmente a relíquia psicológica mais impressionante — e mais horripilante — da revolução pelo lado da oferta, pois o que está acontecendo agora não é normal nem natural. Existiam caminhos alternativos; ainda *existem* caminhos alternativos. E vamos falar sobre alguns deles no próximo capítulo.

Agora, porém, vamos apenas refletir sobre a ideia de que, depois de subtrair os genes e as experiências da infância, o perfeccionismo não recai sobre nós por nosso próprio arbítrio, mas pelas pressões da cultura como um todo. Sei que essa é uma perspectiva um tanto niilista, pois sugere que não está sob nosso poder individual remediar o perfeccionismo. Mesmo assim, eu argumentaria que é uma perspectiva muito mais otimista do que a alternativa, que diz basicamente que o perfeccionismo é um problema que cabe a nós, e *apenas a nós*, resolver.

Muitos sem dúvida contestariam. Diriam que jogar a culpa no "sistema" poderia ser lido como um apagamento quase total da esperança de que possamos nos mudar de dentro para fora. Mas essa é única falsa esperança que desejo apagar. Nessa cultura, não basta dizer que, com um pouco de pensamento positivo, podemos superar as percepções imobilizadoras de não sermos bons o bastante. São mais do que apenas *percepções*; são sensações lógicas e racionais da mesma intensidade do condicionamento implacável que as está gerando. Encontramos apenas mais sofrimento, não menos, quando, no fim de todas as estratégias, consciência plena, treinamento e autocuidado, descobrimos uma economia cuja própria sobrevivência depende de nossa insegurança, ainda lá, exatamente onde a deixamos.

Saber que seus melhores esforços para escapar do perfeccionismo são dificultados por sua incapacidade pessoal de sair dele é muito angustiante. Eu entendo. Mas saber que seus melhores esforços para escapar dele são dificultados porque sua economia precisa que você internalize a crença fundamental de que não é bom o bastante é completamente diferente. E, embora pareça contraintuitivo dizer isso, acredito de verdade que essa diferença é tranquilizadora, em vez de angustiante.

Por que digo isso?

Porque, ao avaliar as forças que agem contra, você percebe que precisar ser perfeito não é de maneira alguma culpa sua. Você é suficiente. A cultura em que você vive, a mesma que consome e cerca você, simplesmente não lhe permite inspirar sua existência incompreensível e aceitar de verdade.

Se você conseguir entender esse fato, se conseguir se valorizar e se amar pelo ser humano deslumbrante que é, se conseguir saber que tudo que acha que *deveria* ser não passa de um conjunto de ideias condicionadas por sua cultura, ideias que estão aí puramente para fazer sua economia crescer, e que sua capacidade de se transformar completamente dentro dessas restrições estruturais é limitada, ao menos agora, você vai ser capaz de aguentar até o pior que este mundo tem a oferecer. Isso é esperança de verdade. Uma esperança honesta. Uma esperança que confronta o mundo como ele realmente é. Uma esperança que não vai induzir você ao erro com promessas falsas de transformação individual sem antes despertá-lo para o fato de que não é você que precisa ser transformado.

Podemos quebrar o ciclo do perfeccionismo. Mas, antes, devemos nos armar com o conhecimento que nos permita reconhecer, e então aceitar, que existem limites nas coisas que podemos controlar. Muitas vezes, e sem aviso, nossos sonhos são destruídos e as coisas não correm como o planejado. O segredo é não se afundar em um poço de remorso e autoaversão como nossa economia quer (alguém sugeriu terapia de compras?), mas, em vez disso, tentar viver com contentamento dentro dessa realidade, sabendo que, aconteça o que acontecer, o tempo ainda avança, e continuamos existindo.

É por esse motivo que dediquei grande parte deste livro a desmistificar as raízes profundas de sua obsessão por perfeição. Como dizem, conhecimento é poder. E, se deixarmos, o conhecimento também pode ser a fonte de uma cura extraordinária. Isso me traz a algo em que pensei muito durante minha própria reabilitação: aceitação. Aceitação de que o simples fato de me mover, respirar e existir significa que importamos — que somos o suficiente. E aceitação de que, por motivos alheios a nossa responsabilidade, nossa economia vai tentar continuamente nos encher de insegurança e tudo bem, podemos encarar essa realidade sem precisar reagir como esperam que reajamos, sem precisar melhorar as coisas, sem precisar aperfeiçoar nada.

Aceitação não significa se entregar, tampouco significa simplesmente aceitar as injustiças que nos cercam. Você pode querer que as coisas mudem e se mobilizar por essa mudança e, ainda assim, encarar o mundo como ele é. Esse é nosso desafio. Então vamos olhar com mais atenção para o ato da aceitação, a começar pelas fixações mais primordiais de nossa cultura: o crescimento.

Devo confessar que, antes de escrever este livro, eu era muito atraído pela ideia de crescimento psicológico. A mentalidade de crescimento me parecia uma estratégia corretiva poderosa aos comportamentos rígidos e às crenças irracionais que caracterizam o perfeccionismo. Afinal, o crescimento envolve todas aquelas coisas boas e controláveis — processo, mudança, aprendizado, desenvolvimento e assim por diante. A mentalidade fixada em crescimento, em que estamos sempre progredindo apesar de nossos contratempos, ou errando melhor, por assim dizer, serve de base para uma vida mais plena e intrinsecamente satisfatória.

Mas então escrevi o livro. E quanto mais pensava sobre crescimento, mais sentia que essa mentalidade não era tudo que parecia ser. Primeiro porque não quero que minha mente esteja fixada em nada, mesmo que seja em algo supostamente saudável. A rigidez desse imperativo é tão inibidora quanto as coisas que, em tese, viria para corrigir. Porém, mais importante do que isso, quando você se esforça pelo crescimento em vez de buscar a perfeição, é porque não entendeu o que mais importa. Assim como a economia em que o crescimento é tudo, a mentalidade em que o crescimento é tudo só nos permite crescer. E isso significa que, quando tropeçarmos, encontrarmos um contratempo, dermos de cara com um empecilho ou simplesmente fizermos besteira, precisamos transformar essas experiências muito banais de fracasso em algo diferente, algo a mais, algo que signifique crescimento.

"Você não pode deixar que os fracassos definam você", Barack Obama disse em seu famoso discurso de 2009 para crianças norte-americanas, "você tem que deixar que eles ensinem você."[2]

Parece um conselho sábio. Mas, se você olhar com mais atenção, a mensagem essencial defende algo definitivamente inumano, pois a implicação é que seus fracassos e defeitos não podem ter a permissão de nos envolver como uma lembrança boa do significado de ser um indivíduo falível. Muito pelo contrário. A lição que aprendemos com a retórica de "errar melhor" como a de Obama é que sempre devemos ser hipervigilantes em relação ao fracasso, inventando uma forma, sempre que o encontrarmos, de reabilitá-lo no arco redentor de crescimento para que não reste nenhum vestígio que nos lembre dele.

Todo clichê sobre "errar melhor" tenta cobrir o fracasso com pozinho de pirlimpimpim, localizá-lo, pôr uma gravatinha nele e dá-lo para a vida com uma lapela cintilante marcada como "crescimento". Em nenhum desses lugares-comuns de "sinta-se melhor" há a permissão de deixar nossa humanidade frágil sozinha e simplesmente permitir que a vulnerabilidade se infiltre em nossa vida, onde ela pode ser uma forma tão importante de sustento quanto comer ou beber. Por que temos que crescer e nos superar o tempo todo? Por que o fracasso exige reabilitação constante? Por que não podemos apenas deixar que ele seja exatamente o que é — uma parte normal e natural de nossa existência mortal?

Para ser franco, a mentalidade de crescimento pretende celebrar o fracasso quando, na verdade, faz o completo oposto.

Crescimento seguido de mais e mais crescimento e sobreposto com perfeccionismo — essa é a psicologia essencial da economia em que crescimento é tudo. Mas você e eu não somos um modelo de negócio para ser continuamente retraçado em busca de lucro máximo, tampouco somos uma engrenagem de uma máquina para ser ajustada infinitamente em busca de desempenho máximo. Somos seres humanos exauríveis. Envelhecemos e decaímos. Nossos recursos não são ilimitados.

Mesmo se possuíssemos poderes sobre-humanos de resistência, seria sensato nos lembrar de que, muitas vezes, há pouco que podemos aprender com o fracasso. Sabíamos exatamente o que fazer; apenas nos confundimos, tivemos uma má noite de sono ou enfrentamos alguém mais qualificado ou privilegiado. É a vida. Merdas acontecem. E, quando acontecem, a psicologia de que o crescimento é tudo produz efeitos bastante negativos porque, em vez de uma autorreflexão generosa, ela nos aprisiona em uma jaula de autoaperfeiçoamento incessante, pressionando-nos ainda mais em busca de "crescimento" — a todo custo — para, no fim, sermos aprisionados pela necessidade de ser perfeitos.

Embora essa seja a jaula em que a maioria de nós está presa agora, ela não é a única em que entramos sem perceber. À primeira vista, culpar a fixação do sistema em crescimento por nossa obsessão pelo perfeccionismo poderia facilmente nos prender na jaula oposta de vitimismo. Nosso aprisionamento nesse caso viria da raiva, da amargura e do ressentimento, que, por mais justificados que sejam, só vão criar sofrimento para quem está aprisionado.

É por isso então que, ao se afastar do perfeccionismo rumo à aceitação, não devemos nos permitir sair de uma jaula direto para a outra. Sim, a economia pelo lado da oferta é em grande medida culpada por nossas inseguranças e, sim, existem bons motivos para ficarmos incomodados com a trama dos ricos de nos enfiar dentro de uma sociedade que desmorona sob os primeiros sinais de contentamento generalizado. Mas não está sob nosso controle pessoal arrumar "o sistema" — essa é uma questão política, respondida pela ação coletiva.

O que está *sim* sob nosso controle é como reagimos a esse conhecimento, porque, se conseguirmos simplesmente encontrar as forças para ultrapassar o peso terrível do condicionamento cultural, aprendemos que é perfeitamente possível aceitar nosso corpo e nossa mente imperfeitos sem precisar crescer, atualizá-los ou aprimorá-los sempre. E aprender também que esses corpos e mentes podem ir em muitas direções, em muitas velocidades. Sim, às vezes vamos mudar para a frente, rumo ao crescimento. Mas, outras, vamos nos arrastar mais devagar, mal reconhecendo que estamos crescendo. E, outras ainda, podemos ter que mudar completamente de direção ou nos encolher dentro de nós mesmos, ou simplesmente deixar que a passagem do tempo nos envelheça e decaia.

Se nos damos espaço psicológico apenas para crescer, recusamo-nos a aceitar essas outras realidades. Permitir os atos de desaceleração, regressão e fracassos em nossa vida, permitir ter uma conversa amigável, ainda que às vezes desconfortável, ajuda-nos a pensar claramente sobre o verdadeiro sentido de ser humano. Além do mais, também nos ajuda a pensar com clareza sobre por que crescer e buscar constantemente mais, maior e melhor não é a solução para nossos problemas como pensamos que é.

* * *

Então como podemos rumar para esse tipo de aceitação? Quanto mais penso sobre essa pergunta, mais percebo que há muito a destrinchar. "Bom o bastante" parece um lugar bom o bastante para começar. No entanto, também nesse caso, não é simples assim. Uma coisa é dizer a nós mesmos: "Sou bom o bastante"; outra bem diferente é acreditar nisso com sinceridade em uma cultura comprometida a dizer o contrário a você. A aceitação, portanto, não pode ser apenas aceitação de nós mesmos. Como aprendemos ao longo deste livro, também deve ser aceitação de que a cultura em que vivemos vai tornar essa aceitação a coisa mais difícil de fazer.

Comece olhando essa verdade nos olhos e parta daí.

Karen Horney, que pôs a cultura na linha de frente de suas alianças terapêuticas, nunca higienizou a verdade. Ela sempre deu nome aos bois. Não escondia de seus pacientes os desafios imensos envolvidos em tirar a armadura do perfeccionismo em uma cultura que a exige. "Nossas limitações são, em sua grande maioria", ela dizia, "cultural e socialmente condicionadas."[3] Ela sabia que haveria conflito entre as necessidades intrínsecas de pertencimento, autoestima e contentamento e o nado contra a corrente necessário para ter essas necessidades saciadas. E ela reconhecia que há momentos em que devemos seguir a corrente da cultura para sobreviver.

Isso é aceitação, mas é aceitação com raízes em um contentamento claro de nós mesmos, de nossas limitações, e de como as coisas que não conseguimos controlar no mundo como um todo impactam nossas tensões mais internas. No que pode ser um "mundo ameaçador", Horney disse, é aceitar-se com uma "jornada difícil" que "pode nunca ser completamente concretizada", mas que é eminentemente digna de nosso "compromisso sincero" mesmo assim.[4] Se você estiver preparado para embarcar nessa jornada, se estiver pronto para tirar a máscara da perfeição, abandonar sua imagem idealizada e se abrir para os outros, vai sentir, como a própria Horney sentiu, mais e mais a alegria de estar em harmonia com seu eu verdadeiro — a essência de quem você é de verdade sob a fachada "perfeita".

Assim, sem nem perceber, sem nem tentar conscientemente, você vai achar o perfeccionismo cada vez menos necessário.

O segredo para começar essa jornada, diz Horney, é reconhecer que a "adaptação ao normal psíquico" é o que gera o problema do perfeccionismo, em primeiro lugar.[5] E, por adaptação ao normal psíquico, ela se refere ao que chamei, como uma provocação, de nossa "síndrome de Estocolmo da alma". Devemos ter a perspectiva de que é a aculturação que está nos causando prejuízo, e também devemos fazer o trabalho duro de desaprender os impulsos de nossa cultura, e aprender a aproveitar o que Horney chama de "saúde psíquica".[6]

A saúde psíquica é o termo de Horney para se aceitar por inteiro com todos os seus sentimentos. Sua própria batalha para se adaptar à cultura patriarcal nos anos 1930 e 1940 ensinou-lhe que os primeiros passos rumo a essa aceitação serão muito difíceis, e sem qualquer garantia de sucesso. Mas Horney também nos assegurou que, com o tempo e a prática, você vai começar a *sentir* as coisas diferentes.

Confie no processo e saiba que se aceitar será um território desconhecido. Você às vezes vai se desesperar, e sentirá com frequência que não tem como se aceitar por inteiro porque você por inteiro exigiria muito a desvendar.

E lembre-se de minhas palavras: assim como a maior parte das coisas na vida, esse desvendamento vai ser muito mais difícil se você for de uma comunidade desprivilegiada ou minoritária, o que significa que a paciência vai ser uma virtude, ainda mais para aqueles que devem se esforçar ao máximo para se conformar ao "ideal" da sociedade. Uma forma de pensar nisso, em minha opinião, é que ninguém pega uma guitarra pela primeira vez e começa a tocar "Hotel California". Pela mesma lógica, esse impulso quase instintivo de controlar as impressões não pode ser simplesmente desaprendido da noite para o dia.

No entanto, sob esse gerenciamento de impressões, há um conjunto de ansiedades mais básicas a partir das quais podemos começar a trabalhar: medo de julgamento, medo de rejeição, medo de fracasso.

Confrontar essas ansiedades de frente é o próximo passo importante. Fazer isso será extremamente difícil, mas se empenhe. Uma boa forma é criar uma lista do que é a perfeição para você. Em seguida, olhe a lista e escolha algo que confronte suas ansiedades básicas de forma desconfortável. Pode ser travar uma conversa com alguém simpático do trabalho; não passar filtro naquela selfie; tirar um tempo das redes sociais; ser generoso consigo sempre que errar; fazer perguntas, mesmo se as achar idiotas; falar em situações em que você costuma se sentir sem jeito; candidatar-se para aquela vaga de emprego; falar com seu chefe sobre o aumento ou a promoção que você merece; dizer não para o trabalho não remunerado; abrir mão de um bem de status; fazer as coisas que você ama mesmo que não seja campeão mundial nelas.

Então observe o que acontece. Como foi? Como você se sentiu?

Passe pela ansiedade que esses pequenos passos vão gerar. Pense nela e reflita sobre esse sentimento. Não reaja, não a reprima nem a recicle em outra coisa. Apenas deixe que ela atravesse você; deixe que ela fique. Você vai descobrir que seu medo diz algo significativo. A aprovação de que você precisa de forma tão desesperada, e que tanto tem pavor de perder, é apenas um acessório para seu eu perfeito. Deixe essa ficha cair e pergunte-se: "Será que vale a pena passar por esse medo constante para ter essa versão impossível de mim?".

Continue confrontando esse medo e, conforme ficar mais à vontade em mostrar seu verdadeiro eu, permita mais e mais a entrada do mundo exterior. Deixe que as forças externas a você e longe de sua esfera de influência passem e resista ao impulso de tentar constantemente influenciar o mundo — como se tudo ao seu redor pudesse de alguma forma ser aperfeiçoado. O que vai acontecer, acontecerá de qualquer forma. Amigos e conhecidos vão fazer e dizer coisas que magoam. Chefes e políticos vão tomar decisões difíceis e transformadoras. Desastres naturais, eventos climáticos extremos e pandemias mortais serão parte integral de um "novo normal".

Nenhuma dessas certezas pode ser prevista, que dirá controlada. Elas simplesmente surgem, muitas vezes quando menos esperamos. Mas, apesar da indiferença do acaso e do destino, nosso instinto é nos apegar ao que o psicólogo clínico David Smail chama de "voluntarismo mágico" — ou a falácia de que podemos decidir a trajetória de nossa vida com nossos esforços e nada além de nossos esforços.[7] Portanto, além de trabalhar na autoaceitação, é vital que você também trabalhe em aceitar a inevitabilidade das coisas que não tem como mudar, o que significa confrontar seus medos de julgamento, rejeição e fracasso de frente, correr riscos, aceitar a dor, o sofrimento e os momentos difíceis como partes espinhosas da vida e, ao fazer isso, não deixar que elas se transformem em sofrimento desnecessário e autoaversão.

A psicóloga Tara Brach chama essa aceitação de "aceitação radical".[8] Radical porque descreve a aceitação da vida como ela é, pelo que ela é, em vez de se afligir constantemente sobre por que a vida não é melhor ou como deveríamos estar agindo melhor. Claro, as circunstâncias da vida — *e as consequências dessas circunstâncias* — significam que essa aceitação será muito mais difícil para alguns praticarem do que para outros. Mas isso não a torna menos essencial. Em muitos sentidos, ter uma vida difícil torna a aceitação radical ainda mais essencial.

Também quero deixar outra coisa clara: a aceitação radical não significa desistir e aceitar sua sorte na vida. Você pode aceitar radicalmente o que está acontecendo com você e, ainda assim, trabalhar duro, abrir o próprio caminho e, nesse caminho, conquistar coisas grandiosas. Significa que, ao nos dedicar à luta, como na vida, devemos o máximo possível permitir que o fluxo de nossa experiência nos carregue — o processo, o aprendizado, o desenvolvimento, a autodescoberta e assim por diante —, não resultados, comparações, prêmios, status, classificações ou qualquer uma das muitas medidas e métricas que podemos aspirar a alcançar, mas não temos como controlar de forma direta.

Pense na aceitação radical como se estivesse pilotando um veleiro sobre as ondas. Quando você aceita que nem tudo está dentro de seu poder de resolver, aprimorar ou aperfeiçoar, terá uma ideia geral de para onde está se dirigindo e vai conseguir achar um rumo para chegar lá. Mas, ao contrário daqueles que acreditam no voluntarismo mágico, você vai fazer isso com total consciência de que as condições ditarão a dificuldade e o tempo da jornada.

Na viagem, você vai passar por altos e baixos enquanto enfrenta vento, ondas, cristas e rebentações que a vida invariavelmente lançará em sua direção. Às vezes, você terá o auxílio de um vento de popa favorável, e isso é ótimo — aproveite o máximo possível! Outras vezes, vai precisar de todas as suas forças apenas para seguir em frente, o que não tem problema, até certo ponto. E, outras ainda, as circunstâncias vão ditar que você deve flutuar para onde a maré levar você, ao menos por um tempo.

Continue praticando aceitar essas realidades, resista a isso, porque vale cada segundo de desconforto — sobretudo quando as condições estão contra você. Não será fácil. Nos momentos mais desafiadores, quando você estiver cheio de dúvidas e desespero, sucumbirá com frequência e, às vezes, dolorosamente à sedução das redes sociais, à atração implacável da publicidade ou à pressão de competir na escola ou no trabalho. E vai pintar aquela fachada perfeita de novo.

Você vai se sentir desencorajado, mas lembre-se: *o que importa é a jornada*. É a estrada rumo à aceitação que queremos percorrer; o objetivo não é descansar confortavelmente no destino. Cada contratempo é uma nova lembrança da seriedade de ir contra o cerne de sua cultura. Então seja gentil consigo, sempre, saiba que é incrivelmente difícil e saiba também que, mesmo que você ache que não está chegando a lugar nenhum, o mero ato de trabalhar na aceitação — de se sentir à vontade na própria pele e com as próprias circunstâncias — é uma das coisas mais corajosas que você pode fazer.

Continue em frente. Não desista. Toda vez que você se levanta e volta a se postar na linha de fogo, sua confiança cresce um pouco mais, a aceitação radical chega um pouco mais perto, e você vai sentir mais e mais a alegria espontânea que emana quando você toma decisões autênticas e assume total responsabilidade por elas, de maneira cada vez mais regular. Confie em mim, não há nada que nos deixe mais desconfortáveis do que tentar ser outra pessoa — alguém perfeito. E não existe nada que nos dê mais alegria do que pensar, sentir e dizer o que é nosso.

O objetivo da terapia, segundo Karen Horney, é conquistar exatamente esse tipo de alegria espontânea. O tipo que mostra que o paciente voltou a si e sente "uma integração genuína e uma sensação sólida de integridade, unidade [porque] não apenas o corpo e a mente, a ação e o pensamento ou sentimento, estão consoantes e harmoniosos, mas funcionam sem nenhum conflito interno grave".[9] Como um dos pacientes mais perfeccionistas de Horney expressou em uma carta:

> Até agora, não aprendi nada, não entendi nada e, portanto, não tive como amar nada além do simples motivo por que não estava aqui! Por mais de quarenta anos de minha vida, eu me exilei de mim sem nem desconfiar. Meramente entender isso, agora, é extraordinário. Não é apenas o fim de toda aquela morte, mas o começo da vida.

Como esse paciente, podemos ganhar uma perspectiva da vida que o perfeccionismo está drenando de nossa vida. E, então, com muita perseverança paciente, podemos seguir em uma direção rumo à autoaceitação, ou "começar a vida", como o paciente de Horney expressou de maneira tão forte. "Sou minha aparência física, o que tenho e o que conquistei" passa a ser "Sou o que sou, e sou bom o bastante". É então que você finalmente se liberta da armadilha da perfeição.

* * *

Paul Hewitt dedicou a vida profissional a ajudar os perfeccionistas, porque o perfeccionismo impõe um desafio extremamente complicado. Como ele observou muitas vezes, os pacientes quase nunca intuem que o perfeccionismo esteja na origem de seus problemas. Isso significa que, para o derrotarmos, nós que sofremos dele devemos antes passar a entender que nosso perfeccionismo não está fazendo o que pensamos que ele está fazendo. Não está nos sustentando em um pedestal de competência e hiperfuncionalidade; é insegurança e vergonha se fazendo passar por essas coisas.

Minha esperança é que este livro tenha ajudado a convencê-lo disso. E, em posse de um novo conhecimento sobre essa característica tão curiosa, você vai decidir percorrer um caminho diferente. Escolher esse caminho novo vai consistir em fazer várias mudanças na maneira como você enxerga o mundo e interage com ele, muitas das quais descrevi ao longo deste livro. Mas as mudanças mais significativas são as encontradas neste capítulo. Elas incluem, primeiro, identificar o perfeccionismo como um *problema a ser reconhecido e trabalhado*; segundo, reconhecer que sofremos dessa aflição porque nossa economia e nossa cultura a *exigem e celebram*; e, terceiro, dentro dessa realidade, estabelecer um compromisso sincero de *aceitar quem somos e onde estamos na vida*, sabendo que essa aceitação pode nunca ser atingida de maneira plena, mas que a alegria que se sente ao vislumbrá-la com cada vez mais regularidade vale o desafio de chegar lá.

Devo deixar claro, porque é importante: podemos ser ambiciosos, e podemos nos comprometer a fazer coisas ótimas. Não existe absolutamente nenhum problema em se dedicar. Mas o foco deveria estar em se dedicar como meu avô fazia. Isto é, pelo próprio fluxo da experiência em si e pelo que essa experiência deixa no mundo, sem se preocupar com os resultados ou com a aprovação de outras pessoas, sem se aborrecer com o que pode ser aprendido, como podemos "errar melhor" ou se "chegamos lá" (ou mesmo se chegamos a algum lugar). "Somos o que somos", devemos nos lembrar sempre, "e o que somos é bom o suficiente."

Isso é o que podemos fazer pessoalmente para escapar da armadilha da perfeição. Agora, e quanto à sociedade como um todo?

13. Posfácio para uma sociedade pós-perfeccionismo
Ou a vida na terra do bom o suficiente

> *Nem tudo que se enfrenta pode ser mudado;*
> *mas nada pode ser mudado se não for enfrentado.*
>
> James Baldwin[1]

O último capítulo, em muitos sentidos, foi o mais difícil de escrever. Eu queria dar esperança aos leitores que sofrem com o perfeccionismo, e coisas para se ter em mente enquanto enfrentam sua condição. Se exercitarmos uma perseverança paciente o bastante, podemos nos armar de aceitação — tanto em relação a nós mesmos quanto a nossas circunstâncias. Então, aos poucos, de forma irregular, e tirando muitas camadas, podemos descobrir mais e mais alegria espontânea que você pode ver em crianças por toda parte, mesmo nas mais pobres, por simplesmente estarem vivas; ou aquela emoção que surge quando você percebe que está apaixonado por outro ser humano; ou que preenche você naqueles lampejos sempre breves de conexão íntima com a natureza.

Essa alegria explosiva é o que acontece quando encontramos contentamento. O fato de ela existir e termos acesso a ela é a notícia boa.

A notícia ruim é que você e eu não conseguimos ter acesso a ela. Ao pôr o ônus em *nós* para nos despertar a essa realidade e *nos* mudar de acordo com ela, há o risco de, mais uma vez, tornar a responsabilização pessoal a origem da salvação. Podemos e devemos fazer de tudo para ajudar a aliviar a pressão — demonstrar nossos sentimentos, deixar certas coisas para lá, praticar a autocompaixão, aceitar o fracasso e nos decidir por um caminho a seguir dentro de nós. Mas fazer essas coisas não vai mudar o fato de que estamos mais pressionados do que nunca pelo peso de uma economia que busca crescer a todo custo, que nos inunda com fantasias perfeccionistas, nunca nos permite nos sentir suficientes e nos mantém sempre desejando e ansiando mais. Em vez de aceitar que nosso controle sobre essas condições estruturais é extremamente limitado, somos voltados na direção do perfeccionismo e nos culpamos por não sermos capazes de vencê-lo.

Tentei demonstrar que você pode resistir a esse condicionamento e fazer algo em si mesmo para sentir maior aceitação. E, claro, *algo* é melhor do que nada.

Mas não podemos parar por aí. Somos cidadãos vivendo em uma sociedade compartilhada, sobre a qual devemos concordar para administrá-la coletivamente, a fim de conseguir fazer qualquer progresso em nossas tensões em comum. Pessoas perfeccionistas podem ser trabalhadores e consumidores ideais aos olhos de nossos políticos, economistas e planejadores sociais. Mas sua presença sempre crescente nos diz que algo está profundamente errado se as únicas coisas com que nos importamos é trabalho e consumo. A ausência de necessidades intrínsecas, como camaradagem, amor incondicional, clemência, compaixão e honestidade, e a presença de sentimentos alienados, como descontentamento, insegurança, ansiedade e infelicidade, são responsabilidade de uma sociedade defeituosa. E uma sociedade defeituosa é, sem dúvida, uma questão política.

Em uma tarde ensolarada de julho de 2022, em que as coisas estão reabrindo depois dos lockdowns do coronavírus, estou tomando uma taça de Soave sob o guarda-sol de um café com vista para os jardins de Valle em Pádua, no norte da Itália. Estou acompanhado por alguns estudantes das universidades vizinhas e conversamos sobre perfeccionismo. De repente, a conversa se volta para as redes sociais e a digitalização da sociedade italiana e, sem que eu me dê conta, sem nem querer ir para lá, estou no meio de uma conversa sobre pós-modernidade.

"Então, dr. Curran, o que o senhor pensa sobre a ideia de simulacro de Jean Baudrillard?", um deles me pergunta. "Ele estava certo de que nos tornamos tão dependentes dos algoritmos, modelos e mapas que perdemos todo o contato com o mundo real? Será que esse poderia ser o motivo por que estamos recorrendo ao perfeccionismo — por que estamos tentando sobreviver dentro do simulacro?"

"Ótima pergunta", eu respondi. "O que você acha?"

"Acho que sim", o estudante me diz. "Instagram, inteligência artificial, realidade virtual. Todas essas tecnologias são incríveis, mas também geram esse tipo de hiper-realidade em que é quase impossível saber o que é vida real e o que é imitação digital."

Todos os olhos se voltam para mim.

"O que eu acho? Bom, certa noite, meu colega Fred Basso e eu chegamos à conclusão de que Baudrillard estava certo", falei. "Mas então repensamos, e não tive tanta certeza.

Mas, depois de pensar melhor, agora estou convencido de que há certa verdade nas observações dele, só que com implicações muito mais profundas do que o próprio Baudrillard ousava imaginar."

Achei uma resposta muito boa para alguém que mal tinha lido dez páginas de Baudrillard antes de ligar a Netflix.

Uma coisa é certa: aqueles estudantes são inteligentes, o que não deveria ser uma grande surpresa, visto que a Itália tem um dos melhores sistemas de educação pública do planeta. Tão bom, inclusive, que o ensino particular nem foi para a frente lá, mesmo entre os mais ricos. Esses estudantes também são jovens, o que atualmente dá outra perspectiva — digamos mais lúcida — sobre o sucesso de nossa economia globalizada, interconectada, hiperfinancializada, mediada pela tecnologia e pelo lado da oferta.

Alguns minutos se passaram. Conversamos mais um pouco sobre economia, sociedade, política e como essas coisas impactam a psicologia. Um estudante questionador tomou coragem para perguntar: "É verdade que o Brexit foi um voto de protesto? As pessoas estão mesmo tão furiosas com a situação atual?".

"Ele não quer falar sobre isso", outro retrucou.

"Não tem problema", digo de bom humor. "Está tudo conectado no nível mais básico. O Brexit e Trump são também fenômenos com origens em insegurança. É apenas insegurança projetada para fora. Aqueles que votaram a favor desses movimentos catastróficos sentem que seu padrão de vida está se deteriorando. No fundo, eles sabem que estão sendo ferrados, mas o problema é que não conseguem enxergar quem os está ferrando. Então, ironicamente, recorrem aos muitos showmen e aos autoritários que os ferram como substitutos da segurança que falta neles."

Os outros concordaram. Consigo ver que essa é uma linguagem que eles entendem.

"E eles não têm essa segurança porque não conseguem escapar do controle dessa economia, que os torce feito um pano úmido, querendo até a última gota de lucro que podem tirar."

Uma jovem intervém e responde: "Na Itália, temos um ditado: 'o suficiente basta'. No passado, tenho certeza de que a insegurança em viver certa vida ou ter determinada aparência seria algo que nós italianos mal reconhecíamos. Hoje não. O que aconteceu na Grã-Bretanha e nos Estados Unidos está acontecendo aqui também."

Os outros concordaram de novo.

E, claro, ela tem razão. Olhe ao redor. A economia pelo lado da oferta está batendo na porta da Itália. Todos ao redor da mesa têm um smartphone, um guarda-roupa cheio de peças de fast-fashion e uma rede social sedenta por novo conteúdo. A única diferença, ao que me parece, é que, ao contrário dos britânicos ou norte-americanos, esses jovens não vão deixar que essas coisas atrapalhem uma boa refeição e um bom vinho.

No entanto, ao escutar o que eles falam, encontro algo incrivelmente esperançoso neles. Eles podem participar dessa economia, mas definitivamente não são enganados por toda essa abundância de quinquilharias. Eles têm essa capacidade incrível de se descolar do condicionamento constante de sua cultura. E parecem entender, quase por instinto, que o que é melhor para a economia não necessariamente é melhor para eles, suas comunidades ou seu planeta.

Não são apenas os italianos. A grande maioria dos jovens com quem interajo todos os dias também entende isso. Pode-se dizer que eles são a geração mais exposta à economia pelo lado da oferta em sua encarnação mais selvagem. Não sei como. Mas, de algum modo, apesar de tudo que essa economia atira contra eles, eles conseguem manter a mente lúcida, fazer as perguntas certas e chegar às repostas corretas.

Neste livro, tentei argumentar que o perfeccionismo é um fenômeno cultural. Nossa obsessão pela perfeição, e o efeito em cadeia que o perfeccionismo provoca em nossa saúde mental e nossos relacionamentos, é parte de uma esteira de déficit em que todos nós somos obrigados a correr, ainda mais freneticamente e com ainda mais tensão, devotando mais e mais de nós mesmos a aperfeiçoar as coisas que achamos que estão imperfeitas. O que menos precisamos agora, neste momento crítico do tempo, é continuar correndo. O que precisamos, como todos aqueles italianos vão dizer a você, é uma forma de pisar no freio.

Até aceitar esse fato, faremos poucos progressos significativos em relação ao perfeccionismo. Até decidirmos que é melhor nos reabilitar, reabilitar nossas comunidades e nosso ecossistema mais do que ter mais alguns brinquedos e aparelhos. Até nos aproximarmos das pessoas em vez de irmos contra elas, conservarmos em vez de desperdiçar e nos recusarmos a lucrar com atividades que prejudicam outros humanos ou o mundo natural. Até, em outras palavras, percebermos que o crescimento econômico sempre exige uma perda, e não vale a pena se essa perda for nossa saúde e nossa felicidade.

Se conseguirmos simplesmente imaginar essa sociedade, se conseguirmos supor que as pessoas vão mesmo se entusiasmar em viver nesse mundo, então conseguimos considerar a mudança ao menos como uma possibilidade. E a possibilidade é o mapa da esperança. Significa que as coisas não têm que ser dessa forma. Significa que as coisas podem ser diferentes. Podemos nos libertar da dependência mórbida de nossa economia no crescimento. Podemos saber que o suficiente basta.

Para dar uma visão de como esse futuro pode ser, este capítulo é um experimento, de certo modo. Quero explicitar a lógica de uma cidadania cujas prioridades mudaram radicalmente e que deu seu conhecimento sincero para viver em uma economia de estado estacionário que não exige um crescimento parabólico apenas para sobreviver. Se esse fosse o caso, que tipo de coisas mudaríamos e quais políticas implementaríamos? Minhas proposições não são exaustivas, tampouco têm a intenção de ser prescritivas. Peço apenas que você as considere com a mente aberta e imagine o que aconteceria se uma, várias ou todas se materializassem. Estaríamos melhor? Estaríamos mais felizes? O perfeccionismo ainda seria nosso defeito favorito?

O CRESCIMENTO DESCONTROLADO
ESTÁ ACABANDO CONOSCO E COM O PLANETA — ENTÃO DEVEMOS ACEITAR UMA ECONOMIA DE ESTADO ESTACIONÁRIO QUE NÃO DEPENDA DELE

O crescimento econômico — imortalizado em unidades de produto interno bruto — é o Deus secular todo-poderoso. Nós o veneramos em seu altar sobre um pedestal dourado acima de todas as outras considerações. Seja o que for que a economia precise, independentemente dos custos humanos ou ambientais, ela invariavelmente consegue. Durante a pandemia do coronavírus, por exemplo, li no jornal que o governo britânico fez uma análise de custo-benefício sobre medidas de contenção. Alguns economistas, do alto de seus cargos em Whitehall, calcularam que os "benefícios" econômicos de não fazer lockdown na economia britânica seriam justificados se a taxa de mortalidade anual conseguisse ser mantida abaixo de 50 mil. Apenas para deixar claro: são 50 mil mortes "aceitáveis" para salvaguardar o crescimento econômico.[2]

Avaliar as crises de saúde pública do ponto de vista do crescimento econômico é bem simbólico de nossos tempos. E não é apenas saúde pública; todas as partes monetizáveis da sociedade estão sendo entregues e vendidas em troca de um ponto base extra de PIB. Se um alienígena descesse do espaço, seria perdoado se pensasse que os seres humanos existem meramente em função da economia. Falamos da economia como se ela fosse um organismo vivo. Como se, em vez de nós, ela fosse o agente senciente que precisa de cuidado constante.

"O que é bom para a economia?", perguntamos. "O que é ruim para a economia?"

Claro, a busca escancarada por crescimento econômico nem sempre é destrutiva. Quando as sociedades estão em sua fase agrária inicial de desenvolvimento, o crescimento econômico é a única forma que conhecemos de acabar com a privação, o sofrimento e as mortes evitáveis. Mais de 1 bilhão de pessoas em todo o mundo saíram da pobreza extrema nos últimos 25 anos, e o crescimento econômico generalizado é parte importante do motivo de isso ter acontecido.[3]

Em certo ponto, porém, com crescimento suficiente, o dilema da privação se resolve e o nível geral de abundância passa do ponto em que a relação de crescimento com padrões de vida melhores começa a se enfraquecer. É exatamente o ponto onde estamos há algum tempo no Ocidente. O problema que enfrentamos não é a escassez, mas sim manter essa escassez para que a economia continue crescendo apesar de ter chegado a um nível de abundância que sustentaria um bom "padrão de vida". Como fazer isso é bastante simples: simplesmente se produz a existência de escassez. E falamos neste livro sobre as muitas formas como a escassez — ou a sensação de não ter ou ser o suficiente — é produzida.

Podemos fazer a mudança para uma economia mais sustentável que não exija escassez produzida só para se manter crescendo? Essa pergunta, em muitos sentidos, é discutível, porque adotar uma economia mais sustentável não vai ser uma escolha — vai ser uma necessidade. Em primeiro lugar, porque as tendências estruturais, como o envelhecimento de populações, taxas defasadas de inovação, taxas impressionantes de endividamento e os efeitos a longo prazo da covid-19 significam que as economias desenvolvidas *já* estão se refreando (e vão continuar a se refrear).[4] Em segundo lugar, porque o crescimento econômico tem uma correlação quase perfeita com o consumo de energia.[5] Isso significa que cada ponto base de PIB exige uma quantidade equivalente de combustíveis fósseis para alimentá-lo — aumentando assim as emissões de carbono e acelerando os efeitos já devastadores da mudança climática.[6]

Então imagino que a verdadeira pergunta seja: nossa ficha vai cair a tempo? Felizmente, ainda não estamos em um caminho sem volta. Mas a janela de oportunidade está se fechando rápido, e eu em particular não sou muito otimista de que nossa safra atual de líderes pouco sagazes não vá esperar algo realmente cataclísmico para serem forçados, relutantes, a mudar.

Em um artigo intitulado "Verificação de dados sobre os modelos mundiais que preveem colapso global", a economista holandesa e pesquisadora de sustentabilidade Gaya Herrington relatou uma análise arrepiante que mostrava exatamente o cataclisma para o qual estamos nos encaminhando se não mudarmos logo. Modelando o impacto de vários cenários de crescimento com base em aspectos como cadeia global de alimentos, capacidade de recursos naturais e sustentabilidade ecológica, ela descobriu que enfrentamos um "padrão de colapso" ecológico em todos eles, o que só pode ser refreado em um "declínio moderado" com pressupostos extremamente otimistas de inovação tecnológica.[7] "A humanidade está a caminho", Herrington conclui, "de ter limites para o crescimento imposto a ela em vez de escolher de modo consciente os próprios limites."[8]

O colapso sistêmico também é uma possibilidade muito real para o sistema financeiro. "A economia mundial está um caos", escreve a economista Ann Pettifor, por causa de níveis insustentáveis de dívida soberana, corporativa e familiar. Também insustentáveis são os níveis de dívida em que fomos encurralados. "Parar de repente acabaria com um sistema financeiro disfuncional", Pettifor diz, "de tão perdidamente viciado em injeções de emergência."[9]

E há mais uma coisa que torna nossa devoção servil ao crescimento econômico insustentável. Continuar seguindo esse caminho não vai causar apenas o colapso de nossos sistemas planetário e financeiro; vai provocar o colapso dos humanos também. Em nível psicológico, a insegurança que conseguimos tolerar tem um limite. Se nunca conseguirmos nos sentir suficientes, se sempre precisarmos buscar mais, se não tivermos permissão em algum momento de pisar no freio e sentir algo próximo de contentamento, então, no futuro, também vamos sucumbir a nossa própria forma de colapso coletivo. O aumento vertiginoso do perfeccionismo prescrito socialmente é, em muitos sentidos, um dos principais indicadores desse futuro temido.

"A única solução", segundo Pettifor, "é cirurgia no sistema em si."

O que Pettifor quer dizer por cirurgia é uma restauração econômica completa. A economista britânica Kate Raworth pensa nessa restauração e em como as regras econômicas podem ser reescritas em uma nova economia em que o crescimento *não* seja tudo. Essa economia de estado estacionário — uma economia que ela chama de "economia donut" — é um mapa para reorientação.[10] O donut de Raworth é um círculo de sustentabilidade que estabelece um piso e um teto sobre o quanto uma economia precisa crescer. Com pouco crescimento, ela não vai sustentar as necessidades básicas de seus cidadãos; com muito crescimento, vai ignorar os limites ecologicamente viáveis e causar um dano significativo às pessoas e ao meio ambiente.

Segundo a análise de Raworth, já ultrapassamos esses limites faz tempo. E, de fato, a busca por uma economia de estado estacionário vem em grande parte daqueles preocupados com o impacto destrutivo do crescimento descontrolado sobre a poluição, o aquecimento global e a perda de biodiversidade. A solução de Raworth é estabelecer um limite ambiental e deixar que o crescimento econômico oscile dentro do donut de sustentabilidade, no qual, segundo ela, o PIB vai subir e descer "em resposta à economia em evolução constante". O segredo é não tolerar o crescimento oscilante, mas buscá-lo ativamente como um objetivo estratégico.

Vá em frente e diga que isso é muito paz e amor e nada prático — você não vai ser o primeiro. Eu responderia simplesmente que deveríamos dar mais atenção a pessoas como Herrington, Pettifor e Raworth, pois o que essas mulheres estão dizendo é que a busca contínua por crescimento como único objetivo estratégico é um cálice envenenado que, mais cedo ou mais tarde, vai nos guiar rumo a um caminho de grande fragmentação social. Essa fragmentação pode vir das fragilidades do mundo natural, do sistema financeiro ou de seres humanos. Mais provavelmente, virá da lenta deterioração constante da saúde de todos os três.

A economia donut de Raworth nos mostra que não temos que nos enfiar nesse caminho. Podemos definir um teto sobre o crescimento, e podemos almejar uma economia de crescimento estacionário como um objetivo estratégico deliberado. Esse teto vai não apenas nos dar nossa melhor chance de reabilitar o planeta e estabilizar um sistema financeiro frágil, como também vai nos ajudar a nos recuperar das muitas e variadas feridas do perfeccionismo. Vai nos mostrar que o suficiente basta; que podemos ter as coisas de que precisamos sem desejar as coisas de que não precisamos. Vai nos permitir apreciar o tempo longe da correria, em nossa casa e comunidade. E vai concentrar nossa mente no que realmente importa na vida: nossa saúde, nossos relacionamentos e nossa felicidade.

O PIB É UMA MEDIDA CRUEL DE CRESCIMENTO
— ENTÃO, VAMOS CALCULAR O PROGRESSO COM OUTROS INDICADORES NO LUGAR DELE

Nações democráticas sempre precisam de indicadores e critérios segundo os quais medir seu progresso. Nas mais ricas, o crescimento econômico é inadequado para esse desafio pelos motivos que acabamos de discutir, o que leva à pergunta: que medida de progresso devemos usar em seu lugar? Acredito que a resposta é felicidade e bem-estar.

Se, em vez de priorizar bens e serviços, priorizarmos a felicidade e o bem-estar, podemos nos questionar quais são as perdas toda vez que uma nova plataforma for proposta. Quais são as perdas em felicidade e bem-estar se os funcionários forem privados de seus direitos a tirar férias remuneradas? Ou se os hospitais forem terceirizados para o setor privado? Ou uma biblioteca pública for vendida para uma incorporadora? O aumento no PIB vale a pena? Ou essas plataformas vão tornar a vida das pessoas mais difícil e infeliz?

O economista britânico Richard Layard acredita que a felicidade e o bem-estar deveriam ser o critério focal das políticas públicas.[11] Sua pesquisa mostra que o crescimento econômico tem pouca correlação com a felicidade e o bem-estar da população e, portanto, segundo ele, os governos deveriam priorizar outros resultados como saúde mental. O trabalho de Layard tem exercido grande influência e servido de ponto de partida para iniciativas globais voltadas a medir a prosperidade de uma forma que situa as pessoas acima dos lucros.

O índice de desenvolvimento humano da ONU talvez seja a mais notável dentre essas iniciativas. Todo ano, ele classifica o progresso social dos países segundo três dimensões de desenvolvimento humano: viver uma vida longa e saudável, o acesso à educação e ter um padrão de vida decente. Outros indicadores internacionais, como o Índice do Planeta Feliz, o Relatório Mundial da Felicidade e o Índice de Desenvolvimento Social fazem coisas semelhantes, ainda que em escalas menores. Além deles, também podemos monitorar níveis de perfeccionismo, porque, em termos de termômetro das pressões sociais, ele é extremamente instrutivo.

Os indicadores de bem-estar humano também estão começando a influenciar os governos. A Nova Zelândia, por exemplo, tornou-se a primeira nação a incorporar medidas de felicidade e bem-estar em considerações estratégicas. Do mesmo modo, o Butão tem um índice chamado felicidade interna bruta, que o país usa para determinar se políticas devem ser implementadas com base em como impactam o bem-estar humano. Esse indicador ganhou força mundial e tem sido experimentado em várias cidades norte-americanas como Victoria, Seattle e Eau Claire. Nenhuma nação situa a prosperidade humana acima do crescimento econômico. Ainda. Mas esses são passos encorajadores na direção certa.

O TRABALHO VAI ENFRENTAR MUDANÇAS SIGNIFICATIVAS EM UMA ECONOMIA DE ESTADO ESTACIONÁRIO — PORTANTO, PRECISAMOS ACEITAR ESSA MUDANÇA COMO UMA OPORTUNIDADE PARA TRABALHAR MENOS

Se o primeiro passo para derrotar nossa obsessão pela perfeição é escolher viver dentro de uma economia que valorize o bem-estar no lugar de bens e serviços, o passo seguinte será gerenciar as repercussões. Uma dessas repercussões são os empregos. Se as pessoas realmente forem convencidas de que o crescimento não é tudo, e os políticos implementarem medidas para levar isso adiante, haverá implicações profundas para o consumo, o que causa implicações profundas para os empregos. A pergunta é: como gerenciá-las?

É óbvio que precisamos trabalhar. A sociedade desmoronaria bem rapidamente se todos abandonassem o trabalho. E, embora possa parecer contraintuitivo a princípio, uma sociedade sem trabalho — na qual sentamos e procuramos o que fazer — é uma perspectiva tão desagradável quanto uma sociedade completamente esgotada. Conforme avançamos rumo a uma economia de estado estacionário, nosso dilema será como manter um número necessário de pessoas trabalhando para produzir a quantidade ideal, em vez de máxima. Esse é um problema novo para as economias desenvolvidas e, embora tenhamos falado muito, ainda não o enfrentamos seriamente.

E teremos que enfrentá-lo seriamente também, porque menos consumo necessariamente significa perdas de postos de trabalho. O trabalhador do varejo que vende peças de fast-fashion as quais não desejaremos mais será desnecessário. Tampouco o caminhoneiro que as transporta de um lado a outro do país nem o publicitário que escreve o anúncio de propaganda. Seria fácil parar nesse momento e admitir a derrota. Mas os riscos são urgentes demais e, além disso, esse não é o problema insuperável que nos dizem ser. Lidar com a perda de postos profissionais sem que os afetados sejam penalizados exige apenas vontade, imaginação e ação coletiva e orquestrada.

A primeira coisa a ter em mente é o tipo de perda de postos de trabalho que estamos discutindo. Suponhamos que as pessoas decidam que querem viver em uma economia de estado estacionário, que seus níveis anteriores de trabalho e consumo eram falaciosos, e vinham às custas de sua felicidade e da preservação ambiental. Nesse caso, elas estarão motivadas a trabalhar e consumir menos, e o efeito líquido de perda de renda seria anulado por menos despesas. Em outras palavras, elas terão decidido ir mais devagar na esteira. Essa é uma situação muito diferente do tipo convencional de demanda enfraquecida que leva a recessões. Nela, as pessoas ainda querem e precisam de coisas, mas, por longos períodos, não têm recursos para comprá-las.

Sob condições de desejo enfraquecido, a perda de postos de trabalho apresenta questões particulares. Não estaríamos consumindo menos por uma necessidade de "poupar", mas sim no sentido ativo e otimista de que a vida não se resume a bens materiais, status e produtividade; que ganhos de renda simplesmente não valem a pena se vierem às custas de propósitos e atitudes perfeccionistas em relação ao trabalho e ao consumo. Se isso parece estranho, leia o depoimento de trabalhadores que pensam exatamente dessa forma no best-seller de David Graeber *Bullshit Jobs* [Trabalhos de merda].[12] No fundo, eles sabem que seu emprego não tem qualquer propósito real, mas sua vida é precária demais para pedirem demissão em busca de algo mais gratificante. Nessa economia, há milhões de empregos assim, que existem sem nenhum motivo além de manter a roda de hamster de crescimento girando e legitimar a parcela cada vez menor das migalhas que chegam aos que trabalham nessas vagas.[13]

Uma economia de estado estacionário realocaria esse trabalho ingrato de maneira natural. Claro, haverá menos empregos em indústrias que dependem de resíduos e busca de aluguel, porém mais empregos seriam criados em indústrias focadas em sustentabilidade e preservação. Por exemplo, desenvolvedores de software cuja função é disfarçar ativos corruptos dentro de derivadas sofisticadas não terão seu trabalho dispensado em uma economia de estado estacionário. Seriam apenas transferidos para uma função diferente, com um objetivo mais útil para a sociedade. Portanto, em vez de causar outra recessão global, as habilidades e os talentos deles poderiam ser empregados de forma a tornar a sociedade mais estável e resiliente.

É claro que a quantidade de trabalhos de merda perdidos em uma economia de estado estacionário ainda superaria a quantidade de postos de trabalho úteis criados. Afinal, se a produção total não se nivelar nem diminuir, as mudanças que estamos buscando não estariam funcionando de verdade. O dilema é o que fazer com a mão de obra excedente. E esse dilema tem dois lados. Primeiro, como proporcionar itens básicos para as pessoas cujas experiências profissionais não podem ser transferidas facilmente para outras áreas e, segundo, como levar os muitos milhões de pessoas em empregos "de merda" estressantes e exaustivos para novos empregos que atendam melhor as necessidades deles e da sociedade. Um programa de educação pública e reconhecimento de que essas pessoas merecem uma parcela do produto interno, visto que estão se requalificando para o aprimoramento da sociedade, parece uma boa solução para o primeiro problema. E, para o segundo, a solução mais óbvia é o *job sharing*.

O *job sharing* deve ser considerado em qualquer sociedade que busque crescimento de estado estacionário. Por um lado, ele quase certamente será necessário. Porém, o mais importante, para nossa saúde física e mental, é que o *job sharing* permitirá às pessoas trabalhar menos enquanto mantêm um padrão de vida suficientemente bom. A resposta óbvia a isso é que as pessoas deveriam ter permissão de trabalhar em tempo integral se quiserem. E não vejo mal algum nisso. Minha questão é: o que se entende por "tempo integral"? Se nosso acordo sobre o número "correto" de horas trabalhadas consegue passar de sessenta para quarenta, por que não de quarenta para vinte?

Isso pode parecer fantasioso, mas considere o seguinte: já conduzimos um experimento parecido no sentido oposto. Desde os anos 1970, a participação da mão de obra feminina expandiu o número total de pessoas empregadas em cerca de 20% sem qualquer aumento salarial equivalente.[14] Se, enquanto sociedade, conseguimos aumentar a quantidade de trabalho realizado sem aumentar os salários, o que nos impede de reduzir a quantidade de trabalho realizado sem reduzir os salários?

E, mesmo se trabalhar menos horas resultasse em uma redução de renda, é tudo relativo. Menos trabalho vai vir em conjunto com uma mudança social em que todos estamos trabalhando, produzindo e consumindo menos. Nesse caso, se tudo se mantiver dessa forma, precisaríamos de uma renda consideravelmente menor do que temos agora para manter um padrão de vida suficientemente bom. Isso não é o mesmo que aceitar salários mais baixos. Minha ideia é que não seríamos reféns das consequências econômicas do *job sharing* se as administrássemos de maneira coletiva, e a contrapartida seria mais descanso, menos insegurança, menos perfeccionismo e menos queixas de saúde mental que acompanham isso tudo.

O *job sharing*, em certa medida, já está acontecendo. Mas, em vez de pessoas, estamos dividindo o trabalho com a tecnologia. Videoconferência, automação, e-mail, assistentes virtuais inteligentes, calendários eletrônicos e assim por diante reduziram drasticamente o tempo de trabalho em muitas tarefas de rotina sem perder a produtividade. O problema é que nossa economia insiste em que o tempo economizado por essas tecnologias não pode ser aproveitado, mas, em vez disso, deve ser preenchido com ainda mais trabalho. Portanto, imagine outro mundo em que usamos a tecnologia não para aumentar o valor para os acionistas, mas para libertar toda a humanidade da monotonia do trabalho desnecessário. Imagine como seria passar uma parte maior da vida em nossa casa e comunidade, experimentando coisas novas, construindo relações novas, apreciando o lazer recém-encontrado.

As ferramentas estão aí, só precisamos de uma economia que nos permita usá-las para melhorar os padrões de vida de todos.

Agora, entendo, temos uma obsessão pelo trabalho que é quase religiosa e vai ser muito difícil de superar. Eu diria simplesmente que, além de pagamento, status e sucesso profissional, o trabalho cumpre muitas outras funções em nossa vida. Ele nos proporciona dignidade e certo padrão de vida, e contribui para uma sensação de sentido e propósito. Nenhuma dessas coisas seria perdida se tivéssemos que compartilhar nossos trabalhos e aceitar trabalhar um pouco menos. O que se perderia, porém, seriam as percepções imobilizadoras de insegurança, burnout e a infiltração do trabalho em todas as esferas da vida.

Se conseguirmos entender que o dilema de empregos não é o problema insuperável que pensamos ser, podemos começar, ao menos em princípio, a criar um roteiro para a mudança. Iniciativas globais como a semana de quatro dias e uma transição orquestrada rumo a acordos de trabalho mais flexíveis são um excelente começo.[15] O número de empresas que estão adotando essas iniciativas vem crescendo, e elas estão descobrindo que seus funcionários se sentem mais felizes, menos estressados, tiram menos dias de licença médica e são mais produtivos quando as adotam.[16] Uma revisão recente de 33 empresas que experimentaram uma semana de quatro dias, por exemplo, descobriu que o burnout de funcionários foi reduzido em um terço, e os problemas de fadiga e sono em quase 10%, em comparação com uma semana de cinco dias.[17] O equilíbrio entre trabalho e vida pessoal e a satisfação com a vida também melhoraram, bem como o faturamento das empresas. Inclusive, quando se trata de faturamento, talvez a empresa mais famosa a experimentar a semana de quatro dias — a Microsoft Japão — viu um aumento impressionante de 40% em produtividade quando seus funcionários tiraram um dia extra de folga.[18]

Embora os ganhos de produtividade não sejam o motivo pelo qual devemos fazer a transição para um mundo de menos trabalho, ainda é impressionante como dá para conseguir mais por menos.

Esse dado é encorajador, mas devemos ir além. Não vou fingir que será fácil, mas acredito que seja essencial para nos libertar do perfeccionismo e dos muitos outros problemas físicos e psicológicos que o excesso de trabalho precário provoca. O que também será essencial para que tudo isso funcione é uma redução drástica na desigualdade, pois nada disso — a economia de estado estacionário, pôr o bem-estar acima dos bens e serviços, trabalhar menos horas, desfrutar de mais lazer — será possível a menos que a disparidade entre ricos e pobres seja relativamente controlada.

A MAIOR DOENÇA SOCIAL É A DESIGUALDADE,
QUE SÓ VAI PIORAR EM UMA ECONOMIA DE ESTADO ESTACIONÁRIO — PORTANTO, DEVEMOS FAZER TODO O POSSÍVEL PARA REEQUILIBRAR A BALANÇA

"Cobrem impostos de nós." Esse foi o apelo de um grupo de milionários que participou dos protestos na reunião de 2022 das elites financeiras e políticas em Davos, na Suíça.[19] Esses milionários argumentaram que o 1% mais rico dos Estados Unidos tem mais patrimônio que os 92% mais pobres somados, e os cinquenta norte-americanos mais abastados, afirmavam seus cartazes, têm mais riqueza do que toda a metade mais pobre da sociedade norte-americana. Embora os Estados Unidos sejam um caso atípico, a discrepância crescente entre ricos e pobres é uma característica marcante da maioria das economias do mundo moderno. "Como isso pode estar certo", os manifestantes milionários questionaram, "se as crises de custo de vida estão se desdobrando em diversas nações?"

Não é nem um pouco certo, mas é a consequência inevitável da economia pelo lado da oferta. Várias décadas de favorecimento ao lucro — isenção de impostos sobre os ricos, desregulação, financeirização, globalização, dessindicalização e assim por diante — culminaram em uma economia desigual em que os ganhos de crescimento se acumulam entre a elite. E não são apenas rendas e recursos. A elite tem vida mais longa e saudável. Tem casas mais espaçosas, acesso a seguro-saúde particular, duas, talvez três férias por ano e, mais crucial, possuem um poder desproporcional sobre a própria vida e a vida dos outros.

O problema é: não são apenas as economias pelo lado da oferta que criam essas desigualdades. Segundo o economista francês Thomas Piketty, as desigualdades também saem do controle em economias com pouco ou nenhum crescimento. Ainda mais, na verdade, porque a pesquisa dele mostra que as disparidades entre ricos e pobres aumentam no longo prazo quando as taxas de retorno das riquezas — aluguéis de propriedades, dividendos de ações etc. — superam a taxa de crescimento econômico.[20] Supondo que ele esteja correto em relação a isso, e não faltam evidências de que está, as ações tomadas para refrear ou interromper completamente o crescimento econômico vão na verdade criar mais desigualdade e descontentamento social do que já temos. A menos, claro, que fortes medidas preventivas sejam tomadas para criar uma distribuição mais igualitária de renda, riqueza e poder.

Em seu novo livro, *Capital e ideologia*, Piketty propõe algumas medidas.[21] Um imposto mundial sobre grandes fortunas que chegue a até 90% para aqueles com patrimônio acima de 1 bilhão de dólares é a que mais chama a atenção. Mas existem outras. Ele sugere impostos progressivos sobre herança e renda nas taxas marginais mais altas acima de 80%, como houve entre 1950 e 1970. E, com o dinheiro arrecadado, Piketty sugere financiar uma doação de capital concedida a todos ao fazerem 25 anos, o que ele acredita que vai impulsionar o investimento e a atividade empresarial.

Para Piketty, impostos progressivos não têm a ver apenas com redistribuir recurso e poder. Têm a ver com preservação. "Está cada vez mais claro que a solução ao desafio climático não será possível sem um forte movimento no sentido de comprimir as desigualdades sociais em todos os níveis", ele escreve para o *Le Monde*.[22] Porque, segundo ele, "no nível mundial, os 10% mais ricos são responsáveis por quase metade das emissões, e só o 1% mais rico emite mais carbono do que a metade mais pobre do planeta". Taxar os bilionários para que eles deixem de existir criaria uma "redução drástica no poder de compra dos mais ricos [e], desse modo, teria por si só um impacto substancial na redução de emissões em um nível global".

A taxação progressiva era o que aqueles milionários em Davos queriam. Mas criar uma distribuição de renda e riqueza mais equitativa não se resume à taxação progressiva; outras medidas preventivas também devem ser consideradas. Em um artigo de 2020 para a *Review of Political Economy*, os economistas políticos Tilman Hartley, Jeroen van den Bergh e Giorgos Kallis propuseram várias medidas nesse sentido.[23] Elas incluem fomentar cooperativas de trabalhadores, as quais distribuem os lucros corporativos de modo mais igualitário, impor limites máximos às taxas de juros e controles sobre os aluguéis, fortalecer as proteções trabalhistas que reforcem a segurança dos trabalhadores, renda básica, impostos sobre terra e carbono, e maior investimento em bens públicos como moradia, saúde e educação. Todas a favor de reduzir a desigualdade e, para qualquer economia que leve a sério diminuir sua dependência no crescimento, será necessário pôr essas medidas em prática em caráter de urgência.

Aqui, porém, quero me debruçar em apenas uma dessas políticas: renda básica, pois ela vai não apenas aniquilar o sofrimento desnecessário daqueles na base da desigualdade, como também vai aniquilar nossa dependência coletiva no perfeccionismo.

A RENDA BÁSICA DÁ ÀS PESSOAS LIBERDADE REAL PARA FLORESCER SEM TEMER AS CONSEQUÊNCIAS DO INFORTÚNIO — PORTANTO, DEVEMOS IMPLEMENTÁ-LA NO LUGAR DO BEM-ESTAR SOCIAL

Um princípio básico de qualquer sociedade decente é que as pessoas têm o direito incondicional a existir. As pessoas não deveriam precisar justificar nem fazer por merecer sua existência, e definitivamente não deveriam ter que provar seu valor para comer ou dormir em um lugar quente. Em vez disso, as pessoas deveriam ser livres para se expressar como quisessem, assumir todos os riscos que desejassem para se autoconhecer e, caso errassem, deveriam ter o direito de não morrer de fome nem passar necessidade.

Esses ideais estão no cerne da renda básica — um programa econômico centralizado que garante renda a todos. Segundo essa plataforma, todas as pessoas recebem o mínimo necessário para se sustentar, nem mais nem menos. Esse direito fundamental parece estranho visto pelas lentes da cultura atual de responsabilização pessoal. No entanto, a ideia está longe de ser nova: a renda básica é ordenada na teologia cristã e praticada em todo o mundo em muitas comunidades indígenas.

A renda básica expande a liberdade pessoal. Significa que nenhuma pessoa é economicamente dependente de outra. Os empreendedores, por exemplo, podem assumir todos os riscos que quiserem sem medo de perder tudo, desde que estejam dispostos a viver com o necessário. Todos que trabalharem serão pagos além de uma renda básica, a qual só se torna útil quando eles precisam. Com a dimensão e o volume de nosso estado de bem-estar social atual, é difícil imaginar que uma renda básica custaria muito mais do que já gastamos. Talvez menos, se considerarmos as economias em cascata em assistência médica, serviços de saúde mental e policiamento.

Claro, a renda básica será intragável para aqueles que acreditam que as pessoas são inerentemente preguiçosas. Embora essa visão bastante cínica não tenha qualquer base na realidade, em uma meritocracia você a encontrará muito usada por pessoas cujas identidades exigem justificação moral para seu privilégio.[24] A verdade é que pessoas libertadas da pobreza tendem a não se preocupar tanto com suas circunstâncias, tampouco são inclinadas a se matar de trabalhar apenas para justificar sua existência.

Mais do que qualquer outra plataforma, a renda básica extinguiria o incêndio do perfeccionismo. Ao contrário da falsa liberdade dos mercados em que o vencedor leva tudo, a renda básica oferece liberdade real. Liberdade de assumir riscos, forçar limites, arriscar capital, escolher o próprio caminho, nos expressar de todas as formas como nos sentirmos à vontade ou tirar um tempo de folga para nos recuperarmos, se for preciso. Tudo sem a espada da escassez pairando de maneira ameaçadora sobre nós, avisando-nos do que vai acontecer se as coisas não saírem conforme o planejado. A renda básica também remove a vergonha dos momentos difíceis e contém a desumanização dos menos afortunados. E nos torna menos inclinados a julgar as pessoas com base no "merecimento" delas sobre seu lugar na sociedade.

Quando é experimentado, o esquema mostra resultados promissores. A analista política alemã Claudia Haarmann, por exemplo, constatou que, quando a renda básica foi conduzida na Namíbia, aumentou a taxa de trabalho em 10%, e a frequência escolar em 90%. Além disso, reduziu a desnutrição infantil em impressionantes 30%.[25] A economista canadense Evelyn Forget encontrou resultados semelhantes em seu famoso Manitoba Basic Annual Income Experiment.[26] O programa de renda garantida que ela conduziu melhorou de forma acentuada a saúde mental das famílias de Manitoba, aumentou o tempo que os jovens passavam na escola e reduziu as internações hospitalares em quase 10%.

A maioria dos argumentos a favor da renda básica gira em torno da redução da pobreza. E, nesse sentido, seu potencial é mesmo significativo. Mas vejo benefícios muito além do potencial redistributivo da proposta. Problemas financeiros são uma parte inescapável da vida moderna para todos. Ter o suficiente para causar boa impressão ou mesmo pagar as contas são coisas que ocupam nossos pensamentos diários — sem mencionar nossos pesadelos. A renda básica nos livra dessa ameaça. Ainda existirão hierarquias competitivas e profissionais, e não há mal nenhum nisso. Só não vamos mais precisar nos justificar a todo momento, vamos sentir muito menos medo e ficar mais inclinados a valorizar as pessoas pelo que elas são, não pelo que ou quanto têm.

Em outras palavras, não vamos precisar ser perfeitos só para sobreviver.

* * *

Se estiver lendo este livro, imagino que talvez esteja no mesmo lugar que eu alguns anos atrás: sofrendo com um desejo ardente de ser perfeito, sem saber por que se sente assim. Portanto, espero que ele tenha sido a mesma jornada para você que foi para mim. Espero que tenha lhe dado permissão para apreciar a humanidade preciosa e falível. E espero que tenha lhe proporcionado uma nova forma de pensar sobre nossa obsessão pela perfeição, não como um impulso ou compulsão interna que não conseguimos domar, mas como um traço relacional e um fenômeno cultural que vem da dificuldade em resistir, nas palavras de Erich Fromm, "à pressão pública de ser um lobo entre os lobos".[27]

Chegamos à maioridade dentro de uma cultura devoradora de perfeição e excepcionalidade que não nos dá um minuto de descanso das mensagens incessantes do que nos falta. Dentro dessa cultura, há uma luta coletiva quase inconsciente pela perfeição. E, embora isso soe muito generalizado, nos oferece uma saída simples, pois, se conseguirmos alterar os valores da sociedade e abandonar nossa fixação por crescimento, libertar-nos do perfeccionismo vai perder a maior parte de sua dificuldade.

Claro, é mais fácil falar do que fazer. Hoje em dia, os que lutam por algo remotamente sustentável são muitas vezes taxados de extremistas radicais tão perigosos e transtornados quanto a extrema direita.[28] E, se forem parar de alguma forma nos corredores do poder, vão invariavelmente enfrentar questionamentos contínuos, chantagens e gritos histéricos de pavor até pararem de lutar ou serem removidos do cenário político. Se tem alguma dúvida, ponha um daqueles jovens ambientalistas corajosos na Fox News — ou mesmo em um programa de televisão matinal — e veja o que acontece.

A maioria dos liberais, infelizmente, é cúmplice no policiamento do que é ou não uma economia aceitável sob o disfarce sub-reptício da "civilidade", "política de adultos" e "concessões". Isso é pior do que os conservadores estridentes, em certo sentido, porque essas pessoas sensatas que se formaram na Ivy League leram os relatórios. Acreditaram nas projeções aterrorizantes (em vez de, por exemplo, riscá-las com canetinha). E ouviram em termos claros de cientistas extremamente inteligentes e bem instruídos — pessoas que eles admiram e respeitam — que a transição para uma economia que priorize a conservação dos recursos existentes em vez da expansão ilimitada será essencial para evitar que as temperaturas globais cheguem a um ponto do qual não haja mais como voltar.

Mas eles se recusam a dar ouvidos. Por quê? Porque, em uma economia, um clima político e um panorama midiático focado em dinheiro, que é hostil a toda e qualquer reforma que não seja de fachada, e que excomunga rápido e, muitas vezes, com violência todos que fizerem perguntas difíceis, é simplesmente mais fácil fechar as cortinas e torcer para que, se os Adultos na Sala não conseguirem ver o meteoro gigante que se aproxima, ele certamente não vai cair sobre nossa cabeça. Esquerda ou direita, Trabalhista ou Conservador, Democrata ou Republicano; quando o assunto é economia, a máquina é a mesma. A escolha no dia da eleição é simplesmente em que voltagem você prefere que ela opere.

Se essa realidade é a melhor que podemos oferecer aos jovens, eles podem ser perdoados por pensar que as coisas só tendem a piorar. Em termos mundiais, 75% dos jovens entre dezesseis e 25 anos são pessimistas em relação ao seu futuro e assustados com as perspectivas de seu planeta; mais de dois terços acreditam que a política falhou com eles.[29] E eles estão certos sobre essas questões: o futuro deles é incerto, o planeta está em perigo e a política falhou com eles. Mas, apesar disso, apesar da desilusão, embora não haja nenhuma alternativa a oferecer, embora todas as instituições que sustentam esse sistema pareçam completamente imutáveis, essa nova geração continua a usar seu espírito crítico e se recusa, terminantemente, a ser forçada a se submeter.

As coisas podem muito bem piorar. Mas definitivamente não vão piorar com o consentimento democrático das gerações mais novas. Elas não estão indo pelo caminho conservador na economia, na política climática nem nas bandeiras sociais seguido por baby boomers e membros da geração X. Em vez disso, estão rumando para a esquerda.[30]

Vejo e escuto evidências dessa mudança nos corredores dos campi de universidades, em apresentações e eventos, em sessões de conferências acadêmicas e nos bares e cafés que os cercam. É muito impressionante. Como esses jovens simplesmente se recusam a se deixar derrubar. Como continuam a rejeitar o que foram condicionados a vida toda a entender como a forma "como as coisas são". Como continuam a defender, quase invisíveis em sua maioria, reformas de perspectivas tão radicais quanto as que iniciaram a revolução pelo lado da oferta com que convivemos hoje.

Isso me traz de volta à Itália e àquela tarde gloriosa em Pádua. Lá, tomando um vinho incrível, saboreando frutas e comidas deliciosas, tentando me manter à altura daqueles estudantes brilhantes e bem articulados, de repente me caiu a ficha. Esses homens e mulheres são quase duas décadas mais jovens do que eu, mas já parecem saber o que levei quase a vida adulta inteira para descobrir: *é a sociedade que está com defeito, não nós.*

Enquanto conseguirmos nos ater a esse fato, nem tudo está perdido. Podemos ajudar os jovens a garantir seu futuro. Podemos lutar ao lado deles e em nome deles. Podemos trabalhar juntos, planejar juntos. Podemos ter esperança juntos. Mas devemos agir juntos e rápido porque as sombras estão se projetando e as autoridades no poder não estão demonstrando qualquer sinal de mudança de rumo. Se não forem controladas, elas vão sem dúvida esgotar todos os recursos humanos e naturais restantes que mantêm esse sistema periclitante em pé apenas para extrair os últimos trilhões para si, em vez de criar algo verdadeiramente sustentável para todos.

Sim, sei que desbancar a dominação dessa ordem econômica fortemente protegida parece uma tarefa insuperável. Talvez seja. Mas os riscos são altos demais para não lutar mesmo assim. E a luta deve começar no campo de batalha, não nas páginas empoeiradas deste livro. Portanto, saia, organize-se, proteste, diga aos poderosos com sua voz e seus votos que você exige mudança. As coisas podem parecer irremediáveis agora. Às vezes, também me sinto sem esperança dizendo palavras loucas a ouvidos moucos. Mas, sempre que penso em desistir, lembro a mim mesmo: nossa hora está chegando, os ventos estão mudando devagar, e ainda temos o que resta da democracia.

Se conseguirmos usá-la, com muito esforço, podemos ser os arquitetos de um mundo melhor.

E, em um dia calmo, se eu esticar bem o pescoço, estreitar bem os olhos para enxergar ao longe, consigo distinguir o que parece ser um caminho sinuoso rumo a esse mundo melhor. E, nesse caminho, consigo ver uma longa fila de seres humanos inteligentes, atenciosos, compassivos, generosos e perfeitamente decentes como você, caminhando rumo ao último raio de esperança em busca desse fragmento precioso de humanidade. Por sua presença nesta terra e por ler este livro, sou eternamente grato.

Espero que ele tenha ajudado você a entender melhor seu perfeccionismo. Espero que tenha ajudado você a se situar no panorama geral e descobrir de onde ele *realmente* se origina. Os genes e as primeiras experiências na vida importam sim, e muito. Mas, além deles, o peso opressivo da cultura moderna nos cobriu de pressões impossíveis para ser perfeitos. Pressões que são inescapáveis. Pressões que são implacáveis. Pressões que sempre estão lá para nos lembrar, Deus nos livre de esquecer, que nunca somos o suficiente. O conhecimento revela a verdadeira fonte de toda essa pressão errante — nossa economia de crescimento a todo custo — e, com ela, os movimentos políticos e as plataformas que oferecem uma linha de fuga.

Leitor: somos *sim* suficientes. Todos nós. O porteiro noturno solitário no Hind Hotel e o técnico esgotado da usina hidrelétrica, o faxineiro sem grana esfregando a sujeira de pisos de banheiros, o banqueiro exausto fazendo movimentações milionárias. Por baixo de nossas máscaras frágeis, somos todos feitos de carne e osso. Se conseguirmos aceitar essa humanidade em comum, se conseguirmos saber que ninguém é nem tem como ser perfeito, vamos descobrir que esse anseio, essa vontade, esse desejo e a tentativa constante de atualizar e arrumar as coisas são condições passageiras e insignificantes, e que sua onipresença nessa cultura nos desconecta do espírito impressionante e inspirador de nossas imperfeições e suas energias fluidas e revitalizantes, que são reais e vivas e estão dentro de nós, e são acessíveis se conseguirmos nos permitir acesso a elas.

Você tem o direito de amar e valorizar a beleza e a imperfeição em você e seu planeta. Lute por isso.

Agradecimentos

Este livro por pouco não foi escrito. Muitos meses passados procrastinando, substituindo uma palavra aqui e ali, retrabalhando a estrutura, acrescentando uma vírgula, retirando uma vírgula, trocando a primeira palavra e depois a trazendo de volta fizeram este livro sair mais de dois anos depois do prazo. Tendo suavizado com habilidade as repercussões de toda essa indecisão — tendo recebido inúmeros e-mails e mensagens em pânico de "não está pronto ainda!" —, meu agente Chris Wellbelove deve ter aprendido a lição: nunca, jamais, convença um perfeccionista a escrever um livro sobre perfeccionismo.

Obrigado, Chris, por enxergar o projeto muito antes de mim e perseverar nele até o fim.

Também devo agradecimentos a meus editores que tanto sofreram, Helen Conford da Cornerstone Press e Rick Horgan da Scribner. Demorou um tempo, mas chegamos lá. Sua orientação (sem mencionar sua paciência) tornou este livro uma leitura imensamente melhor. No campo editorial, também gostaria de agradecer a Hazel Adkins, Emily Herring, Rob, Isabel, Katya, Vanessa e Olivia por lerem e comentarem com cuidado e sensibilidade.

Este livro também não existiria sem os conselhos de meu orientador de doutorado e amigo próximo Andrew Hill. Obrigado por me apoiar e continuar a trabalhar comigo enquanto tento entender melhor o perfeccionismo. Também gostaria de fazer uma menção especial a meu outro orientador, Howard Hall, que foi uma figura instrumental em meu desenvolvimento e com quem tenho uma grande dívida de gratidão por apostar em mim lá no começo.

Em minha jornada profissional, também houve muitos doutorandos, docentes e funcionários que causaram um impacto significativo em meu desenvolvimento e pensamento. Essas pessoas incluem, sem nenhuma ordem em particular: Sandra Jovchelovitch, Chris Hunt, Gareth Jowett, Sarah Mallinson-Howard, Paul Appleton, Marianne Etherson, Daniel Madigan, Andrew Parker, Mustafa Sarkar, Rachel Arnold, Paul Dolan, Bradley Franks, Sana Nordin-Bates, Liam Delaney, Catherine Sabiston, Mike McKenna, Martin Jones, Mark Beauchamp, Champa Heidbrink, Nikos Ntoumanis, Anthony Payne, Sean Cumming, Michael Butson, Joan Duda, Michael Muthukrishna, Miriam Tresh, Patrick Gaudreau, Anika Petrella, Chris Niemiec, Richard Ryan, Maria Kavussanu, Robert Vallerand, Nicolas Lemyre, Jennifer Sheehy-Skeffington, Jens Madsen e Alex Gillespie.

Também devo agradecer aos personagens centrais deste livro, Paul Hewitt e Gordon Flett, que cederam seu tempo para conversar comigo e compartilhar sua sabedoria sobre perfeccionismo como ninguém mais poderia. Gostaria de agradecer, ainda, a Martyn Standage por ser uma fonte constante de apoio (sem mencionar minha companhia favorita no 4W Café). E a Fred Basso por ouvir enquanto eu falava sem parar sobre uma filosofia que mal compreendia, por ler meus rascunhos e por participar de debates depois da aula sobre economia e psicologia nos bares perto da London School of Economics.

Um grande obrigado a Liam, Stuart e Peter por sua amizade, bem como a Leigh Dedhar por ser sempre um ouvinte constante e graciosamente tirar minhas fotos de capa com tanta habilidade e imaginação (e por deixar minha cara feia apresentável — o que é uma grande proeza).

E, por fim, acima de tudo, sou grato a minha família. Seu apoio incondicional, sua orientação e seu amor (e seu abrigo enquanto eu escrevia grandes partes deste livro) foram e continuam sendo uma fonte imensa de conforto e melhoraram este livro, e me melhoraram, de forma indescritível. Embora eu pareça me transformar o tempo todo, vocês são uma constante em minha vida tão agitada. Amo muito todos vocês.

Notas

1. NOSSO DEFEITO FAVORITO: OU A OBSESSÃO DA SOCIEDADE MODERNA PELA PERFEIÇÃO [pp. 17-32]

1. GINO, F. The Right Way to Brag About Yourself. *Harvard Business Review*, 2015. Disponível em: <https://hbr.org/2015/05/the-right-way-to-brag-about-yourself>.
2. PACHT, A. R. Reflections on Perfection. *American Psychologist*, 39(4), 386, 1984.
3. HORNEY, K. *The Neurotic Personality of Our Time*. Nova York, NY: W. W. Norton & Company, 1937.
4. COHEN, J. The Perfectionism Trap. *The Economist*, 2021. Disponível em: <https://www.economist.com/1843/2021/08/10/the-perfectionism-trap>.

2. DIGA QUE SOU O SUFICIENTE: OU POR QUE O PERFECCIONISMO É MUITO MAIS DO QUE PADRÕES EXCESSIVAMENTE ALTOS [pp. 33-59]

1. SULLIVAN, H. S. *The Interpersonal Theory of Psychiatry*. Nova York, NY: Norton, 1953.
2. American Psychiatric Association. *Diagnostic and Statistical Manual of Mental Disorders* (5. ed.). Arlington, VA: American Psychiatric Association, 2013.
3. HEWITT, P. L.; FLETT, G. L. Perfectionism in the Self and Social Contexts: Conceptualization, Assessment, and Association with Psychopathology. *Journal of Personality and Social Psychology*, 60(3), 456, 1991.
4. MCRAE, D. I'm Striving for Something I'll Never Achieve-I'm a Mess. *The Guardian*, 2008. Disponível em: <https://www.theguardian.com/sport/2008/oct/28/victoriapendleton-cycling>.
5. DINH, J. Demi Lovato Tells Teens That 'Love Is Louder' Than Pressure. MTV, 2011. Disponível em: <https://www.mtv.com/news/46d7mo/demi-lovato-love-is-louder>.
6. ISAACSON, W. *Steve Jobs*. Rio de Janeiro: Intrínseca, 2012.

7. GREENFIELD, R. The Crazy Perfectionism That Drove Steve Jobs. *The Atlantic*, 2011. Disponível em: <https://www.theatlantic.com/technology/archive/2011/11/crazy-perfectionism-drove-steve-jobs/335842/>.
8. GLADWELL, M. The Tweaker: The Real Genius of Steve Jobs. *New Yorker*, 2011. Disponível em: <https://www.newyorker.com/magazine/2011/11/14/the-tweaker>.
9. TATE, R. What Everyone Is Too Polite to Say About Steve Jobs. *Gawker*, 2011. Disponível em: <https://www.gawker.com/5847344/what-everyone-is-too-polite-to-say-about-steve-jobs>.
10. Essa é uma versão informal e adaptada da Escala Multidimensional de Perfeccionismo de Paul e Gord. Ao contrário do instrumento rigorosamente validado em si, esses itens não foram corroborados cientificamente e têm apenas a intenção de serem ilustrativos.

3. O QUE NÃO MATA: OU POR QUE O PERFECCIONISMO CAUSA TANTO ESTRAGO EM NOSSA SAÚDE MENTAL [pp. 63-80]

1. WOOLF, V. *The Diary of Virginia Woolf, Volume One: 1915-1919*. Boston, MA: Mariner Books, 1979.
2. HEWITT, P. L., FLETT, G. L.; MIKAIL, S. F. *Perfectionism: A Relational Approach to Conceptualization, Assessment, and Treatment*. Nova York, NY: Guilford Publications, 2017.
3. LIMBURG, K.; WATSON, H. J.; HAGGER, M. S.; EGAN, S. J. The Relationship Between Perfectionism and Psychopathology: A Meta-Analysis. *Journal of Clinical Psychology*, 73(10), 1301-26, 2017.
4. SMITH, M. M. et al. The Perniciousness of Perfectionism: A Meta-Analytic Review of the Perfectionism — Suicide Relationship. *Journal of Personality*, 86(3), 522-42, 2018.
5. Id. Are Perfectionism Dimensions Vulnerability Factors for Depressive Symptoms After Controlling for Neuroticism? A Meta-Analysis of 10 Longitudinal Studies. *European Journal of Personality*, 30, 201-12, 2016.
6. HEWITT, P. L.; FLETT, G. L. Perfectionism in the Self and Social Contexts: Conceptualization, Assessment, and Association with Psychopathology. *Journal of Personality and Social Psychology*, 60, 456-70, 1991.
7. HILL, R. W.; ZRULL, M. C.; TURLINGTON, S. Perfectionism and Interpersonal Problems. *Journal of Personality Assessment*, 69, 81-103, 1997.
8. HILL, R. W., MCINTIRE, K.; BACHARACH, V. R. Perfectionism and the Big Five Factors. *Journal of Social Behavior & Personality*, 12, 257-70, 1997.
9. NEALIS, L. J. et al. (2016). Revitalizing Narcissistic Perfectionism: Evidence of the Reliability and the Validity of an Emerging Construct. *Journal of Psychopathology and Behavioral Assessment*, 38, 493-504, 2016.
10. HABKE, A. M.; HEWITT, P. L.; FLETT, G. L. Perfectionism and Sexual Satisfaction in Intimate Relationships. *Journal of Psychopathology and Behavioral Assessment*, 21, 307-22, 1999.
11. HARING, M.; HEWITT, P. L.; FLETT, G. L. Perfectionism, Coping, and Quality of Intimate Relationships. *Journal of Marriage and Family*, 65, 143-58, 2003.

12. FLETT, G. L. et al. The Destructiveness and Public Health Significance of Socially Prescribed Perfectionism: A Review, Analysis, and Conceptual Extension. *Clinical Psychology Review*, 93, 102130, 2022.

13. SMITH, M. M. et al. The Perniciousness of Perfectionism: A Meta-Analytic Review of the Perfectionism-Suicide Relationship. *Journal of Personality*, 86(3), 522--42, 2018.

14. SUTTON, J. Even the Bleakest Moments Are Not Permanent. *The Psychologist*, 2021. Disponível em: <https://www.bps.org.uk/psychologist/even-bleakest-moments-are-not-permanent>.

15. HILL, A. P. Perfectionistic Tipping Points: Re-probing Interactive Effects of Perfectionism. *Sport, Exercise, and Performance Psychology*, 10(2), 177, 2021.

16. CURRAN, T.; HILL, A. P. A Test of Perfectionistic Vulnerability Following Competitive Failure Among College Athletes. *Journal of Sport and Exercise Psychology*, 40(5), 269-79, 2018.

17. STURMAN, E. D. et al. Dimensions of Perfectionism and Self-Worth Contingencies in Depression. *Journal of Rational-Emotive & Cognitive-Behavior Therapy*, 27, 213-31, 2009.

18. DANG, S. S. et al. Perfectionistic Traits and Self-Presentation Are Associated With Negative Attitudes and Concerns About Seeking Professional Psychological Help. *Clinical Psychology & Psychotherapy*, 27(5), 621-9, 2020.

4. COMECEI ALGO QUE NÃO CONSEGUI TERMINAR: OU A CURIOSA RELAÇÃO ENTRE PERFECCIONISMO E DESEMPENHO [pp. 81-101]

1. BURNS, D. D. *Feeling Good: The New Mood Therapy*. Nova York, NY: HarperCollins, 2008.

2. HAMACHEK, D. E. Psychodynamics of Normal and Neurotic Perfectionism. *Psychology*, 15, 27-33, 1978.

3. GREENSPON, T. S. 'Healthy Perfectionism' Is an Oxymoron!: Reflections on the Psychology of Perfectionism and the Sociology of Science. *Journal of Secondary Gifted Education*, 11(4), 197-208, 2000.

4. PACHT, A. R. Reflections on Perfection. *American Psychologist*, 39(4), 386, 1984.

5. STOEBER, J.; HASKEW, A. E.; SCOTT, C. Perfectionism and Exam Performance: The Mediating Effect of Task-Approach Goals. *Personality and Individual Differences*, 74, 171-6, 2015.

6. STOEBER, J.; CHESTERMAN, D.; TARN, T. A. Perfectionism and Task Performance: Time on Task Mediates the Perfectionistic Strivings-Performance Relationship. *Personality and Individual Differences*, 48(4), 458-62, 2010.

7. HARARI, D. et al. Is Perfect Good? A Meta-Analysis of Perfectionism in the Workplace. *Journal of Applied Psychology*, 103(10), 1121, 2018.

8. OGURLU, U. Are Gifted Students Perfectionistic? A Meta-Analysis. *Journal for the Education of the Gifted*, 43(3), 227-51, 2020.

9. MADIGAN, D. J. A Meta-Analysis of Perfectionism and Academic Achievement. *Educational Psychology Review*, 31(4), 967-89, 2019.

10. HARARI, D. et al, op. cit.
11. GAUDREAU, P. On the Distinction Between Personal Standards Perfectionism and Excellencism: A Theory Elaboration and Research Agenda. (Adaptação) *Perspectives on Psychological Science*, 14(2), 197-215, 2019.
12. HILL, A. P.; CURRAN, T. Multidimensional Perfectionism and Burnout: A Meta-Analysis. *Personality and Social Psychology Review*, 20(3), 269-88, 2016.
13. GAUDREAU, P. et al. Because Excellencism Is More than Good Enough: On the Need to Distinguish the Pursuit of Excellence from the Pursuit of Perfection. *Journal of Personality and Social Psychology*, 122(6), 1117-45, 2022.
14. GAUDREAU, P. et al. Ibid.
15. Só avisamos aos participantes que seus "fracassos" não passavam de um feedback falso para fins do experimento ao final. Xingamentos foram recebidos.
16. CURRAN, T.; HILL, A. P. A Test of Perfectionistic Vulnerability Following Competitive Failure among College Athletes. *Journal of Sport and Exercise Psychology*, 40(5), 269-79, 2018.
17. HILL, A. P. et al. The Cognitive, Affective and Behavioural Responses of Self-Oriented Perfectionists Following Successive Failure on a Muscular Endurance Task. *International Journal of Sport and Exercise Psychology*, 9(2), 189-207, 2011.
18. SIROIS, F. M.; Molnar, D. S.; HIRSCH, J. K. A Meta-Analytic and Conceptual Update on the Associations Between Procrastination and Multidimensional Perfectionism. *European Journal of Personality*, 31(2), 137-59, 2017.
19. HEWITT, P. L.; FLETT, G. L.; MIKAIL, S. F. *Perfectionism: A Relational Approach to Conceptualization, Assessment, and Treatment*. Nova York, NY: Guilford Publications, 2017.

5. A EPIDEMIA OCULTA: OU O CRESCIMENTO ESPANTOSO DO PERFECCIONISMO NA SOCIEDADE MODERNA [pp. 102-13]

1. FLETT, G. L.; HEWITT, P. L. The Perfectionism Pandemic Meets Covid-19: Understanding the stress, distress and problems in living for Perfectionists During the Global Health Crisis. *Journal of Concurrent Disorders*, 2(1), 80-105, 2020.
2. GEORGIEV, D. How Much Time Do People Spend on Social Media? *Review 42*, 2022. Disponível em: <https://review42.com/resources/how-much-time-do-people-spend-on-social-media/>.
3. FLANNERY, M. E. The Epidemic of Anxiety Among Today's Students. *NEA News*, 2018. Disponível em: <https://www.nea.org/advocating-for-change/new-from-nea/epidemic-anxiety-among-todays-students>.
4. The Association of Child Psychotherapists. *Silent Catastrophe: Responding to the Danger Signs of Children and Young People's Mental Health Services in Trouble*, 2018. Disponível em: <https:// childpsychotherapy.org.uk/sites/default/files/documents/ACP%20SILENT%20CATASTROPHE%20REPORT_ 0.pdf>.
5. Royal College of Psychiatrists. *Country in the Grip of a Mental Health Crisis With Children Worst Affected, New Analysis Fnds*, 2021. Disponível em: <https://www.rcpsych.ac.uk/news-and-features/latest-news/detail/2021/04/08/country-in-the-grip-of-a-mental-health-crisis-with-children-worst-affected-new-analysis-finds>.

6. Pesquisa relatada em FLETT, G. L.; HEWITT, P. L. *Perfectionism in Childhood and Adolescence*. Washington: American Psychological Association, 2022.

7. Girlguiding UK. *Girls' Attitudes Study*, 2016. Disponível em: <https://www.girlguiding.org.uk/globalassets/docs-and-resources/research-and-campaigns/girls-attitudes-survey-2016.pdf>.

8. FLETT, G. L.; HEWITT, P. L. *Perfectionism in Childhood and Adolescence*. Washington: American Psychological Association, 2022.

9. CURRAN, T.; HILL, A. P. Perfectionism is Increasing Over Time: A Meta-Analysis of Birth Cohort Differences from 1989 to 2016. *Psychological Bulletin*, 145(4), 410, 2019.

10. SMITH, M. M. et al. Perfectionism and the Five-Factor Model of Personality: A Meta-Analytic Review. *Personality and Social Psychology Review*, 23(4), 367-90, 2019.

11. HAIDT, J.; TWENGE, J. *Adolescent Mood Disorders Since 2010: A Collaborative Review*. No prelo, Universidade de Nova York, 2021.

12. Leitores interessados podem encontrar um resumo de todas as teorias sobre perfeccionismo no excelente livro de Joachim Stoeber, *The Psychology of Perfectionism*. Londres: Routledge, 2017.

6. NEM TODOS OS PERFECCIONISTAS SÃO IGUAIS: OU A NATUREZA E A CRIAÇÃO COMPLEXA DO DESENVOLVIMENTO DO PERFECCIONISMO [pp. 117-35]

1. MEAD, M. *From the South Seas*. Nova York, NY: Morrow, 1939.

2. PLOMIN, R. *Blueprint: How DNA Makes Us Who We Are*. Cambridge, MA: MIT Press, 2018.

3. IRANZO-TATAY, C. et al. Genetic and Environmental Contributions to Perfectionism and Its Common Factors. *Psychiatry Research*, 230(3), 932-9, 2015.

4. Citação em: SEELYE, K. Q. Judith Rich Harris, 80, Dies; Author Played Down the Role of Parents. *The New York Times*, 2019. Disponível em: <https://www.nytimes.com/2019/01/01/obituaries/judith-rich-harris-dies.html>.

5. HARRIS, J. R. *The Nurture Assumption: Why Children Turn Out the Way They Do*. Nova York, NY: Simon & Schuster, 1999.

6. Id. Where Is the Child's Environment? A Group Socialization Theory of Development. *Psychological Review*, 102(3), 458, 1995.

7. Id. *The Nurture Assumption: Why Children Turn Out the Way They Do*. Nova York, NY: Simon and Schuster, 1999.

8. Devo ressaltar esse ponto porque ele é extremamente importante. Traumas na infância têm um efeito profundo sobre o perfeccionismo. Inclusive, em relatos de caso e centenas de estudos clínicos, o perfeccionismo é um mecanismo de enfrentamento bem documentado contra maus-tratos. Não sou psicólogo clínico, então não posso falar com autoridade sobre essas questões. Tampouco devo tentar. Este livro trata do perfeccionismo como um fenômeno cultural, ou seja, o perfeccionismo na medida em que atinge todos globalmente. Leitores interessados em traumas na infância e perfeccionismo podem consultar os excelentes li-

vros: *Overcoming Perfectionism*, de Ann W. Smith (1990), e *Perfectionism: A Relational Approach*, de Paul Hewitt, Gordon Flett e Samuel Mikail (2017).

9. PARIS, B. J. *Karen Horney: A Psychoanalyst's Search for Self-Understanding*. New Haven, CT: Yale University Press, 1996.

10. Id. Ibid.

11. HORNEY, K. *The Neurotic Personality of Our Time*. Nova York, NY: W. W. Norton & Company, 1937.

12. Ibid.

13. Ibid.

14. Id. *Neurosis and Human Growth*. Nova York, NY: W. W. Norton & Company, 1950.

15. Id. *The Therapeutic Process: Essays and Lectures*. New Haven, CT: Yale University Press, 1975.

16. KAUFMAN, S. B. Finding Inner Harmony: The Underappreciated Legacy of Karen Horney. *Scientific American*, 2020. Disponível em: https://blogs.scientificamerican.com/beautiful-minds/finding-inner-harmony-the-underappreciated-legacy-of-karen-horney/>.

7. O QUE NÃO TENHO: OU COMO O PERFECCIONISMO CRESCE NO SOLO DE NOSSO DESCONTENTAMENTO (MANUFATURADO) [pp. 136-57]

1. ADORNO, T. W. *Minima Moralia*. Londres, Reino Unido: Verso, 1974.

2. Dados do Censo dos Estados Unidos. In: Oberlo. *US Retail Sales* (2012 to 2022), 2022. Disponível em: <https://www.oberlo.ca/statistics/us-retail-sales>.

3. eMarketer. Total Retail Sales Worldwide (2020 to 2025). *Oberlo*, 2022. Disponível em: <https://www.oberlo.ca/statistics/total-retail-sales>.

4. FISCHER, S. Ad Industry Growing at Record Pace. *Axios Media Trends*, 2021. Disponível em: <https://www.axios.com/ 2021/12/07/ advertising-industry-revenue>.

5. In: JACOBSEN, M. F.; MAZUR, L. A. *Marketing Madness: A Survival Guide for a Consumer Society*. Nova York, NY: Routledge, 1995.

6. "Não dá para ter um Serviço Nacional de Saúde", vivem nos dizendo, "sem uma economia forte."

7. MORGAN, T. *Life After Growth*. Petersfield: Harriman House, 2013.

8. Sei que parece uma forma completamente insana de organizar uma economia que preferiria evitar o colapso completo, mas garanto que é a lógica séria de nosso consenso de crescimento eterno impulsionado por dívidas.

9. Roper-Starch Organization. *Roper Reports 79-1*. The Roper Center, Universidade de Connecticut, Storrs, 1979.

10. Id. *Roper Reports 95-1*. The Roper Center, Universidade de Connecticut, Storrs, 1995.

11. Pew Research Center. *How Young People View Their Lives, Futures and Politics: A Portrait of "Generation Next"*, 2007. Disponível em: <http://people-press.org/report/300/ a-portrait-ofgeneration-next>.

12. EASTERLIN, R. A. Does Economic Growth Improve the Human Lot? Some Empirical Evidence. In: *Nations and Households in Economic Growth*, ed. David, P. & Melvin, W. 89-125. Palo Alto: Stanford University Press, 1974.

13. MYERS, D. G. The Funds, Friends, and Faith of Happy People. *American Psychologist*, 55, 56-67, 2000.
14. KAHNEMAN, D.; DEATON, A. (2010). High Income Improves Evaluation of Life But Not Emotional Well-Being. *Proceedings of the National Academy of Sciences of the USA*. 107, 16489-93. Ajustei o patamar deles de 75 mil dólares de acordo com a inflação.
15. PHILLIPS, A. *On Balance*. Londres, Reino Unido: Picador, 2010.
16. BROWN, B. *Daring Greatly: How the Courage to Be Vulnerable Transforms the Way We Live, Love, Parent, and Lead*. Nova York, NY: Penguin, 2012.
17. GERMER, C. K.; NEFF, K. D. Self-compassion in Clinical Practice. *Journal of Clinical Psychology*, 69(8), 856-67, 2013.
18. KERNIS, M. H. Substitute Needs and the Distinction Between Fragile and Secure High Self-Esteem. *Psychological Inquiry*, 11(4), 298-300, 2000.
19. NEFF, K. D. Self-Compassion: Theory, Method, Research, and Intervention. *Annual Review of Psychology*, 74, 2022.
20. MACBETH, A.; GUMLEY, A. Exploring Compassion: A Meta-Analysis of the Association Between Self-Compassion and Psychopathology. *Clinical Psychology Review*, 32(6), 545-52, 2012.
21. ALBERTSON, E. R.; NEFF, K. D.; DILL-SHACKLEFORD, K. E. Self-Compassion and Body Dissatisfaction in Women: A Randomized Controlled Trial of a Brief Meditation Intervention. *Mindfulness*, 6(3), 444-54, 2015.

8. O QUE ELA POSTOU: OU POR QUE AS EMPRESAS DE REDES SOCIAIS LUCRAM COM AS PRESSÕES PARA SERMOS PERFEITOS [pp. 158-77]

1. Essa citação foi parte do depoimento oral de Adam Mosseri, diretor do Instagram, diante do comitê do Senado sobre proteção de crianças on-line em dezembro de 2021. O depoimento está disponível em: <https://www.commerce.senate.gov/2021/12/protecting-kids-online-instagram-and-reforms-for-young-users>.
2. Statista. *Meta: Annual Revenue and Net Income 2007-2021*, 2022. Disponível em: <https://www.statista.com/statistics/277229/facebooks-annual-revenue-and-net-income/>.
3. Id. *Meta: Monthly Active Product Family Users 2022*, 2022. Disponível em: <https://www.statista.com/statistics/947869/facebook-product-mau/>.
4. WELLS, G.; HORWITZ, J.; SEETHARAMAN, D. Facebook Knows Instagram Is Toxic for Teen Girls, Company Documents Show. *Wall Street Journal*, 2021. Disponível em: <https://www.wsj.com/articles/facebook-knows-instagram-is-toxic-for-teen-girls-company-documents-show-11631620739>.
5. Ibid.
6. Ibid.
7. Ibid.
8. TWENGE, J. M. et al. (2022). Specification Curve Analysis Shows that Social Media Use Is Linked to Poor Mental Health, Especially Among Girls. *Acta Psychologica*, 224, 103512.
9. FREITAS, D. *The Happiness Effect: How Social Media Is Driving a Generation to Appear Perfect at Any Cost*. Oxford: Oxford University Press, 2017.

10. ETHERSON, M. E. et al. Perfectionism as a Vulnerability Following Appearance-Focussed Social Comparison: A Multi-Wave Study With Female Adolescents. *Personality and Individual Differences*, 186, 111355, 2022.

11. TWENGE, J. (2017). Have Smartphones Destroyed a Generation? *The Atlantic*. Disponível em: <https://www.theatlantic.com/magazine/archive/2017/09/has-the-smartphone-estroyed-a-generation/534198/>.

12. SALINAS, S. Sheryl Sandberg Delivered a Passionate, Defiant Defense of Facebook's Business. *CNBC*, 2018. Disponível em: <https://www.cnbc.com/2018/04/26/facebooks-sheryl-sandbergs-brilliant-defense-of-the-ad-business.html>.

13. Statista Research Department. *Global Facebook Advertising Revenue 2017-2026*, 2022. Disponível em: <https://www.statista.com/statistics/544001/facebooks-advertising-revenue-worldwide-usa/>.

14. DAVIDSON, D. Facebook Targets "Insecure" Young People. *The Australian*, 2017. Disponível em: <https://theaustralian.com.au/business/media/digital/facebook-targets-insecure-young-people-to-sell-ads>.

15. LEVIN, S. Facebook Told Advertisers It Can Identify Teens Feeling "Insecure" and "Worthless". *Guardian*, 2017. Disponível em: <https://www.theguardian.com/technology/2017/may/01/facebook-advertising-data-insecure-teens>.

16. Fairplay for Kids. *How Facebook Still Targets Surveillance Ads to Teens*, 2021. Disponível em: <https://fairplayforkids.org/wp-content/uploads/2021/11/fbsurveillancereport.pdf>.

17. Id. *Open Letter to Mark Zuckerberg*, 2021. Disponível em: <https://fairplayforkids.org/ wp-content/uploads/2021/11/fbsurveillanceletter.pdf>.

18. SUNG, M. On TikTok, Mental Health Creators Are Confused for Therapists. That's a Serious Problem. *Mashable*, 2021. Disponível em: <https://mashable.com/article/tiktok-mental-health-therapist-psychology>.

19. WELLS, G.; HORWITZ, J.; SEETHARAMAN, D. Facebook Knows Instagram Is Toxic for Teen Girls, Company Documents Show. *Wall Street Journal*, 2021. Disponível em: <https://www.wsj.com/articles/facebook-knows-instagram-is-toxic-for-teen-girls-company-documents-show-11631620739>.

20. BRAILOVSKAIA, J. et al. Finding the 'Sweet Spot' of Smartphone Use: Reduction or Abstinence to Increase Well-Being and Healthy Lifestyle?! An Experimental Intervention Study. *Journal of Experimental Psychology: Applied*, 2022. Publicação on-line prévia: <https://doi.org/10.1037/xap0000430>.

21. HELLER, A. S. et al. Association Between Real-World Experiential Diversity and Positive Affect Relates to Hippocampal–Striatal Functional Connectivity. *Nature Neuroscience*, 23(7), 800-4, 2020.

22. WIER, K. Nurtured by Nature, *Monitor on Psychology*, 51, 50, 2020.

23. O'NEILL, E. "Why I Really Am Quitting Social Media". YouTube, 2015. Vídeo disponível em: <https://www.youtube.com/watch?v=gmAbwTQvWX8&t=579s>.

24. FLETT, G. L.; HEWITT, P. L. *Perfectionism in Childhood and Adolescence*. Washington: American Psychological Association, 2022.

25. MIN, S. 86% of Young Americans Want to Become a Social Media Influencer. *CBS News*, 2019. Disponível em: <https://www.cbsnews.com/news/ social-media-influencers-86-of-young-americans-want-to-become-one/>.

9. VOCÊ AINDA NÃO MERECE: OU COMO A MERITOCRACIA DEFINIU UM NOVO PADRÃO DE PERFEIÇÃO NAS ESCOLAS E UNIVERSIDADES [pp. 178-204]

1. SANDEL, M. J. *The Tyranny of Merit.* Londres, Reino Unido: Allen Lane, 2020.
2. BURNS, J.; CAMPBELL, A. Social Mobility: The Worst Places to Grow Up Poor. *BBC News*, 2017. Disponível em: <https://www.bbc.co.uk/news/ education-42112436>.
3. Casa Branca. *Remarks by the President on Investing in America's Future.* Office for the Press Secretary: Speeches and Remarks, 2013. Disponível em: <https://obamawhitehouse.archives.gov/thepress-office/2013/10/25/remarks-president-investing-americas-future>.
4. MARKOVITIS, D. How Life Became an Endless, Terrible Competition. *The Atlantic*, 2019. Disponível em: <https://www.theatlantic.com/magazine/archive/2019/09/meritocracys-miserable-winners/594760/>.
5. Ibid.
6. SEMUELS, A. Poor at 20, Poor for Life. *The Atlantic*, 2016. Disponível em: <https://www.theatlantic.com/business/archive/2016/07/social-mobility-america/491240/>.
7. DESILVER, D. *For Most US Workers, Real Wages Have Barely Budged in Decades.* Pew Research Centre, 2018. Disponível em: <https://www.pewresearch.org/fact-tank/2018/08/07/for-most-us-workers-real-wages-have-barely-budged-for-decades/>.
8. DE BOTTON, A. *Status Anxiety.* Londres, Reino Unido: Vintage Books, 2005.
9. JACOBS, D. *Extreme Wealth is Not Merited.* Oxfam Discussion Papers, 2015. Disponível em: <https://www-cdn.oxfam.org/s3fs-public/file_attachments/dp-extreme-wealth-is-not-merited-241115-en.pdf>.
10. GEISZ, M. B.; NAKASHIAN, M. *Adolescent Wellness: Current Perspectives and Future Opportunities in Research, Policy, and Practice.* Robert Wood Johnson Foundation, 2018. Disponível em: <https://www.rwjf.org/en/library/research/2018/06/inspiring-and-powering-the-future--a-new-view-of-adolescence.html>.
11. RESMOVITS, J. Your Kids Take 112 Tests Between Pre-K and High School. *Los Angeles Times*, 2015. Disponível em: <latimes.com/local/education/standardized-testing/la-me-edu-how-much-standardized-testing-report-obama-20151023-story.html>.
12. HAUSKNECHT-BROWN, J. et al. Grades, Friends, Competition: They Stress Our High Schoolers More than You Might Think, 2020. *Des Moines Register.* Disponível em: <https://www.desmoinesregister.com/story/news/2020/04/20/sources-of-high-school-stress-iowa-how-to-help-grades-social-fitting-in/5165605002/>.
13. ANDERSON, J. At Elite Schools, Easing Up a Bit on Homework. *New York Times*, 2011. Disponível em: <https://www.nytimes.com/2011/10/24/education/24homework.html>.
14. Top Tier Admissions. Admission Statistics for the Class of 2024, 2022. Disponível em: <https://toptieradmissions.com/counseling/college/2024-ivy-league-admissions-statistics/>.
15. WALLACE, J. Students in High-Achieving Schools Are Now Named an "At--Risk" Group, Study Says. *Washington Post*, 2019. Disponível em: <https://www.washingtonpost.com/lifestyle/2019/09/26/students-high-achieving-schools-are-now-named-an-at-risk-group/>.

16. LUTHAR, S. S.; KUMAR, N. L.; ZILLMER, N. High-achieving Schools Connote Risks for Adolescents: Problems Documented, Processes Implicated, and Directions for Interventions. *American Psychologist*, 75(7), 983-95, 2020.

17. MARKOVITIS, D. *The Meritocracy Trap*. Nova York: Penguin Press, 2019.

18. FLETT, G. L.; HEWITT, P. L. *Perfectionism in Childhood and Adolescence*. Washington: American Psychological Association, 2022.

19. VAILLANCOURT, T.; HALTIGAN, J. D. Joint Trajectories of Depression and Perfectionism Across Adolescence and Childhood Risk Factors. *Development and Psychopathology*, 30(2), 461-77, 2018.

20. SANDEL, M. J., op. cit.

21. RIMER, S. Social Expectations Pressuring Women at Duke, Study Finds. *New York Times*, 2003. Disponível em: <https:// www.nytimes.com/2003/09/24/nyregion/social-expectations-pressuring-women-at-duke-study-finds.html>.

22. WILGOREN, J. More Than Ever, First-Year Students Feeling the Stress of College. *New York Times*, 2000. Disponível em: <https://www.nytimes.com/2000/01/24/us/more-than-ever-first-year-students-feeling-the-stress-of-college.html>.

23. SCHWARTZ, K. Anxiety Is Taking a Toll on Teens, Their Families and Schools. KQED, 2017. Disponível em: <https://www.kqed.org/mindshift/49454/ anxiety-is-taking-a-toll-on-teens-their-families-and-schools>.

24. Mental Health Foundation. Stressed Nation: 74% of UK "Overwhelmed or Unable to Cope" at Some Point in the Past Year, 2018. Disponível em: <https://www.mentalhealth.org.uk/ about-us/news/ stressed-nation-74-uk-overwhelmed-or-unable-cope-some-point-past-year>.

25. ADAMS, R. Thousands of Students Drop Out of University As Pandemic Takes Its Toll. *Guardian*, 2022. Disponível em: <https://www.theguardian.com/education/2022/mar/17/thousands-of-students-drop-out-of-university-as-pandemic-takes-its-toll>.

26. SCHLEICHER, A. Pisa 2018: Insights and Interpretations. OECD, 2018. Disponível em: <https://www.oecd.org/pisa/PISA%202018%20Insights%20and%20Interpretations%20FINAL%20PDF.pdf>.

27. CLARK, K. D.C. Schools Should Step Up Amid a Perfect Storm of Mental Health Challenges. *Washington Post*, 2022. Disponível em: <https://www.washingtonpost.com/opinions/2022/02/18/dc-schools-should-step-up-amid-perfect-storm-mental-health-challenges/>.

28. GOODMAN, C. K.; MOOLTEN, S. "The perfect storm": Worries Mount that Florida's Colleges Face a Mental Health Crisis Like No Other. *South Florida Sun Sentinel*, 2022. Disponível em: <https://www.sun-sentinel.com/health/fl-ne-college-mental-health-crisis-20220818-cq27gflhuzgtpcks5q3aacqjdu-story.html>.

29. KACMANOVIC, J. Why Tween Girls Especially Are Struggling So Much. *Washington Post*, 2022. Disponível em: <https://www.washingtonpost.com/health/2022/08/08/tween-girls-mental-health/>.

30. Allstate Corporation. Americans Say Hard Work And Resiliency Are The Most Important Factors, 2016. Disponível em: <https://www.prnewswire.com/ news-releases/americans-say-hard-work-and-resiliency-are-the-most-important-factors-in-success-ahead-of-the-economy-and-government-policies-300210377.html>.

31. Embora essas famílias componham cerca de 25% da população do Reino Unido.

32. Para citar algumas: falta de acesso à educação cara, ausência de aulas particulares, nenhum banco do papai e da mamãe para dar de presente a entrada de uma casa ou uma conta bancária (ou uma fiança), várias empreitadas comerciais malsucedidas, nenhuma rede de contatos, nenhuma ligação por um favor ou um estágio, formas mal remuneradas e informais de emprego, dívidas estudantis, custos de vida crescentes, sobretudo energia, saúde e aluguel, rendimentos com taxas de juro de 0% abaixo da inflação sobre o que você conseguir economizar, e casas a uma hora do escritório com valores acessíveis apenas a oligarcas, lavadores de dinheiro e filhos dos mais ricos.

33. Deloitte. The Deloitte Global 2022 Gen Z & Millennial Survey, 2022. Disponível em: <https://www2.deloitte.com/content/dam/Deloitte/global/Documents/deloitte-2022-genz-millennial-survey.pdf>.

10. O PERFECCIONISMO COMEÇA EM CASA: OU COMO AS PRESSÕES PARA CRIAR FILHOS EXCEPCIONAIS AFETAM A MANEIRA COMO EDUCAMOS [pp. 205-19]

1. FROMM, E. Individual and Social Origins of Neurosis. *American Sociological Review*, 9(4), 380-4, 1944.

2. DOEPKE, M.; ZILIBOTTI, F. *Love, Money, and Parenting: How Economics Explains the Way We Raise Our Kids*. Princeton, NJ: Princeton University Press, 2019.

3. Ibid.

4. RAMEY, G.; RAMEY, V. A. The Rug Rat Race. *Brookings Papers on Economic Activity*, 41(1), 129-99, 2010.

5. Challenge Success. *Kids Under Pressure: A Look at Student Wellbeing and Engagement During the Pandemic*, 2021. Disponível em: <https://challenge success.org/wp-content/uploads/2021/02/CS-NBC-Study-Kids-Under-PressurePUBLISHED.pdf>.

6. DOEPKE, M.; ZILIBOTTI, F. *Love, Money, and Parenting: How Economics Explains The Way We Raise Our Kids*. Princeton, NJ: Princeton University Press, 2019.

7. CURRAN, T.; HILL, A. P. Young People's Perceptions of Their Parents' Expectations and Criticism Are Increasing Over Time: Implications for Perfectionism. *Psychological Bulletin*, 148(1- 2), 107-28, 2022.

8. FLEMING, D. J.; DORSCH, T. E.; DAYLEY, J. C. The Mediating Effect of Parental Warmth on the Association of Parent Pressure and Athlete Perfectionism in Adolescent Soccer. *International Journal of Sport and Exercise Psychology*, 1-17, 2022.

9. CURRAN, T. et al. A Test of Social Learning and Parent Socialization Perspectives on the Development of Perfectionism. *Personality and Individual Differences*, 160, 109925, 2020.

10. KO, A. H. C. *Parenting, Attachment, and Perfectionism: A Test of the Perfectionism Social Disconnection Model in Children and Adolescents*. Tese de doutorado, Universidade da Colúmbia Britânica, 2019.

11. O TRABALHO DIGNIFICA O PERFECCIONISMO: OU COMO A INSEGURANÇA NO AMBIENTE DE TRABALHO MODERNO CRIA UMA DEPENDÊNCIA DE PERFECCIONISMO [pp. 220-40]

1. TOLENTINO, J. The Gig Economy Celebrates Working Yourself to Death. *New Yorker*, 2017. Disponível em: <https://www.newyorker.com/culture/jia-tolentino/the-gig-economy-celebrates-working-yourself-to-death>.
2. UMOH, R. "Elon Musk Pulls 80-to-90-hour Work Weeks — Here's How That Impacts the Body and the Mind." *CNBC*, 2018. Disponível em: <https://www.cnbc.com/2018/12/03/elon-musk-works-80-hour-weeks--heres-how-that-impacts-your-health.html>.
3. GIATTINO, C.; ORTIZ-OSPINA, E.; ROSER, M. *Working Hours*. Publicado on-line em OurWorldInData.org, 2020. Disponível em: <https://ourworldindata.org/working-hours>.
4. MCGREGOR, J. The Average Work Week Is Now 47 hours. *Washington Post*, 2014. Disponível em: <https://www.washingtonpost.com/news/on-leadership/wp/2014/09/02/the-average-work-week-is-now-47-hours/>.
5. KOPF, D. Almost All the US Jobs Created Since 2005 Are Temporary. *Quartz*, 2016. Disponível em: <https://qz.com/851066/almost-all-the-10-million-jobs-created-since-2005-are-temporary/>.
6. Citação em: GIMEIN, M. The Fallacy of Job Insecurity. *New Yorker*, 2016. Disponível em: <https://www.newyorker.com/business/currency/the-fallacy-of-job-insecurity>.
7. GRAEBER, D. On the Phenomenon of Bullshit Jobs. *Strike Magazine*, 2013. Disponível em: <http://gesd.free.fr/graeber13.pdf>.
8. CARMICHAEL, S. G. Millennials Are Actually Workaholics, According to Research. *Harvard Business Review*, 2016. Disponível em: <https://hbr.org/2016/08/millennials-are-actually-workaholics-according-to-research>.
9. AMES, J. US Law Firms Exact Pound of Flesh From Juniors with 14-hour Days. *The Times*, 2022. Disponível em: <https://www.thetimes.co.uk/article/us-law-firms-exact-pound-of-flesh-from-juniors-with-14-hour-days-f5tfz0s07>.
10. MARKOVITIS, D. *The Meritocracy Trap*. Londres, Reino Unido: Penguin, 2019.
11. MAKORTOFF, K. Fintech Firm Revolut Calls in Psychologists After Criticism of Its Corporate Culture, 2023. *The Guardian*. Disponível em: <https://www.theguardian.com/business/2023/jan/16/fintech-revolut-psychologists-criticism-corporate-culture-uk-banking-licence>.
12. Secretaria de Estatísticas Trabalhistas dos Estados Unidos. Number of Jobs, Labour Market Experience, Marital Status, and Health, 2021. Disponível em: <https://www.bls.gov/news.release/pdf/nlsoy.pdf>.
13. Office for National Statistics. Average Weekly Earnings in Great Britain: March 2022. *ONS Statistical Bulletin*, 2022. Disponível em: <https://www.ons.gov.uk/employmentandlabourmarket/peopleinwork/employmentandemployeetypes/bulletins/averageweeklyearningsingreatbritain/march2022/pdf>.
14. Office for National Statistics. Average Weekly Earnings in Great Britain: March 2022. *ONS Source Dataset: GDP Frst Quarterly Estimate Time Series (PN2)*, 2022.

Disponível em: <https://www.ons.gov.uk/economy/grossdomesticproductgdp/timeseries/cgbz/pn2>.

15. MALESIC, J. Your Work is Not Your God: Welcome to the Age of the Burnout Epidemic. *The Guardian*, 2022. Disponível em: <https://www.theguardian.com/lifeandstyle/2022/jan/06/burnout-epidemic-work-lives-meaning>.

16. GFK Custom Research North America. A Disengaged Generation: Young Workers Disengaged by Pressures of Work Worldwide. *PR Newswire*, 2011. Disponível em: <https://www.prnewswire.com/news-releases/a-disengaged-generation-young-workers-disengaged-by-pressures-of-work-worldwide-122581838.html>.

17. DE NEVE, J-E.; WARD, G. Does Work Make You Happy? Evidence from the World Happiness Report. *Harvard Business Review*, 2017. Disponível em: <https://hbr.org/2017/03/does-work-make-you-happy-evidence-from-the-world-happiness-report>.

18. THRELKELD, K. Employee Burnout Report: Covid-19's Impact and 3 Strategies to Curb It. *Indeed*, 2021. Disponível em: <https://uk.indeed.com/lead/preventing-employee-burnout-report>.

19. ABRAMSON, A. Burnout and Stress Are Everywhere. *Monitor on Psychology*, 53, 72, 2022.

20. BRASSEY, J. et al. Addressing Employee Burnout. McKinsey Health Institute, 2022. Disponível em: <https://www.mckinsey.com/mhi/our-insights/addressing-employee-burnout-are-you-solving-the-right-problem>.

21. ELLIS, L.; YANG, A. If Your Co-Workers Are 'Quiet Quitting,' Here's What That Means. *Wall Street Journal*, 2022. Disponível em: <https://www.wsj.com/articles/if-your-gen-z-co-workers-are-quiet-quitting-heres-what-that-means-11660260608>.

22. DIRENZO, Z. Even in a Hot Labor Market, Workers Are Worried About Job Security. *CNBC*, 2022. Disponível em: <https://www.cnbc.com/2022/05/21/even-in-a-hot-labor-market-workers-are-worried-about-job-security.html>.

23. KAPLAN, J.; KIERSZ, A. 2021 Was the Year of the Quit: For 7 Months, Millions of Workers Have Been Leaving. *Business Insider*, 2021. Disponível em: <https://www.businessinsider.com/how-many-why-workers-quit-jobs-this-year-great-resignation-2021-12>.

24. POFELDT, E. Are We Ready For a Workforce that Is 50% Freelance? *Forbes Magazine*, 2017. Disponível em: <https://www.forbes.com/sites/elainepofeldt/2017/10/17/are-we-ready-for-a-workforce-that-is-50-freelance/>.

25. BEAUREGARD, T. A.; HENRY, L. C. Making the Link Between Work-Life Balance Practices and Organizational Performance. *Human Resource Management Review*, 19(1), 9-22, 2019.

12. ACEITE-SE: OU O PODER DO BOM O SUFICIENTE EM NOSSA VIDA IMPERFEITA [pp. 243-60]

1. ROGERS, C. R. *On Becoming a Person*. Boston, MA: Mariner Books, 1995.
2. The White House. *Remarks by the President in a National Address to America's Schoolchildren*. Office for the Press Secretary: Speeches and Remarks, 2009. Dis-

ponível em: <https://obamawhitehouse.archives.gov/the-press-office/remarks-president-a-national-address-americas-schoolchildren>.
3. HORNEY, K. *Women's Fear of Action*. Discurso dado para a National Federation of Professional and Business Women's Clubs, 1935. In: PARIS, B. J. *Karen Horney: A Psychoanalyst's Search for Self- Understanding*. New Haven, CT: Yale University Press, 1996.
4. Id. *Neurosis and Human Growth*. Nova York, NY: W. W. Norton & Company, 1950.
5. Ibid.
6. Ibid.
7. SMAIL, D. *Power, Interest and Psychology: Elements of a Social Materialist Understanding of Distress*. Ross-on-Wye: PCCS Books, 2005.
8. BRACH, T. *Radical Acceptance*. Nova York: Bantam, 2000.
9. HORNEY, K. *Neurosis and Human Growth*. Nova York, NY: W. W. Norton & Companhy, 1950.

13. POSFÁCIO PARA UMA SOCIEDADE PÓS-PERFECCIONISMO: OU A VIDA NA TERRA DO BOM O SUFICIENTE [pp. 261-90]

1. BALDWIN, J. A. As Much Truth as One Can Bear. *New York Times*, 1962. Disponível em: <https://www.nytimes.com/1962/01/14/archives/as-much-truth-as-one-can-bear-to-speak-out-about-the-world-as-it-is.html>.
2. PARSLEY, D. (2021). Boris Johnson "Privately Accepts" Up to 50,000 Annual Covid Deaths as an Acceptable Level. *Independent*. Disponível em: <https://inews.co.uk/news/boris-johnson-privately-accepts-up-to-50000-annual-covid-deaths-as-an-acceptable-level-1170069>.
3. World Bank. Decline of Global Extreme Poverty Continues but Has Slowed: World Bank, 2018. Disponível em: <https://www.worldbank.org/en/news/press-release/2018/09/19/decline-of-global-extreme-poverty-continues-but-has-slowed-world-bank>.
4. BURGESS, M. G. et al. Prepare Developed Democracies for Long-Run Economic Slowdowns. *Nature Human Behaviour*, 5(12), 1608-21, 2021.
5. GARRETT, T. J.; GRASSELLI, M.; KEEN, S. Past World Economic Production Constrains Current Energy Demands: Persistent Scaling with Implications for Economic Growth and Climate Change Mitigation. *PLOS One*, 15(8), e0237672, 2020.
6. PAULSON, S. Economic Growth Will Continue to Provoke Climate Change. *The Economist*, 2022. Disponível em: <https://impact.economist.com/sustainability/circular-economies/economic-growth-will-continue-to-provoke-climate-change>.
7. O que Herrington está dizendo aqui é que não existe nenhuma solução "verde" garantida que nos permita acompanhar as trajetórias atuais de crescimento exponencial sem entrar, em algum ponto, em um "padrão de colapso". Essa é uma visão compartilhada pelo economista da energia Tim Morgan. "O maior estímulo de crescimento da era industrial — a energia de baixo custo do petróleo, do gás natural e do carvão — está se encerrando", ele escreve em seu ensaio *The Dynamics of Global Repricing*. "A transição para fontes renováveis é um imperativo, mas não existe garantia de que uma economia baseada em turbinas eólicas, painéis solares e ba-

terias possa ser tão grande quanto a economia baseada em fósseis de hoje — é provável que seja menor." A tecnologia sem dúvida será uma resposta ao "problema do crescimento", e um problema importante, aliás. Mas não é a solução mágica que muitos pensam ser. Além de inovar nosso caminho rumo a um futuro sustentável, também vamos, em certo ponto, precisar confrontar o fato de que uma economia de estado estacionário será necessária para evitar esse padrão de colapso. E, em vez de ver isso como uma crise existencial, podemos decidir enxergá-lo como uma oportunidade de reavaliar nossas prioridades e reequilibrar a economia.

8. HERRINGTON, G. Data Check on the World Model that Forecast Global Collapse. *Club of Rome*, 2021. Disponível em: <https://www.clubofrome.org/ blog-post/ herrington-world-model/>.

9. PETTIFOR, A. Quantitative Easing: How the World Got Hooked on Magicked-Up Money. *Prospect Magazine*, 2021. Disponível em: <https://www.prospectmagazine.co.uk/magazine/quantitative-easing-qe-magicked-up-money-finance-economy-central-banks>

10. RAWORTH, K. *Doughnut Economics: Seven Ways to Think Like a 21st-Century Economist*. Londres, Reino Unido: Random House Business, 2017.

11. LAYARD, R. *Can We Be Happier? Evidence and Ethics*. Londres, Reino Unido: Pelican, 2020.

12. GRAEBER, D. *Bullshit Jobs: the Rise of Pointless Work, and What We Can Do About It*. Londres, Reino Unido: Penguin, 2019.

13. A dimensão da disparidade de renda e patrimônio entre ricos e pobres foi demonstrada em uma análise recente do jornalista do *Financial Times*, John Burn-Murdoch. Usando dados de renda da Eurostat, da OCDE e da Family Resources Survey, ele demonstrou que os Estados Unidos e o Reino Unido são casos claramente atípicos de distribuição de renda em comparação com outros países desenvolvidos. Ele analisou rendas por percentil e constatou que os Estados Unidos e o Reino Unido são, na verdade, sociedades extremamente pobres por trás da fachada, com algumas pessoas extraordinariamente ricas que devoram a maior parte do gráfico. BURN-MURDOCH, J. Britain and the US Are Poor Societies with Some Very Rich People. *The Financial Times*, 2022. Disponível em: <https://www.ft.com/content/ef265420-45e8-497b-b308-c951baa68945>.

14. US Bureau of Labor Statistics. *Labor Force Participation Rate – Women*, 2022. Disponível em: <https://fred.stlouisfed.org/series/LNS11300002>.

15. VEAL, A. J. The 4-daywork-week: The New Leisure Society? *Leisure Studies*, 1-16, 2022.

16. Henley Business School. *Four Better or Four Worse? A White Paper from Henley Business School*, 2019. Disponível em: <https://assets.henley.ac.uk/v3/fileUploads/Journalists-Regatta-2019-White-Paper-FINAL.pdf>.

17. SCHOR, J. B. et al. *The Four Day Week: Assessing Global Trials Of Reduced Work Time With No Reduction In Pay*, 2022. Disponível em: <www.4dayweek.com>.

18. DAVIS, W. A Big 32-hour Workweek Test Is Underway. Supporters Think It Could Help Productivity. *NPR*, 2022. Disponível em: <https://www.npr.org/2022/06/07/1103591879/a-big-32-hour-workweek-test-is-underway-supporters-think-it-could-help-productiv>.

19. NEATE, R. Millionaires Join Davos Protests, Demanding "Tax Us Now". *The Guardian*, 2022. Disponível em: <https://www.the guardian.com/business/2022/may/22/millionaires-join-davos-protests-demanding-tax-us-now-taxation-wealthy-cost-of-living-crisis>.

20. PIKETTY, T. *Capital in the Twenty-First Century.* Cambridge, MA: Harvard University Press, 2013.

21. Id. *Capital and Ideology.* Cambridge, MA: Harvard University Press, 2020.

22. Id. The Illusion of Centrist Ecology. *Le Monde*, 2019. Disponível em: <https://www.lemonde.fr/blog/piketty/2019/06/11/the-illusion-of-centrist-ecology/>

23. HARTLEY, T.; VAN DEN BERGH, J.; KALLIS, G. Policies for Equality Under Low or No Growth: A Model Inspired by Piketty. *Review of Political Economy*, 32(2), 243-58, 2020.

24. Também existe uma hipocrisia flagrante nesse aspecto, visto que a maioria das pessoas que difamam os que aceitam os benefícios também tiveram garantia de renda incondicional durante toda a vida — no caso, seus pais.

25. HAARMANN, C.; HAARMANN, D.; NATTRASS, N. The Namibian Basic Income Grant Pilot. In: *The Palgrave International Handbook of Basic Income*, 357-72. Cham, Suíça: Palgrave Macmillan, 2019.

26. SIMPSON, W., MASON, G.; GODWIN, R. The Manitoba Basic Annual Income Experiment: Lessons Learned 40 Years Later. *Canadian Public Policy*, 43(1), 85-104, 2017.

27. FROMM, E. *To Have or To Be?* Nova York, NY: Harper & Row, 1976.

28. De todas as teorias adotadas por aqueles supostamente no campo do centro da política moderna, a teoria da ferradura, a qual diz que aqueles que lutam por um planeta mais sustentável, igualdade econômica, justiça social e direitos humanos básicos são os equivalentes morais dos fascistas, é de longe a mais repugnante.

29. HICKMAN, C. et al. Young People's Voices on Climate Anxiety, Government Betrayal and Moral Injury: A Global Phenomenon. *The Lancet*, 2021. Disponível em: <https://papers.ssrn.com/sol3/papers.cfm?abstract_id=3918955>.

30. BURN-MURDOCH, J. Millennials Are Shattering the Oldest Rule In: Politics. *The Financial Times*, 2022. Disponível em: <https://www.ft.com/content/c361e372-769e-45cd-a063-f5c0a7767cf4>.

Índice remissivo

Números de página em *itálico* indicam diagramas

aceitação, 148, 247-8, 251-3, 255-9, 261-2; radical, 256, 258
admiração, 65
adolescentes *ver* jovens
Adorno, Theodor, 136
altruísmo, 65
American College Health Association, 194
American Psychological Association, 126; Pesquisa de Trabalho e Bem-Estar, 235
American Psychologist (revista) 83
anorexia, 65-6
ansiedade, 29, 48, 64-7, 73, 75, 77, 88, 92, 97, 103, 106, 111, 128, 130, 152, 155, 164, 170, 172-4, 190-1, 193-4, 206, 234, 255, 263
Apple, 53, 166
aprovação, necessidade de, 38, 66
Armstrong, Lance, 22-3, 31
Association of Child Psychotherapists, 103
Atlantic, The (revista) 180
Australian, The (jornal) 169

autoajuda, 68, 112, 145
autocompaixão, 46, 79, 154-5, 262
autoestima, 40-1, 54, 64-6, 73, 80, 95, 130, 139, 154-5, 161, 165, 175, 182, 190, 252
automutilação, 69, 111
autorregulação, 90

Baldwin, James, 261
Basso, Fred, 263
Bath, Somerset, 220-1
Baudrillard, Jean, 263
Bezos, Jeff, 199
Blair, Tony, 179
Brach, Tara, 256
Branson, Richard, 199
Brexit, 187, 264
Brown, Brené, 153
bulimia, 64
Bullshit Jobs (Graeber), 276
burnout, 90, 98-100, 235, 279
Burns, David, 81
Butão, 274

Camp Rock (filme), 50
Capital e ideologia (Piketty), 281
Carr, Michael, 180
celebridades, 49
Clarkson, Kelly, 68
classe social, 155-6, 188-9
Clinton, Hillary, 228
Cohen, Josh, 30
colapso global, 269-70
comparação social, 162-3, 166-7
competitividade, 45, 129, 135, 153, 185
comportamento de rebanho, 23
condicionamento cultural, 127-9, 131-2, 134-5, 184, 251-2
confiança, 65, 169, 237, 257
consumo, cultura do, 137-53, 156, 161
Cook, Tim, 53
covid-19, pandemia de, 110, 208, 269
crescimento econômico, 266-74, 281
crescimento psicológico, 248-51
crianças *ver* jovens
culpa, 94, 131, 229, 233, 245
cultura tirânica, 131

De Botton, Alain, 186
déficit, pensamento de, 29-30, 39, 43
depressão, 41, 64-6, 77, 88, 111, 155, 164-6, 170, 172, 184, 191
desempenho acadêmico, 85-7
desenvolvimento: infantil, 125-7, 207, 211, 213-8; influência do ambiente no, 124-7; humano, índice de, 273
desesperança, 65-6
desigualdade, 199-200, 202, 206, 209, 280-1, 283
Dinh, James, 50
discriminação, 202
dívida, 150

Easterlin, Richard, 151; paradoxo de, 152

"economia donut", 271-2
economia informal, 231-2
educação, 85-7, 102-3, 120-1, 144, 178-81, 183-4, 189, 196-8, 205, 207-8, 213, 215, 219, 230, 264, 273, 277, 283; expectativas parentais e, 207-11, 212, 213-4; universidades, 191-5, 197, 201, 205-6, 230; universidades de elite, 191-5, 197, 201, 205-6
Educação americana: Fraude e privilégio (documentário Netflix), 217
Elizabeth II, rainha do Reino Unido, 26
"encerramento de identidade", 182
epigenética, 123
Escala Multidimensional de Perfeccionismo, 57, 59, 64, 104, 122
estado estacionário, economia de, 267, 271, 274-7, 280
estresse, 73-5, 77, 103, 123, 184, 190, 208, 235-6
estudos correlacionais, 64, 66
excelência, busca pela, 91

Facebook, 158-60, 162-4, 167-71
Fairplay, 169
fast-fashion, 140, 228, 265, 275
FBI (Federal Bureau of Investigation), 205-6
felicidade, bem-estar e, 272-4
filhos, criação dos, 24, 35, 125-7, 199, 205-19; educação calorosa, 214, 216; expectativas parentais, 207-14, 212, 216; pais helicópteros, 207-14
Finlândia, 196
Flett, Gordon, 33, 43, 102, 292
Forget, Evelyn, 285
fortuna *ver* riqueza
fracasso, 249, medo do, 93-5, 100

fraude em universidades da Ivy League *ver* "Operação Varsity Blues"
Freitas, Donna, 165
Freud, Sigmund, 52, 68
Fromm, Erich, 205, 286

Gaudreau, Patrick, 87-8, 91, 292
Gawker (blog), 53
genética, 122-6, 134
geração Z, 201
gerenciamento de impressões, 74, 254
Girlguiding UK, 103
Gladwell, Malcolm, 53-4
Global Action Plan, 169
Graeber, David, 228, 276
"grande demissão" *ver "quiet quitting"*
Greenfield, Rebecca, 53-5
Greenspon, Thomas, 83
Grupo Russell, 30, 181, 201
Guardian, The (jornal), 26, 45, 296

Haarmann, Claudia, 285
Hague, Molly-Mae, 228
Hamachek, Don, 82-3, 91, 100
Harris, Judith, 124-7, 134, 207
Hartley, Catherine, 173
Hartley, Tilman, 282
Haugen, Frances, 163-4
Hawthorne, Nathaniel, 17-21, 32
hereditariedade, características da, 122-6, 134
Herrington, Gaya, 269, 271
Hewitt, Paul, 33, 43, 102, 243, 259, 292
Hill, Andrew, 94, 96, 100, 105, 117, 210, 292
hipercompetitividade, 45
Horney, Karen, 24, 127-33, 135, 146, 149-50, 176, 218, 252-3, 258
horror gótico, 20
hostilidade em relação aos outros, 55, 65

imagem corporal, 64-7, 164, 166

Índice do Planeta Feliz, 273
insegurança, 11, 29-30, 39, 56, 100, 142, 155-6, 220, 222, 224-6, 232-7, 239, 246-7, 259, 263-5, 270, 278-9
Instagram, 131, 158-9, 162-4, 166-8, 170-1, 173, 218, 227, 263
Institute for Psychoanalysis (Chicago), 129
interação, efeito de, 96
Isaacson, Walter, 53-5
Itália, 263-5, 288

Jobs, Steve, 53-6, 99, 296
Journal of Personality and Social Psychology, 44
jovens, 287; desenvolvimento infantil, 125, 207, 213-5; ética do trabalho e, 208; mobilidade social e, 188, 202-3; pais e, 125-6, 199, 205-19; 212; perfeccionismo e, 102, 111, 190-1; pressão para "chegar lá", 189-90, 198; redes sociais e, 163-4, 166-9, 174; *ver também* educação

Kallis, Giorgos, 282
Kaufman, Scott Barry, 132

Layard, Richard, 273
Le Monde (jornal), 282
London School of Economics, 189, 193
Lovato, Demi, 50-1, 54, 56, 99, 296
Luthar, Suniya, 190

Manitoba Basic Annual Income Experiment, 285
Manual diagnóstico e estatístico de transtornos mentais, 35
"Marca de nascença, A" (Hawthorne), 17-21, 32
Markovitis, Daniel, 191
McRae, Donald, 45-6, 296
Mead, Margaret, 117

Mental Health Foundation, 194
meritocracia, 178, 186-91, 195, 198-204, 206-7, 210, 284
Meta, 159
Microsoft Japão, 279
Miller, George A., 124, 126
mobilidade social, 178, 186, 200, 209
Modelo de Perfeccionismo Multidimensional, 43, 44
Moore, Rowan, 26
Morgan, Tim, 150
Mosseri, Adam, 158
Musk, Elon, 223

Namíbia, 285
narcisismo, 40, 106
National Education Association, 103
natureza versus criação, 122-6
Neff, Kristin, 154-5
Netflix, 97, 206, 217, 264
neuroticismo, 106
New York Psychoanalytic Institute, 129
New Yorker (revista), 53-4, 296
Nietzsche, Friedrich, 68-9, 79
Nike, 138, 228
normas sociais, 65
Noruega, 209
Nova Zelândia, 273

O'Connor, Rory, 66
O'Neill, Essena, 173-6
Obama, Barack, 53, 179-80, 249
ONU, índice de desenvolvimento humano, 273
"Operação Varsity Blues", 205-6, 209
Oxfam, 187

Pacht, Asher, 22, 83
Pádua (Itália), 263, 288
pais helicópteros, 135, 207, 209-10, 213-4, 219, 239

Palm Springs (Califórnia), 25
pânico, ataque de, 75-7
Paris, Bernard, 128
"pelo lado da oferta", economia, 140, 144, 153, 156, 162, 168, 171, 185, 225, 230, 232, 251, 265, 281
Pendleton, Victoria, 44, 46, 54, 65, 99
pensar demais, 29, 45
perfeccionismo: ascensão do, 102-13, 117, 244-5; como escapar do, 243-60; não saudável, 82-3; saudável, 82-3, 91
perfeccionismo, dimensões do: autopreservação perfeccionista, 96, 96; orientado a si, 44-8, 55-7, 57, 59, 64-6, 84-6, 96, 105-10, 107, 123, 192, 211, 215; orientado aos outros, 51-9, 57, 65, 104-9, 108; prescrito socialmente, 47-51, 54-9, 57, 66, 90, 105-6, 109, 110, 111-2, 123, 154, 157, 166, 191, 245
Perfectionists' Café (Aeroporto de Heathrow), 27-8, 30
perseverança, 73-4
Pettifor, Ann, 270-1
Pfeiffer, Michelle, 17
Phillips, Adam, 152
PIB (Produto Interno Bruto), 150, 268-9, 271, 273
Piketty, Thomas, 281-2
Poe, Edgar Allan, 18-21, 32
Powell, Laurene, 53
prescritos, 50
Printer's Ink (jornal), 142
privilégio, 147
procrastinação, 45, 96, 97-8, 238
produtividade marginal, diminuição da, 88-9, 88
progresso social, 273
"projeção", 52
psicologia, perfeccionismo na, 20-35, 56

Psychological Bulletin (jornal acadêmico), 117, 210
Psychological Review (revista acadêmica), 126
Psychologist, The (revista), 66
Psychology (revista), 82
publicidade, 26-8, 141-6, 168-9

"*quiet quitting*", 235-6

Rafferty's, (Toronto), 33, 81, 102, 112
Ramey, Garey e Valerie, 208
Raworth, Kate, 271-2
redes sociais, 11, 23, 68, 78, 97, 102, 104, 135, 158-77, 211, 214, 218-9, 222, 236, 254, 257, 263; influenciadores e, 175; jovens e, 164-9, 174-5; saúde mental e, 164, 170
relacionamentos, 51, 59, 65, 142, 161, 166
Relatório Mundial da Felicidade, 273
renda, 135, 147, 152, 168, 180-1, 229, 275-6, 278, 281-5 básica, 282-5
Research Excellence Framework, 230
Reset Australia, 169
"retrato oval, O" (Poe), 18-9
Review of Political Economy (revista acadêmica), 282
Revolut, 229
riqueza, 119, 130, 151-2, 187, 225, 280-2
Robert Wood Johns Foundation, 189
Rogers, Carl, 243
Royal College of Psychiatrists, 103
ruminação, 46, 66, 155

Sandberg, Sheryl, 167-70
Sandel, Michael, 178, 192
satisfação com a vida, 66, 279
saúde, 66, 112, 172-3, 184, 268
saúde mental, 59, 67, 74, 79, 86, 88, 92, 95, 102, 112, 155, 163-5, 170, 173, 183-4, 266, 273, 277-8, 284-5

"saúde psíquica", 253
Scientific American (revista científica), 132
Simplesmente complicada (documentário), 50
simulacro, 263
Singer, William Rick, 205-6, 209, 217-8
Sirois, Fuschia, 90, 97
Smail, David, 255
smartphones, 166-7, 170, 172, 265
sofrimento, 46, 63-4, 66-9, 71-2, 76, 82, 84, 129, 164, 166, 191, 199, 202-3, 243, 246, 250, 256, 268, 283
solidão, 66, 111
status, ansiedade de, 152
sucesso, 81-2, 87-8, 90, 92, 94
Suécia, 209
suicídio, 64-6, 111, 163-4, 166
Sullivan, Harry Stack, 33

Tate, Ryan, 53
taxação, 280-2
TED (conferências), 24-5, 28, 118-21
terapia, 258
Terminal da Rainha (Aeroporto de Heathrow), 26-8, 30
TikTok, 97, 163, 166-7, 170-1
tirania do mérito, A (Sandel), 192
Tolentino, Jia, 220
Toronto, Canadá, 33-4, 36, 103-4
Tour de France, 22, 93
trabalho, 220-40, 274-8, 280; desempenho profissional, 86, 99-100; empregadores, 237-8; entrevistas de emprego, 20-1; equilíbrio entre vida pessoal e, 228-31, 237, 280; ética do, 84, 183, 185; excesso de, 201, 223-6, 229; expectativas, 229-30; fazer-trabalho, 228; freelance, 222-3, 227, 236; insegurança, 232-5, 237, 239; *job sharing*, 278; perdas de emprego, 275-6; "*quiet*

quitting", 236; regimes flexíveis de, 279; renda, 152, 180-1, 231, 275, 278, 283-5; "*rise and grind*" [levantar e ir à luta], 228; workaholismo, 85
traços relacionais, 41-3, 112
transtorno obsessivo-compulsivo (TOC), 35
Trump, Donald, 187, 264
Twenge, Jean, 164-7

Universidade de Leeds, 183
Universidade de Ottawa, 87
Universidade Duke, 193
Universidade Harvard, 124
Universidade Stanford, 193
universidades, 192-4, 230-1

Vaillancourt, Tracey, 192

validação, 38
Van den Bergh, Jeroen, 282
vendas do varejo, 141
vergonha, medos causados por, 40, 98, 153, 233
Vidal, Louis, 26
viés de sobrevivência, 99-100

Wall Street Journal, The (jornal), 163
Wellingborough, 136-8, 147, 156, 159-60, 178, 183, 189
WhatsApp, 159
Wiemers, Emily, 180
Winfrey, Oprah, 22-3
Woolf, Virgínia, 63

YouTube, 174-5

Zuckerberg, Mark, 159, 167, 170

TIPOGRAFIA Adriane por Marconi Lima
DIAGRAMAÇÃO Osmane Garcia Filho
PAPEL Pólen, Suzano S.A.
IMPRESSÃO Lis Gráfica, maio de 2024

A marca FSC® é a garantia de que a madeira utilizada na fabricação do papel deste livro provém de florestas que foram gerenciadas de maneira ambientalmente correta, socialmente justa e economicamente viável, além de outras fontes de origem controlada.